KB199499

세상에 무릎 꿇지 말라

Originally published under the title of

RECLAIMING CHRISTIANITY

by A.W. Tozer

Copyright © 2009 by Rev. James L. Snyder
Published by Regal Books,
a division of Gospel Light Publications, Inc.,
Ventura, CA 93006 U.S.A.
Korean Translation Copyright © 2010 by Kyujang Publishing Company
All rights reserved.

A. W. 토저 마이티 시리즈(A. W. TOZER Mighty Series)

토저는 교인수의 성장을 위해서라면 대중의 인기에 야합하고, 거대 기업의
경영방식을 무차별 차용하고, 할리우드 엔터테인먼트 방식을 예배에 도입
하는 것에 대해 통렬한 비판을 가하였다. 그는 현대의 교회가 물량적 성장
을 위해서라면 교회의 순결성을 포기하는 듯한 자세를 보일 때는 그것을 좌시하지 않고 언
제나 선지자의 음성을 발하였다. 듣든지 안 듣든지 이스라엘 교회의 세속화를 준엄히 책망
했던 예레미야처럼, 토저도 시대에 아부하지 않고 하나님교회의 순정성(純正性)을 파수하기
위해 '강력한'(Mighty) 말씀을 선포했다. 그래서 토저는 '이 시대의 선지자'라는 평판을 들
었다. 토저가 신앙의 개혁을 위해 외쳤던 뜨겁고 강력한 메시지를 이 시대의 우리도 들어야
한다. 말씀과 성령에 의한 개혁이 절실히 필요한 이때, 규장에서 토저의 강력한(Mighty) 메
시지들을 'A. W. 토저 마이티(Mighty) 시리즈'로 출간한다.
"토저의 설교는 설교단에서 발사되어 청중의 마음을 관통하는 레이저 광선과 같다." – 워런 위어스비

세상에
무릎 꿇지말라

A. W. 토저 지음 | 이용복 옮김

규장

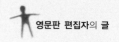

오늘날 우리는
하나님의 영광을 잃어버렸다!

교회 역사상 가장 많은 사랑을 받거나 가장 극렬한 비판을 받은 사람 중 한 사람은 A. W. 토저일 것이다. 그의 생전에 많은 사람들은 그를 선지자로 여겼다. 그리고 그의 메시지를 듣고 그의 글을 읽었다. 어느 정도의 기대감을 가지고 말이다. 모든 사람이 다 그의 주장에 동의한 것은 아니지만, 많은 사람들은 그의 목소리가 참되며 그의 말에 하나님의 음성이 담겨 있다고 인정했다. 토저가 메시지를 전할 때, 그들은 자기들이 하나님의 음성을 듣는다는 것을 알았다. 토저의 사역의 특징은 그가 느낀 것을 강조했다는 것이다. 그런데 그가 느낀 것은 '참된 기독교 신앙의 쇠퇴'였다.

참된 기독교 신앙의 쇠퇴

토저는 교회를 향해 교회의 뿌리로 돌아가라고 외쳤는데, 이것이 바로 그의 사역의 특징이다. 기독교가 세상에서 본이 되고 있지 않기 때문에 누군가 나서서 교회를 향해 예수 그리스도를 믿는 참된 신앙으로 돌아가라고 외쳐야 한다는 것이 그의 신념이었다. 성경의 기독교와 현재의 기독교를 비교해본 그는 현재의 기독교가 성경에 나오는 참된 영성(靈性)에서 많이 벗어났다고 판단했다.

토저는 무엇보다도 교회의 머리이신 예수 그리스도를 사랑하는 마음에서 교회를 비판했다. 당신이 토저의 메시지를 듣거나 그의 책을 읽는다면, 그가 삼위일체의 한 위격(位格)이신 예수 그리스도를 뜨겁게 사랑하고 높인다는 사실에 감동을 받을 것이다. 어떤 식으로든 그리스도와 그분의 권세에 도전하는 것이 눈에 보이면 그는 분연히 일어섰다. 교회 안에서 일어나는 모든 일을 판단할 때, 그는 이 한 가지 기준을 따랐다. 그것은 "이 일을 통해 그리스도께서 높아지시는가?"라는 것이었다.

토저의 설교를 듣고 책을 읽을 때, 우리는 그가 그리스도의 몸을 지극히 사랑했다는 것을 느낄 수 있다. 그는 미묘한 교리적 차이나 신학적 지식의 많고 적음을 초월하여 모든 그리스도인을 사랑했다. 그는 신학을 잘 아는 그리스도인을 사랑했다. 그러면서도 성경을 가리켜 '그 책'(The Book)이라고 말하며 성경만을 아는 그리스도인도 사랑했다. 심지어 그는 몇 가지 점에서 자신과 견해를 달리하는 그리스도인도 높이 평가했다.

그는 교리라는 잣대를 들이대며 그것에 맞는 사람은 사귀고 그렇지 않은 사람은 거부하는 사람이 아니었다. 그는 많은 교파의 사람들과 폭넓은 교제를 즐길 줄 아는 사람이었다. 필요하다면 그는 한 주(週) 안에 루터교회, 침례교회, 장로교회, 감리교회, 심지어 오순절교회를 돌아다니며 설교할 수 있는 사람이었다. 교회 안에 있는 사람들이 (그의 표현대로) '가슴이 불타는 무리'라면 그는 교회 간판에 붙어 있는 교파 이름에 연연하지 않았다. 사실 그의 교회 비판도 교회를 향한 뜨거운 사랑에서 나온 것이었다.

언젠가 토저는 성결 운동에 참여하는 어떤 교회에서 설교를 하기로 되어 있었다. 그때 그 교회에서는 일종의 축하 행사 내지는 기념식이 있었다. 그가 설교하기 전에 온갖 경박한 프로그램이 진행되었다. 교인들은 상대방의 장식 리본을 잘라주었고, 즉흥 코미디도 펼쳤다. 토저는 참고 또 참으며 자신의 순서를 기다렸다. 그가 나중에 회고할 때 사용한 표현을 빌려 말하자면, 자신의 타석(打席)을 기다렸다. 마침내 설교단에 섰을 때 그의 입에서 나온 첫마디는 다음과 같은 질책의 말이었다.

"성결 운동에 참여한다는 여러분이 어떻게 된 것입니까?"

토저는 준비한 설교 원고를 옆으로 제쳐놓았다. 그 교회 교인들은 그에게 호된 질책을 받았다. 그것은 전에는 결코 경험하지 못한 매서운 영적 훈계였다.

그리스도인들이 모이면 자신들의 죄를 용서받기 위해, 수치와 모욕을 당하신 그리스도를 높이고 하나님의 임재를 더욱 깊이 느껴야 한다는 것이 토저의 신념이었다. 그가 볼 때, 교회는 우스꽝스럽고 바보스러운 짓을 하기 위한 장소가 아니었다. 이런 것들은 교회의 영적 쇠퇴의 징후였기에 그를 근심하게 만들었다.

때때로 토저의 비판은 대단히 날카로웠다. 예를 들어, 현대의 한 성경역본에 대해 그는 "그 역본을 읽을 때 나는 바나나로 면도하는 느낌을 받았다"라고 비판했다. 이런 비판을 들은 그 역본의 번역자는 토저를 완전히 용서하지는 않았다. 또 토저는 교인들을 끌어모으기 위해 온갖 수단을 동원하는 교회들을 맹렬히 비난했다. 그러나 그의 비판은 악의(惡意)에서 나온 것이 아니었고, 그의 이름을 널리 알리기 위한 시도가 아니었다. 그의 가장 큰 관심은 교회에 모인 신자들 가운데서 그리스도가 높아지시고 공경을 받으시는 것이었다. 그러다보니 그의 날카로운 비판 때문에 상처를 받는 사람들이 생기기도 했다.

토저는 자신의 사역 마지막 10년 동안 복음주의 교회 안에 근본적인 개혁이 일어나야 한다고 느꼈다. 때때로 그는 복음주의 교회가 바벨론에 포로로 잡혀 있다고 말하곤 했다. 많은 경우에 그는 "교회가 자신을 둘러싸고 있는 세상의 도덕과 가치관에 굴복하고 있다"라고 말했다. 종종 그는 "우리에게 긴급히 필요한 것은 참된 기독교 신앙의 회복이다"라고 말했다.

토저는 현대의 교회가 지나간 세대, 즉 믿음의 조상들이 세운 교회와 다르다는 것을 가장 많이 걱정했다. 다시 말해서, 그는 현대의 교회가 고상하고 거룩하고 성령충만하고 불세례를 받고 하나님을 의식하고 겸손하고 사랑스러운 믿음의 공동체가 아니라는 점을 가장 힘들어했다. 그는 이렇게 말했다.

"제2의 종교개혁이 일어나지 않는다면 우리의 모든 책과 학교와 잡지는 썩어가는 교회 안에서 활동하는 박테리아에 불과하다."

물론 기독교가 변했다는 뜻은 아니다. 변한 것은 교회의 지도자들이다. 토저가 볼 때, 그들은 세상의 방법에 너무 의존했다. 그가 볼 때, 기독교 지도자들은 종종 매디슨 가(Madison Avenue, 미국에서 광고대리회사와 방송사 등이 집중되어 있는 뉴욕의 구역으로서 미국 광고계의 대명사로 통한다)의 방법을 사용하여 교회 일을 했고, 과거 믿음의 조상들의 모범을 무시했다. 그들은 대중 심리학을 성경의 명백한 교훈보다 더 중요하게 여겼다. '전통'이라는 단어는 나쁜 말이 되었고, '전통적인'(traditional)이라는 딱지가 붙은 목사는 곤욕을 치렀다. 토저는 기독교가 그리스도보다는 세상을 더 닮기 원하는 사람들의 수중에 넘어간 것 같다고 생각했다.

언젠가 토저는 YFC(Youth For Christ, 청소년 특히 10대들을 위한 선교를 목적으로 조직된 초교파 국제단체) 지도자 모임에서 설교할 기회를 갖게 되었다. 그의 설교는 무디 라디오방송을 통해 방송될 예정이었다. 그는 이 기회를 통해 복음주의 교회 전체에게 메시지를 전해야겠다고 마음먹었다. 특히 (그의 표현을 빌려 말하자면)

"복음주의 교회의 문(門)에 그의 13개조 반박문을 못 박아야겠다고" 마음먹었다. 그리고 그는 복음주의 교회 안에서 제2의 종교개혁이 일어나야 한다고 믿는 자신의 속마음을 털어놓았다.

그의 설교 중 하나는 십자가의 길이 고난의 길이라는 내용이었다. 그는 이것에 대해 분명히 짚고 넘어가고 싶었다. 성경은 그리스도를 따르는 것이 고난의 길이라고 가르치는 데 반하여 많은 사람들은 그리스도인의 삶이 쉬운 것이라고 생각했기 때문이다. 그는 십자가를 지지 않는 그리스도인이란 상상할 수조차 없었다. 그가 볼 때, 너무나 많은 기독교 지도자들이 사람들에게 십자가의 짐을 지우는 대신 편한 싸구려 기독교를 전하고 있었다. 이런 기독교는 믿음의 모범을 보인 교회 교부(敎父)들과 종교개혁가들 그리고 부흥의 일꾼들의 기독교가 아니었다.

또한 토저는 '주(主) 되심'(Lordship, 예수님의 주인 되심)이 없는 '구주'(Savior)가 있을 수 없다는 성경의 진리를 강조했다. 그는 예수 그리스도를 삶의 주인으로 모시지 않으면서 구주(구출자)로 영접할 수 있다는 사상을 반박했다. 그는 이런 사상이 복음주의 교회 안에 존재하는 잘못된 사상이라고 주장했다. 그는 예수 그리스도께서 구주(Savior)이실 뿐만 아니라 주님(Lord)이시라는 것을 최대한 강조했다. 우리는 그리스도를 둘로 나눌 수 없다. 분할된 그리스도를 선포하면 기독교의 기초가 무너진다.

토저는 교회들이 하나님의 계획과 목적을 이루기 위해 세상의 방법을 받아들이는 것을 비판했다. 그는 성령의 사역과 정반대되는 세 가지 현상이 현대 교회에서 발견된다고 지적했다.

첫째, 대기업에서 사용하는 방법이 교회에서 사용된다.

둘째, 연예 오락 산업에서 통하는 방법이 교회에서도 통한다.

셋째, 매디슨 가(街)의 방법이 교회에서 이용된다.

더욱이 토저는 현대의 전도 방법이 신약성경의 전도 방법과 다르다고 지적했다. 그는 교회가 무슨 대가를 치르더라도 신약의 원리로 돌아가야 한다고 확신했다.

그는 그리스도께서 우리를 예배자와 일꾼으로 세우기 위해 구원하셨다고 믿었다. 언젠가 그는 이렇게 말했다.

"만일 우리가 예배자가 되지 않는다면 우리는 제자리에서 끝없이 맴도는 종교적 일본산(日本産) 생쥐와 다를 바 없다."

참된 신앙으로 돌아가라!

토저의 메시지는 언제나 한결같았다. 그는 기독교가 혼란에 빠져 쇠퇴의 길을 걷고 있다고 보았다. 어디를 가든지 그는 그리스도인들이 세상을 버리고 다시 십자가를 지고 그리스도를 따라야 한다는 분명한 메시지를 던졌다. 그는 자신의 설교와 저술 활동을 통해 교회가 신약의 모범에 따라 회복되어야 한다고 역설했다. 종종 그는 이렇게 말했다.

"우리가 육신적 방법, 육신적 철학, 육신적 견해 그리고 육신적 소품(小品)과 내통하기 때문에 우리 가운데 있던 하나님의 영광이 사라지고 말았다. 우리는 하나님의 영광을 보지 못한 굶주린 세대이다."

교회가 바벨론에 포로로 잡혀 있다고 말할 때마다 토저는 두 가지를 강조했다. 첫째는 신자들이 하나님의 영광을 갈망해야 한다는 것이었고, 둘째는 그들이 경건한 예배를 통해 하나님의 임재 체험을 갈망해야 한다는 것이었다. 그는 "오늘날 우리는 하나님의 영광을 잃어버렸다. 우리가 하나님을 싸구려 하나님으로 만들었기 때문에 그런 하나님 앞에 무릎 꿇을 필요가 없게 되었다"라고 말했다. 그는 참된 하나님, 즉 예수 그리스도의 아버지시요 아브라함의 하나님이신 참된 하나님께서 높이 들린 보좌에 앉아 옷자락으로 성전을 가득 채우고 계시다는 것을 강조하려고 애썼다(사 6:1 참조).

토저는 교회가 하나님께서 어떤 분이신지를 깨닫는 고상한 인식에 도달해야 한다고 생각했다. 언제나 그는 그리스도의 아름다운 덕(德)을 이 시대의 그리스도인들에게 전하겠다는 열정으로 불탔다. 그는 하나님을 인간의 수준으로 끌어내리려는 시도를 극히 싫어했다. 그가 볼 때, 교회는 경건한 예배, 즉 하나님께 합당한 예배를 회복해야 했다. 그는 숨소리조차 낼 수 없을 정도로 하나님의 임재에 압도당하는 예배를 다시 보기 간절히 원했다. 그것은 하나님을 전하는 설교가 매우 고상하고 거룩하기 때문에 교인들로 하여금 입을 다물고 침묵 가운데 집으로 돌아가게 하는 예배였다.

이 책에서 토저는 이런 문제들에 대해, 또 기독교 신앙의 본질과 관련된 여러 문제들에 대해 솔직하게 이야기한다. 그는 자신이 말한 소위 '종교적 언어 게임'을 경계해야 한다고 역설한다. '종교적 언어 게임'이란 우리가 성경에서 무엇을 읽으면 그것이 자동적으로 우리 삶에 적용된다는 생각이다. 사실 많은 사람들이 이런 생각을 가지고 있다. 이 책에 나오는 토저의 주장에 따르면, 과거에는 강력하고 좋은 말이 많이 사용되었지만, 오늘날에는 그런 말의 의미가 사라지거나 현재의 기독교 지도자들이 그런 말의 의미를 바꾸어버렸다. 그는 이런 말이 이제는 '죽은 말'이 되어 기독교의 핵심을 파괴하고 있다고 지적한다. 그런 다음에 그는 현대의 그리스도인들을 위한 '살아 있는 말'을 제시한다. 그리고 그는 이 세대의 그리스도 제자들이 참된 신앙의 진정한 의미를 깨닫고 열정에 불타게 해달라고 기도한다.

토저는 우리에게 각자의 마음을 살피고 '종교 놀이'를 중단하라고 촉구한다. 그래야 우리가 하나님의 선물을 온전히 누릴 수 있다고 말한다. 하나님은 자신이 약속하신 것이라면 무엇이든 우리에게 주시지만, 하나님이 약속하지 않으신 것은 주시지 않는다. 이 사실을 염두에 두고 우리는 하나님이 무엇을 약속하셨는지 알기 위해 성경을 자세히 살펴야 한다. 그런 다음에야 비로소 우리는 각 사람의 마음과 삶 속에서 하나님의 약속의 실현을 체험할 수 있다. 왜냐하면 그리스도인의 삶은 기계적인 삶이 아니라 절제와 자기부정과 희생의 삶이기 때문이다.

이 책을 읽을 때 당신의 믿음이 도전 받게 될 것이다. 나는 당신이 이 도전에 이끌려 성경을 읽고 또 무릎 꿇어 기도하기를 바란다.

1

세상과 화목하지 말고
하나님과 화목하라

화목이란 무엇인가? 원수였던 사람들이 사랑 가운데 모이는 것이 화목이다.
죄를 원수로 여기신 하나님 그리고 하나님과 원수 된 인간이
예수 그리스도 안에서 하나님과 화목하게 되었다.

"예수께서 나아와 말씀하여 이르시되 하늘과 땅의 모든 권세를 내게 주
셨으니"(마 28:18).

"그런즉 이스라엘 온 집은 확실히 알지니 너희가 십자가에 못 박은 이
예수를 하나님이 주와 그리스도가 되게 하셨느니라"(행 2:36).

먼저 우리는 교회의
권세가 어디에 근거를 두고 있는지 분명히 정리해야 한다. 만일
교회라는 것이 시간의 흐름에 따라 단순히 진화한 것이라면, 만
일 교회의 교리와 행위가 그리스도께서 의도적으로 세우신 것이
아니라 단순한 진화의 결과에 불과하다면, 우리는 교회에 대해
다르게 생각해야 할 것이다. 하지만 교회는 단순한 진화의 산물
(産物)이 아니다. 교회 안에는 절대적 권세가 있는데, 그것은 예수

그리스도의 권세이다. 이런 그리스도께서는 교회의 주님이시며, 그분은 장차 세상의 주님이 되실 것이다. 주님은 각 교회에 대한 자신의 주권을 어떻게 행사하시는가? 이 질문에 대한 올바른 대답은 현재 복음주의 교회를 괴롭히는 수많은 문제를 해결해줄 것이다.

그리스도께서 자신의 권세를 행사하신 한 가지 방법은, 자신의 사도(使徒)들에게 성령의 감동을 주시어 그들로 하여금 여러 교회에 편지를 쓰도록 하신 것이었다. 사도들이 쓴 편지가 신약의 많은 부분을 차지하고 있다. 사도 바울은 자신의 편지에서 새신자들에게 교리를 가르쳤다. 또 그는 그들이 가진 잘못된 믿음을 바로잡기 위해 그들에게 권세 있는 명령을 내렸다. 철저한 이교(異敎) 사상 속에서 살다가 세례를 받고 그리스도의 몸이 된 새 교회들에게는 주님의 교훈이 절대적으로 필요했다.

그리스도께 부름 받은 목적을 이룰 수 있도록 돕는 것이 그들의 문화 속에는 존재하지 않았다. 그들은 이교 사상 속에서 살던 사람들이었고, 과거에 자신들의 신(神)들은 이교의 신들이었다. 그들은 하나님과 그리스도에 대해 아는 것이 거의 없었지만 그리스도를 믿게 되었다. 그리고 그들은 자신들에게 편지를 써서 진리를 설명해주는 바울 같은 사람들을 통해 주님이 교회의 주인이신 것을 믿게 되었다.

시대를 초월하는 성경의 원리

어떤 그리스도인들은 교회에 문제가 일어나기만 하면 두려움에 떤다. 그들은 쉽게 상처를 받기도 한다. 민감한 성도들은 "이거야말로 정말 큰일 난 것 아닙니까?"라고 소리치며 숨을 곳을 찾는다. 그러나 교회 안에서 일어나는 문제들은 전혀 새로운 것이 아니다. 교회의 경우, 새로운 문제라는 것은 없다. 교회에 편지를 쓰는 하나님의 사람들(사도들)은 상처 입은 자들을 다루어야 했다. 역사의 한 특정 시기에 그들은 성령의 감동을 받아 편지를 써서 교회 안의 여러 문제를 해결할 수 있는 교훈을 주었다. 그런데 그들이 가르친 교훈은 그 후 여러 세대를 거치면서 많은 교회들의 문제를 해결했다. 교회 안에는 성도들의 수만큼 많은 문제가 일어나지만, 사도들이 가르친 교훈은 보편적으로 적용될 수 있는 원리이다.

괴로움을 당하는 그리스도인들이 있는 것이 사실이다. 그들은 대부분 긍정적으로 생각하지 못하고 부정적으로 생각한다. 그런데 그리스도인이 되어서도 그들은 과거의 태도를 버리지 못하고 그대로 간직한다. 어떤 사람은 하나님나라로 들어오지만, 과거의 기질을 그대로 가지고 들어온다. 밝은 성격의 소유자는 하나님나라 안으로 들어와서도 밝은 성격이지만, 어두운 성격의 소유자는 그분의 나라 안에서도 어둡다. 기질은 죄(罪)가 아니라 사람의 정신적 태도이다. 어떤 사람이 회심(回心)할 경우, 주님은 그의 기질의 잘못된 부분도 고쳐주신다.

우리 주님은 어제나 오늘이나 동일하시다. 주님의 교회도 어제나 오늘이나 동일하다. 그러므로 주님은 신약의 정경(正經)이 완성되기 전, 처음 두 세기 동안 행하셨던 대로 지금도 행하고 계신다. 바울 시대에 무수한 사람들이 로마에 살고 있었고, 또 수많은 사람들이 고린도와 갈라디아와 데살로니가와 에베소에 살고 있었다. 수많은 사람들이 있었지만, 바울은 자신의 서신에서 "바울은 … 로마에서 하나님의 사랑하심을 받고 성도로 부르심을 받은 모든 자에게 …"(롬 1:1,7)라고 썼다. 또 그는 "바울(은) … 고린도에 있는 하나님의 교회(에게) …"(고전 1:1,2)라고 썼다. 왜 그가 이렇게 썼는가? 그는 로마나 고린도에 사는 사람들에게 편지를 쓴 것이 아니라, 로마나 고린도에 있는 소수의 무리(신자들)에게 편지를 쓴 것이었다. 다시 말해서, 그는 주 예수 그리스도를 믿는 사람들에게 편지를 쓴 것이었다.

바울의 편지 수신인들은 로마나 고린도 안에서 살던 소수의 무리였는데, 그들은 예수 그리스도를 '주님'이라고 부르며 그분을 하나님으로 인정하고 주께 기도하는 '교회'였다. 그리스도께서는 이렇게 사도들의 편지로 자신의 제자들, 즉 특정 도시 안에 있는 그리스도인 공동체(특정 교회)에게 말씀하셨던 것이다.

주님은 오늘날도 동일한 일을 하신다. 주님은 성령의 감동으로 기록된 편지를 오늘날 우리의 상황에 적용하신다. 이것은 동정녀에게서 나신 분에 대한 복음을 들은 사람들을 위한 편지이다. 주님은 하나님으로부터 오시어 사람들을 위해 죽으시고 사흘 만에 다시 살아나신 분이요, 신자들을 위해 천국의 문(門)을 열고 지금은 하나님 우편에 앉아 계신 분이다. 사도들의 편지는 복음을 듣고 함께 모여 믿고 예배하는 자들을 위한 것이다.

사도들은 하나님의 영감(靈感)의 권위에 근거하여 편지를 썼다. 따라서 그들의 편지는 조언하는 것이 아니라 명령한다. 그들의 편지에 담긴 명령은 교회의 머리이신 예수 그리스도의 명령이며, 교회 안에서 우리에게 주어진다. 오늘날 주님은 우리에게 처음 사랑을 회복하라고 명령하신다. 그 밖의 다른 명령이나 권위는 없다.

사도들의 편지는 교훈과 경고와 주의를 들어야 할, 조심성 없는 그리스도인들을 위한 것이었다. 그들은 오류에 빠져 있었기에 교정되어야 했다. 예를 들면, 어떤 사람들은 죽은 자들의 부활에 대해 잘못된 생각을 갖고 있었다. 바울은 그들의 생각을 바로잡기 위해 고린도전서 15장을 썼다. 또 어떤 사람들은 주님이 이미 재림하셨다고 믿었다. 바울은 그들에게 올바른 교리를 가르치기 위해 데살로니가전서를 썼다.

심지어 성령충만한 사람도 현실에 대한 염려로 영성(靈性)이 무뎌질 수 있다. 이렇게 영성이 무뎌지면 기도를 게을리하게 되고, 결국 영적 생활에서 실패할 수도 있다. 콘크리트는 한 번 굳으면 변하지 않는다. 하지만 하나님은 당신을 콘크리트처럼 만들지 않으신다. 하나님은 한 번의 처리로 당신으로 하여금 언제나 자동적으로 선한 삶을 살게 하는 분이 아니시다. 그래서 당신은 날마다 하나님과 동행해야 한다. 이것이 우리가 사도들의 편지에서 얻을 수 있는 교훈이다.

육신을 다루는 문제

사도들의 시대에도 '육신적 그리스도인'이 있었다는 말을 들을 때, 당신은 그것을 믿기 힘들 것이다. 육신적 그리스도인들 안에 "하나님의 씨"(요일 3:9)가 있지만, 그들에게는 정욕과 질투 그리고 옛 생활의 죄가 여전히 남아 있다. 이런 악한 것은 '육신적인 것'이라고 불린다. '육신적'이라는 말은 "육체"라는 뜻을 가진 라틴어에서 유래되었다. 육신적인 자들은 거듭났다 할지라도 옛 본성을 그대로 가지고 있기 때문에 선한 삶을 살지 못한다. 따라서 성령께서는 사도들을 통해 이런 자들에게 편지를 보내신 것이었다. 그들은 육신의 죄로부터 건짐을 받아야 했다. 그런데 그들에게 해당하는 이야기가 오늘날 우리에게도 해당된다.

초대교회에도 싸우고 반발하고 분열을 일으키는 사람들이 있었는데, 그런 사람들이 오늘날에도 줄어들지 않고 있다. 주님은 그들을, 또 우리를 바로잡기 위해 자신의 사도들을 통해 편지를 보내셨다. 성령께서는 신학적 기초를 놓기 위해 바울을 통해 일하셨다. 그리스도인들을 위로하고 또 그에 따르는 권면을 전하기 위해 성령께서는 그들에게 진리를 자세히 가르치셨다.

성경이 요구하는 수준 이하의 삶을 살고 있는 그리스도인들이 많이 있다는 것은 참으로 놀라운 사실이다. 그들의 삶은 어둡다. 그들은 아침에 일어나서 이런 생각에 잠기곤 한다.

'나는 내가 알고 생각한 모든 것을 그리스도 안에서 가졌다. 그런데 하나님께서 나를 위해 모든 것을 이루신다는 내 생각은 틀렸다.'

나중에 그들은 잘못된 생각에서 벗어나겠지만, 지금 당장은 낙심에 빠져 있다. 지금도 이런 사람들이 있기 때문에 그리스도께서 그들을 위로하신다. 어떤 사람들은 믿음의 가정에서 태어나 건강한 신앙생활을 해나간다. 한편 어떤 사람들은 영적으로 빈혈에 걸린 것처럼 연약해서 오랜 세월 동안 힘겹게 신앙생활을 한다. 그러므로 성령께서는 각 사람에게 필요한 말씀을 해주신다.

성경을 통해 성령께서는 사람들에게 그들이 무엇을 가질 수 있고, 또 무엇을 가질 수 없는지를 가르치신다. 만일 우리가 그들에게 성실한 자세로 우리가 믿는 것을 말해주고 또 하나님께서 그들에게 무엇을 주실 수 있는지 말해준다면, 그들은 우리에게 와서 이렇게 물을 것이다.

"당신이 가진 것을 얻으려면 내가 어떻게 해야 합니까?"

화목의 신비

우리가 사람들에게 전해야 할 성경말씀이 있다. 그것은 "그런즉 누구든지 그리스도 안에 있으면 새로운 피조물이라 이전 것은 지나갔으니 보라 새것이 되었도다"(고후 5:17)라는 말씀이다. 여기서 "피조물"이라는 표현은 아주 정확한 것이다. 그리스도 안에 있는 사람은 새로운 피조물로서, 예수 그리스도를 통하여 우리를 자신과 화목하게 하신 하나님에게서 나왔다.

화목이란 무엇인가? 원수였던 사람들이 사랑 가운데 모이는 것이 화목이다. 죄를 원수로 여기신 하나님 그리고 하나님과 원수 된 인간이 예수 그리스도 안에서 하나님과 화목하게 되었다. 하나님이시며 인간이신 예수님이 우리를 위해 십자가에서 죽으심으로써, 즉 화목의 신비를 통하여 하나님과 우리를 화해시키셨다.

여기서 우리는 인간이 하나님과 화목한 것이 아니라, 하나님께서 인간과 화목하셨다는 것을 주목해야 한다. 이런 역사를 통하여 하나님은 우리에게 화목하게 하는 직분을 주셨는데, 이것에 대해 사도 바울은 "곧 하나님께서 그리스도 안에 계시사 세상을 자기와 화목하게 하시며 그들의 죄를 그들에게 돌리지 아니하시고 화목하게 하는 말씀을 우리에게 부탁하셨느니라"(고후 5:19)라고 말했다.

하나님께서 "네가 화목하게 되었다고 느끼면 화목하게 될 것이다"라고 말씀하지 않으셨다는 점에 주목하라. 하나님은 "누구든지 그리스도 안에 있으면 새로운 피조물이라"(고후 5:17)라고 말씀하셨다. 그리스도 안에 있는 사람은 이미 화목하게 된 것이다! 만일 당신이 화목을 체험했다면 당신은 밖으로 나가서 누군가에게 당신의 체험에 대해 말하고 싶어질 것이다. 이것이 전도의 첫걸음이다. 이것을 '전도의 뿌리'라고 불러도 좋을 것이다.

성령께서 사도 바울을 통해 우리에게 주시는 또 다른 권면을 읽어보자.

"우리로 하여금 빛 가운데서 성도의 기업의 부분을 얻기에 합당하게 하신 아버지께 감사하게 하시기를 원하노라 그가 우리를 흑암의 권세에서 건져내사 그의 사랑의 아들의 나라로 옮기셨으니 그 아들 안에서 우리가 속량 곧 죄 사함을 얻었도다"(골 1:12-14).

하나님께서는 우리로 하여금 빛 가운데 있는 성도의 유업의 몫을 받기에 합당하게 하셨다. 사도 바울, 아시시의 프랜시스(Francis of Assisi, 1182~1226, 프란체스코 수도회의 창설자), 또는 그 어떤 성자(聖者)라 할지라도 그들이 우리보다 더 많은 빛을 소유했던 것은 아니다. 누구든지 그리스도 안에 있으면 새로운 피조물이다. 그리스도 안에 있는 사람이라면 누구나 이미 화목하게 된 것이다. 우리를 흑암의 권세에서 건져내사 자기의 사랑하는 아들의 나라로 옮기신 하나님께서 우리로 하여금 빛 가운데 있는 성도의 유업의 몫을 받기에 합당하게 하셨다. 흑암의 나라에서 빛의 나라로 옮겨진 것이야말로 무한히 아름답고 귀한 일이다!

사람들이 저지르고 있는 끔찍한 일들에 대한 이야기를 들을 때, 당신은 왜 그런 일들이 일어나는지 궁금해질 것이다. 그것은 그들이 흑암의 권세 아래 있기 때문이다. 그러나 그들이 동정녀 마리아에게서 나신 하나님의 아들, 즉 위의 세상에서 오시어 우리를 하나님과 화목하게 만드신 이 놀랍고 신비로운 분에 대한 복음을 듣고 믿는다면 그들은 그런 흑암에서 건짐을 받아 그분의 나라로 옮겨질 것이다.

당신이 회심할 때 당신은 성도의 유업의 몫을 받기에 합당한 자가 되었다. 본래 당신은 그런 유업을 받기에 합당한 자가 아니었지만, 하나님께서 합당한 자격을 주셨다. 하나님께서 그런 자격을 주시면 누구나 합당한 자가 되는 것이다.

그러므로 '죄를 용서받은 자'로서 행하라. 베드로는 "하나님이 깨끗하게 하신 것을 네가 속되다고 하지 말라"(행 11:9)라는 음성을 들었다. 하나님께서 당신을 깨끗하게 하셨는가? 그렇다면 당신이 채찍에 맞은 스패니얼(몸집이 작은, 새 사냥용 개의 품종을 통틀어 이르는 말)처럼 엎드리는 것은 누구에게도 도움이 안 된다. 그러므로 일어나 하나님께 감사하라! 그리스도의 보혈로 구속(救贖)을 받아 흑암의 권세에서 건짐 받은 하나님의 자녀가 되게 하신 하나님께 감사하라.

선택받고 복 받은 자

사도 바울은 에베소서 1장 3절에서 "찬송하리로다 하나님 곧 우리 주 예수 그리스도의 아버지께서 그리스도 안에서 '하늘에' 속한 모든 신령한 복을 우리에게 주시되"라고 말한다.

"하늘에"로 번역된 헬라어는 본래 복수(複數)이다. 이 헬라어는 성령과 천상(天上)의 것들의 영역에 있는 "하늘의 것들"이라는 뜻을 의미한다. 그러므로 바울에 따르면, 하나님께서는 '하늘의 것들'에 속한 모든 신령한 복을 우리에게 주신다. 하나님은 이미 그렇게 하셨다. 창세전에 그리스도 안에서 우리를 택하실 때, 하나님은 그리스도 안에서 '하늘의 것들'에 속한 모든 신령한 복을 우리에게 주셨다(엡 1:3,4 참조).

하나님은 영원하시다. 따라서 하나님은 우리의 날들을 이미 다 사셨다. 하나님은 시간의 시작에 계신 동시에 끝에 계신다. 왜냐하면 시간이란 것이 하나님의 품 안에 있는 하나의 점에 불과하기 때문이다. 하나님은 시간을 둘러싸고 계시며, 이미 우리의 모든 내일을 다 사셨다. 시간이 있기 전에 이미 하나님은 당신을 보셨고, 당신이 어떤 사람인지를 아셨고, 당신의 이름이 무엇인지를 아셨다. 당신의 키가 얼마나 될지, 당신이 남자일지 여자일지, 기혼일지 미혼일지를 아셨다. 당신이 어느 나라 사람일지를 아셨다. 하나님은 당신에 대해 전부 아셨고 미소를 지으며 당신에게 손을 얹고 복을 주셨다.

내가 이렇게 말하니까 당신은 "그래요? 그런데 왜 내가 전에는 몰랐죠?"라고 물을지 모르겠다.

이것은 신비이다. 한 가지 분명한 사실이 있다. 그것은 하나님이 당신에게 눈길을 돌리지 않으셨다면 당신이 그분께 나아갈 수 없었다는 사실이다. 아침에 일어나 턱을 내밀며 "내가 주님을 찾았다!"라고 말하지 말라. 하나님이 먼저 당신의 상황을 어렵게 만드시고 당신을 떠밀고 재촉하셨기 때문에 당신이 하나님을 찾은 것이다. 당신이 먼저 행동에 나선 것이 아니라 하나님이 그렇게 하신 것이다.

당신이 한 것은 하나님께 반응한 것뿐이다. 하나님이 당신 뒤에서 당신을 밀어주셨다. 하나님의 사람들은 모두 이런 방법으로 그분께 나아왔다. 그러므로 이것에 대해 불쾌하게 생각하지 말라. 하나님께서 창세전에 당신을 택하셨다. 바다와 산과 별과 행성이 생기기 전에 하나님이 당신의 이름을 아셨다.

하나님과 화평하려면

사도 바울은 우리에게 또 이렇게 말한다.

"우리로 사랑 안에서 그 앞에 거룩하고 흠이 없게 하시려고 … 우리를 예정하사 … 자기의 아들들이 되게 하셨으니"(엡 1:4,5).

여기서 '예정하다', 즉 '프리데스티네이트'(predestinate)라는 말은 무슨 뜻인가? '프리'(pre)라는 말은 "미리"라는 뜻이고, '데스

티네이트'(destinate)라는 말은 "목적지 또는 운명을 결정하다" 라는 뜻이다. 그러므로 하나님께서는 당신의 운명을 미리 결정하셨다. 그렇다면 그리스도인의 운명은 무엇인가? 그것은 예수 그리스도의 뜻에 따라 지음 받는 것이다. 그렇다면 하나님은 왜 그렇게 하셨는가? 그것은 하나님의 기쁘신 뜻에 따른 것이다(엡 1:5 참조). 하나님께서 그렇게 하기를 원하셨다! 하나님은 이렇게 말씀하셨다.

"내가 그렇게 하기를 원했으므로 네가 그것에 대해 걱정할 필요 없다. 네가 걱정할 일이 아니다. 내가 그렇게 하기를 원했다."

하나님의 예정은 하나님의 기쁘신 뜻에 따른 것이다. 하나님의 예정의 목적에 대해 사도 바울은 "이는 그가 사랑하시는 자 안에서 우리에게 거저 주시는 바 그의 은혜의 영광을 찬송하게 하려는 것이라"(엡 1:6)라고 말한다. 하나님께 바로 나아가 그분께 받아들여질 수 있는 사람은 아무도 없다. 그리스도인은 오직 하나의 문(門), 즉 하나님의 아들을 통해서 하나님께 나아갈 수 있다는 진리를 믿는다. 우리는 오로지 "그가 사랑하시는 자 안에서" 받아들여진다. 그러므로 우리는 어디서나 어떤 방법으로든 하나님께 나아갈 수 있다고 가르치는 자연 시인들(nature poets), 종교적 시인들(religious poets) 그리고 그들과 유사한 사람들에게 동의할 수 없다. 그들은 "기독교라고 해서 특별히 다른 것이 없다"라고 말한다. 그들은 하나님께서 플라톤을 통해 그리스 사람들에게, 마호메트를 통해 이슬람 사람들에게, 부처를 통해 불교 신자들에게 말씀하셨기 때문에 자신들이 원하는 대로 믿으면 된다고 주장한다.

그러나 기독교는 이런 주장에 동의하지 않는다. 성경은 이렇게 가르치지 않는다. 이런 주장에 동조하면서 자신을 그리스도인이라고 말하는 사람은 처음부터 다시 배워야 한다. 우리가 알아야 할 분명한 사실은 구원의 길이 오직 하나라는 것이다. 예수님은 "나로 말미암지 않고는 아버지께로 올 자가 없느니라"(요 14:6)라고 말씀하셨다. 당신은 죄인인 채로 곧장 천국으로 들어가는 것이 아니다. 당신은 천국에 들어가는 유일한 문, 즉 주 예수 그리스도를 통해 들어가야 한다. 하나님께 감사하라! 왜냐하면 당신이 충분히 들어갈 수 있을 정도로 그 문이 활짝 열려 있기 때문이다.

성령께서는 또한 로마서 5장 1절을 통해 우리에게 힘을 주신다.

"그러므로 우리가 믿음으로 의롭다 하심을 받았으니 우리 주 예수 그리스도로 말미암아 하나님과 화평을 누리자."

이 구절이 말하는 화평(평안)은 사람들이 약물까지 복용하면서 얻으려고 애쓰는 화평이 아니다. 이 평안은 병 속에 담겨 있는 것이 아니다. 하나님은 "네가 은혜로 의롭다 함을 얻었으므로 마음의 평안을 누릴 것이다"라고 말씀하지 않으셨다. 하나님이 말씀하신 화평은 하나님과 화평한 것이다.

사형선고를 받은 사람은 국가와 화평하지 못하다. 예를 들어보

자. 판사가 벌벌 떠는 사람을 일어서게 한 다음 이렇게 선언한다.

"유감스럽지만 증인들의 증거와 국가의 법에 따라 이렇게 말하지 않을 수 없습니다. 피고는 감옥에 수감되었다가 때가 되면 교수형에 처해질 것입니다."

판사의 선고를 들은 피고의 가족은 비명을 지르고, 피고의 표정이 창백해진다. 피고는 자신의 변호사에게 애써 미소를 짓고 안내자에게 이끌려 법정 밖으로 나간다. 그의 마음에는 화평이 없다. 그러나 내가 말하는 화평은 이런 화평이 아니다.

하나님과 인간은 서로 원수가 되었다. 인간은 죄를 짓고 하나님의 법을 어김으로써 죽음을 자초했다. 왜냐하면 죄를 지은 사람은 마땅히 죽어야 하기 때문이다. 하나님과 사람 사이에는 화평이 없었다. 그러던 중에 예수님이 오시어 믿는 자들을 위해 천국의 문을 열어주셨다. 이제 우리는 믿음으로 의롭다 함을 얻었으므로 하나님과 화평을 누린다. 천국의 최고법원은 더 이상 우리에게 분노하지 않는다. 우리가 죽어야 한다고 선언하지 않는다. 오히려 우리가 살 수 있다고 선언한다.

환난의 유익

물론 하나님께서 우리에게 마음의 평안을 주시지 않는 것은 아니다. 분명히 말하지만, 하나님은 우리에게 마음의 평안을 주신다. 하지만 지금 내가 이야기하고 싶은 것은 이런 문제가 아니다.

우리는 믿음으로 말미암아 은혜 안으로 들어와 있다. 이런 우리에 대해 사도 바울은 "우리가 ⋯ 하나님의 영광을 바라고 즐거워하느니라 다만 이뿐 아니라 우리가 환난 중에도 즐거워하나니 이는 환난은 인내를, 인내는 연단을, 연단은 소망을 이루는 줄 앎이로다"(롬 5:2-4)라고 말한다. 우리는 "하나님, 저에게 인내심을 주소서"라고 기도한다. 그런데 우리가 상점에 가서 콩이 들어 있는 캔을 하나 살 때, 하나님께서 우리에게 인내심을 주시는 것이 아니다.

하나님께서 우리에게 인내심을 주시는 방법은 우리가 환난을 당하도록 허락하시는 것이다. 하나님의 이런 방법을 좋아할 사람은 아무도 없을 것이다. 우리는 "주님, 다른 방법을 통해 제게 인내심을 주시면 좋겠습니다"라고 말씀드린다. 그러나 가장 좋은 방법을 아시는 분은 바로 하나님이다. 만일 하나님이 당신 앞에 환난을 준비해놓고 당신에게 "내가 네게 인내심을 주는 방법은 네가 약간의 고난을 겪도록 하는 것이다"라고 말씀하신다면, 당신은 그 고난을 받아들일 것이다.

혹시 당신은 주께 "주님, 저의 모든 길이 활짝 열리게 하소서"라고 기도하고 싶을지 모르겠다. 당신이 이렇게 기도한다면 주님은 "미안하지만 네 뜻대로 해줄 수 없구나. 나는 너로 하여금 때로는 힘든 길을 통과하도록 할 것이다. 왜냐하면 그렇게 해야 네게 인내심이 생기기 때문이다"라고 대답하실 것이다. 당신은 인내심이 생기기를 원하면서도 힘든 길은 싫어한다. 그러나 인내심을 얻기 원한다면 힘든 길도 기꺼이 가야 한다. 왜냐하면 고생해 보지 않으면 인내심이 생기지 않기 때문이다.

성령께서는 고난 속에서 두려움에 떨고 있는 그리스도인들에게 이런 말씀을 주신다.

"누가 우리를 그리스도의 사랑에서 끊으리요 환난이나 곤고나 박해나 기근이나 적신이나 위험이나 칼이랴 기록된 바 우리가 종일 주를 위하여 죽임을 당하게 되며 도살당할 양같이 여김을 받았나이다 함과 같으니라 … 내가 확신하노니 사망이나 생명이나 천사들이나 권세자들이나 현재 일이나 장래 일이나 능력이나 높음이나 깊음이나 다른 어떤 피조물이라도 우리를 우리 주 그리스도 예수 안에 있는 하나님의 사랑에서 끊을 수 없으리라"(롬 8:35,36,38,39).

진정한 자유를 맛보라!

그리스도인이여! 만일 당신이 진정으로 거듭났고 진정으로 그리스도를 사랑한다면, 당신이 어떤 존재인지를 알 것이다. 당신은 이 우주에서 새로운 존재가 되었다. 당신은 세상 사람들과 다른 존재가 되었다. 당신은 엄청난 특권을 얻은 존귀하고 부유한 사람이 되었다. 하나님 때문에 정말로 멋진 존재가 된 것이다. 그러므로 하나님께 감사해야 한다. 한 번의 감사로 끝내지 말고 계속 감사해야 한다.

인간의 내면에 깊이 뿌리박힌 절망을 치유할 수 있는 유일한 길은 '내면적 해방'이다. 주님이 어떤 사람을 해방시켜주시면 그 사람은 자유로워진다. 그러나 주님이 그를 해방시켜주시지 않는다면 우리는 그가 자유로운 사람이라고 노래할 수도 글로 쓸 수도 전파할 수도 없고, 그 어떤 인간적 방법으로도 그를 자유롭게 만들 수 없다. 그런데 오늘날 교회들은 사람들을 자유롭게 해주겠다는 의도에서 매년 종교적 활동에 막대한 돈을 쏟아붓고 있다. 그러나 성령께서 딱 한 번 일하시면 사람들이 자유로워진다. 성령님은 그들을 영원히 해방시켜 자유를 주신다. 이렇게 자유를 얻은 자들은 하나님께 나아가 담대히 기도할 수 있다.

젊었을 때 나는 내면적으로 곤경에 처한 적이 있다. 당시 무거운 짐이 나를 짓눌렀고, 나는 내가 속박당하고 있다고 느꼈기에 비참했다. 어느 날 나는 오하이오 주(州) 애크런(Akron)의 서부 지역을 걷고 있었다. 나는 더 이상 견딜 수 없을 것 같았다. 그러면서도 나는 하나님께서 내게 진노하시지 않는다는 것을 알고 있었다. 나는 사탄이 나를 괴롭히고 있다는 것을 알았다. 나는 갑자기 발걸음을 멈추고 강렬한 햇살을 받으며 땅을 발로 쿵쿵 쳤다. 그리고 나무들 틈새로 하늘을 바라보며 하나님께 "하나님, 저는 더 이상 참을 수 없습니다!"라고 말씀드렸다. 나는 더 이상 참지 않았다. 바로 그때 나는 자유로워졌다. 나를 짓누르던 짐이 벗겨졌다. 하나님은 나의 믿음을 보시고 나를 해방시켜주셨다. 나는 하나님께 분노하지 않았고, 사탄에게 분노했다. 나를 속박한 것은 주님이 아니라 사탄이었다.

내가 볼 때, 하나님의 사람들은 더 행복해질 수 있다. 그렇게 되면 더 많은 영혼들이 회심하여 돌아올 것이다. 시편기자는 이렇게 기도했다.

"주의 구원의 즐거움을 내게 회복시켜주시고 자원하는 심령을 주사 나를 붙드소서 그리하면 내가 범죄자에게 주의 도(道)를 가르치리니 죄인들이 주께 돌아오리이다"(시 51:12,13).

영적 기쁨이 넘치는 교회는 행복해지기 위해 돈을 쓰거나 어떤 이상한 것을 교회 안으로 들이지 않는다. 왜냐하면 교회 안에 이미 행복이 있기 때문이다. 이런 모범을 가장 잘 보여준 교회가 신약성경의 교회였다.

때때로 교회 안에서도 문제가 생길 수 있다. 한두 문제가 엉켜버리면 상처를 받는 사람도 생기고 하나님의 일은 더 이상 진행되지 않는다. 그러나 성령께는 교회 안의 막힌 부분을 찾아내어 제거할 수 있는 놀라운 능력이 있다. 목회자는 알지 못한다. 그는 엄마의 품에 안긴 갓난아기처럼 아무것도 모른다. 그러나 성령님은 모든 것을 다 아시기 때문에 문제의식이 있는 사람을 찾아내신다. 성령님이 그런 사람의 협조를 얻어 일하기 시작하시면 교회의 막힌 부분이 뚫리고 하나님의 복(福)이 강물처럼 흐르게 된다.

예수 그리스도는 성령의 감동을 받은 사람들이 기록한 성경에 대해 절대적 권세를 가지신다. 오순절 성령강림 사건부터 오늘날까지 교회에서 일어날 수 있는 모든 문제에 대한 해답이 우리가 '하나님의 말씀'이라고 부르는 저 놀라운 책에서 발견된다. 신약 성경의 기독교로 돌아가려면 신약의 신앙으로 돌아가야 한다.

2

흔들리는 세상에서
변치 않는 약속의 말씀을 붙들라

산들이 사라지고 더 이상 보이지 않는다 할지라도 하나님의 언약은 사라지지 않는다.
왜냐하면 하나님께서 자신의 자비를 결코 폐하지 않으리라고 말씀하셨기 때문이다.
하나님의 자비는 영원무궁토록 남아 있을 것이다.

"주여 태초에 주께서 땅의 기초를 두셨으며 하늘도 주의 손으로 지으신
바라 그것들은 멸망할 것이나 오직 주는 영존할 것이요 그것들은 다 옷
과 같이 낡아지리니 의복처럼 갈아입을 것이요 그것들은 옷과 같이 변
할 것이나 주는 여전하여 연대가 다함이 없으리라"(히 1:10 –12).

교회에서 최고의 권세는
하나님께 있다. 오직 하나님께만 있다. 신약과 구약은 모두 이 진
리를 확실히 선포한다. 장구한 세월 동안 그리스도인들은 너나
할 것 없이 이 진리를 믿어왔다. 이 진리를 부정할 수 있는 일은
한 번도 일어나지 않았다.

몇 가지 이유로 하나님은 당연히 최고의 권세를 가지신다. 먼
저 하나님의 영원성 때문에 하나님께 최고의 권세가 돌려진다.

어떤 권세가 생기기도 전에 하나님이 먼저 계셨다.

물론 나는 하나님 외에 다른 권세들이 전혀 없다고 말하는 것은 아니다. 다른 권세들이 있다는 것을 나는 잘 안다. 그러나 그런 모든 권세보다 먼저 하나님이 계셨다. 주인, 왕, 황제 그리고 유력자들에게도 물론 권세가 있지만, 그들의 권세는 시간적으로 나중에 생긴 것이고 또 하나님의 권세의 그림자에 불과하기 때문에 결국 일시적일 수밖에 없다. 무릇 일시적인 것은 영원한 것이나 최고의 것이 될 수 없다.

다른 종류의 권세도 있다. 선지자, 사도, 목사 그리고 종교적 현인(賢人)에게도 권세가 있다. 만일 이런 사람들이 선하다면 그들은 일시적으로 하나님의 권세를 빌려서 쓰는 것이다. 하지만 그들이 악하다면 그들은 하나님의 권세를 도둑질한 것이다. 아무튼 그들에게는 권세가 있다. 누구도 이 사실을 부인하지 않는다.

목사에게도 권세가 있다. 그는 "그런 일을 하지 말라"라고 말할 수 있다. 그가 이렇게 말하면 그의 지도를 받는 교인들은 그것에 따라야 한다. 물론 사도와 선지자에게도 권세가 있다. 다시 말하지만, 그들이 선한 사람들이라면 그들은 하나님의 권세를 잠시 빌려서 쓰는 것이다. 그러나 그들이 악한 사람들이라면 그들은 하나님의 권세를 도둑질해서 쓰는 것이다. 어떤 경우든 간에 그들의 권세는 하나님의 것이다. 그런데 그들도 결국에는 권세를 내놓고 이 세상을 떠난다.

그런데 참으로 이상한 일이 있다. 결국 권세를 내놓고 세상을 떠날 것을 인정하면서도 그들은 마치 영원히 살 것처럼 행동한다. 그러나 우리 모두는 언제라도 우리를 침대에 눕힐 수 있는 '어머니 같은 자연의 힘' 앞에서 마치 어린 소년과 같다.

예를 들어보자. 어떤 소년이 놀이에 푹 빠져서 시간 가는 줄 모르고 있다. 그러다 엄마가 "애야, 이제 잠잘 시간이다"라고 말한다.

소년은 "엄마, 30분만 더 놀게요"라고 조른다.

엄마는 "안 돼. 잠잘 시간이야. 아니, 잠잘 시간이 이미 지났어!"라고 말한다. 그리고 엄마는 "네가 즉시 잘 수 있도록 침대를 정리해놓았으니 지금 가서 자거라"라고 덧붙인다.

그러나 소년은 더 놀고 싶은 욕심에 엄마의 말을 듣지 않는다. 결국 그는 졸음을 이기지 못할 정도로 놀다가 기다시피 침대로 가서 잠에 곯아떨어진다.

'어머니 같은 자연의 힘' 앞에서 이 소년처럼 행동하는 사람들이 있다. 그들 중 일부는 우리처럼 평범한 사람들이다. 특별히 내세울 것 없는 사람들 말이다.

그러나 그들 중 일부는 자신이 대단한 인물이라는 것을 나타내는 휘장(徽章)을 가지고 있다. 그들의 어깨나 머리 위에는 그들의 권세를 나타내는 상징물이 있다. 왕에게는 왕관이, 대통령에게는 헌법이, 추기경에게는 테두리 없는 베레모가 있다. 그들은 그런 것들을 애지중지하게 다루며 즐거워한다. 그런 것들을 장난감 삼아 즐겁게 논다. 그러나 '어머니 같은 자연의 힘'은 그런 것들이 얼마나 중요한지에 대해서는 전혀 관심이 없고, 오직 그들에게 "이제 가서 자거라"라고 말한다.

교황은 "아닙니다. 나는 좀 더 깨어서 연설문을 더 작성해야 합니다"라고 대답한다.

그러나 '어머니 같은 자연의 힘'은 그에게 "아니다. 이제는 침대로 가야 한다"라고 말한다.

감독은 "어머니, 아닙니다. 나는 좀 더 깨어서 사람들을 부려야 합니다. 그들과 좀 더 일을 해야 합니다"라고 대답한다.

그러나 '어머니 같은 자연의 힘'은 그에게 "네가 부려야 할 사람들은 이미 다 부렸다. 이제는 그만하고 가서 자거라"라고 말한다.

물론 그들은 자기들이 하려던 것을 다 끝내기 원할 것이다. 하지만 그들이 그것들을 언제까지나 계속 붙들고 있을 수는 없다. 그러므로 그것들은 그들에게 영원한 것이 될 수 없다. 그것들은 얼마 동안만 그들에게 허락된 것들이다. 오랫동안 허락된 것은 아니다. 그들은 결국 인간의 최종적 운명, 즉 죽음에 굴복할 수밖에 없다.

최고의 권세는 하나님께 있다

선지자, 사도, 왕, 교황, 황제, 대통령 같은 사람들의 일시적이고 상대적이고 덧없는 권세들과는 전혀 다른 권세에 대해 성경이 선포하는 것을 읽어보자.

"주여 태초에 주께서 땅의 기초를 두셨으며 하늘도 주의 손으로 지으신 바라 그것들은 멸망할 것이나 오직 주는 영존할 것이요 그것들은 다 옷과 같이 낡아지리니 의복처럼 갈아입을 것이요 그것들은 옷과 같이 변할 것이나 주는 여전하여 연대가 다함이 없으리라"(히 1:10-12).

세상이 있기 전에 하나님께서 계셨다. 세상이 멸망한 후에도 하나님께서는 최고의 권세를 가진 분으로서 영원히 계실 것이다.

하나님은 자신의 속성들 중 일부를 자신의 사람들과 공유하신다. 예를 들면, 사랑, 온유, 자비, 동정심, 거룩함 그리고 의(義) 같은 것들 말이다. 그러나 이외의 다른 속성들은 하나님의 고유한 속성이기 때문에 하나님과 우리가 공유하지 못한다. 예를 들면, 자존성(自存性), 주권, 전지(全知) 그리고 완전한 지혜 같은 것들 말이다. 이런 속성들이 하나님께 있기 때문에 그분에게 모든 권세가 있는 것이다.

언젠가 나는 어떤 기독교 잡지에서 풍자만화 하나를 보았다. 거기에는 마르틴 루터가 자리에서 일어나 아주 위엄 있게 "나는 물러설 수 없습니다. '나는 여기에 섭니다!'(Here I stand)"라고 말하는 모습이 그려져 있었다. 그리고 또 거기에는 수많은 군중이 로마를 향해 달려가면서 "우리는 갑니다!"(Here we go)라고 외치는 모습이 그려져 있었다. 루터는 "나는 여기에 섭니다!"라고 외쳤고, 무리는 "우리는 갑니다!"라고 말했다. 무리는 95개조로 이루어진 루터의 종교개혁 선언문을 짓밟고 갔다. 혼자 서서 "나는 여기에 섭니다!"라고 말하는 것은 어려운 일이지만, 무리를 따라가는 것은 쉬운 일이다. 무리를 따라가기 위해서는 성직자의 거룩한 옷깃만 계속 쳐다보면 되기 때문이다. 성직자가 어디로 가는지 생각하지 않고 무조건 따라가기만 하면 되기 때문이다.

전능하신 하나님은 주권적 하나님이시다. 왜냐하면 하나님은 자존(自存)하시기 때문이다. 하나님은 모든 것을 아시며, 절대적으로 서 계신다. 우리 개신교 신자들은 이 진리를 반드시 명심해야 한다.

하나님은 어떻게 자신의 권세를 나타내시는가?

성경은 우리에게 하나님의 권세에 대해 가르친다. 우리는 성경을 다양하게 부른다. 즉, 주님의 책, 하나님의 선한 말씀, 거룩한 글, 주님의 법, 그리스도의 말씀, 하나님의 계시, 생명의 말씀, 또는 진리의 말씀이라고 부른다. 이것들은 하나님의 권세를 나타내는 수단이 되는 말씀을 가리키는 이름들이다. 하나님의 말씀은 하나님의 숨결이 담긴, 영원불멸의 말씀이다.

하나님의 말씀은 유일무이(唯一無二)한 것이다. 하나님께서 하신 말씀을 담은 주님의 이 책, 곧 '하나님의 말씀'(Word of God)은 언제나 영어 대문자를 써야 하는 독특한 것이다. 이것은 다른 모든 책을 초월하는, 그것들과 전혀 다른 책이다. 이것은 타협을 모르고 권위 있을 뿐만 아니라 두렵고 영원한 책이다. 바로 이 말씀을 통해 하나님은 자신의 최고 권세를 행사하신다. 하나님의 권세는 어떤 인간에게서 나온 것이 아니라 하나님께서 스스로 취하신 것이다. 하나님께서 누군가의 앞에 무릎을 꿇자 그가 하나님의 어깨에 검(劍)을 대며 "주권적 하나님이시여, 일어나십시오"라고 말하는 상황은 상상조차 할 수 없다. 주권적 하나님께 주권을 부여할 수 있는 사람은 아무도 없다.

예수님은 "나를 저버리고 내 말을 받지 아니하는 자를 심판할 이가 있으니 곧 내가 한 그 말이 마지막 날에 그를 심판하리라"(요 12:48)라고 말씀하셨다. 그러므로 선지자가 "땅이여, 땅이여, 땅이여, 여호와의 말을 들을지니라"(렘 22:29)라고 말한 것은 전혀 놀랄 일이 아니다. 하나님의 입에서 나온 말씀이 우리에게 있는데, 바로 이것을 통해 하나님께서 자신의 권세를 행사하신다.

하나님은 말씀을 통해 자신의 뜻을 나타내신다. 본래 하나님은 자신의 뜻을 나타내기를 좋아하신다. 하나님은 자신을 말씀으로 표현하시는데, 이 말씀은 무한한 창조주의 마음에서 나와서 유한한 인간에게 찾아온다.

너무 머리가 좋아서 생각이 많은 사람들은 하나님께서 인간에게 말씀하실 수 있다는 것을 매우 부담스럽게 여긴다. 그러나 내가 볼 때, 하나님이 인간에게 말씀하시는 것은 매우 자연스러운 일이다. 무한한 하나님께서 유한한 인간에게 얼마든지 말씀하실 수 있다! 무한한 창조주께서 유한한 인간에게 자신의 권세 있는 말씀을 전달하려고 결정하셨다면, 그분이 건너지 못할 강(江)은 없다. 하나님은 얼마든지 그렇게 하실 수 있다.

하나님의 입에서 나온 말씀에는 생사(生死)를 결정짓는 주권적 권세가 있다. 이것은 결코 과장된 말이 아니다. 성경은 복음이 "생명의 말씀"(요일 1:1)이라고 선포한다. 성경의 교훈에 따르면, 장차 성경의 지극히 작은 것들까지 다 성취되고, 하나님의 능하신 말씀의 일점일획까지 다 이루어질 날이 올 것이다.

내가 당신에게 소개하고 싶은 멋진 구절이 하나 있다. 이것은 성경구절은 아니지만 그것과 흡사하다. 성령의 감동을 받아 기록된 유일한 성경과 이것 사이의 관계는 신약과 훌륭한 경건서적 사이의 관계에 비유될 수 있다. 이것은 「솔로몬의 지혜서」(the Wisdom of Solomon)에서 뽑은 구절인데, 여기서 우리는 하나님의 말씀에 대한 다음과 같은 언급을 발견할 수 있다.

"부드러운 정적이 만물을 뒤덮고 시간은 흘러 한밤중이 되었을 때, 당신의 전능한 말씀이 용맹스러운 전사(戰士)처럼 하늘의 왕좌에서 멸망의 땅 한가운데로 뛰어내렸습니다. 그는 당신의 신실한 명령을 날카로운 칼처럼 차고 우뚝 서서 만물을 죽음으로 가득 채웠습니다. 그가 땅 위에 서니 하늘까지 닿았습니다"(지혜서 18:14-16).

여기서 나는 "당신의 전능한 말씀이 … 하늘의 왕좌에서 … 뛰어내렸습니다"라는 표현에 주목하게 된다. 왜냐하면 이 표현은 말씀이 '결코 만들어지지 않은 보좌', 즉 '영원 전부터 있었던 보좌'로부터 인간에게 내려온 것을 매우 생생히 보여주기 때문이다. 전능하신 하나님께서 앉아 계신 왕좌로부터 말씀이 내려온 것이다! 이 말씀은 마치 지극히 용맹스러운 전사처럼 이 멸망의 땅 한가운데로 내려온 것이다!

그러므로 나는 하나님의 말씀을 가지고 장난치며 세월을 보내는 사람들을 싫어한다. 경건한 마음 없이 (때로는) 돈 벌기 위해 대충 성경의 역본들을 만들어내는 편집자, 주석가 그리고 번역가들이 나는 싫다. 전능하신 말씀이 하늘의 보좌에서 뛰어내리신 것이다. 나는 이 말씀에 접근할 때 조심할 수밖에 없는데, 이 말씀이 하나님의 고유한 뜻을 나에게 계시하기 때문이다. 하나님께서는 내 손에 들린 인쇄된 글을 통해 자신의 주권적인 뜻을 말씀하신다.

하나님의 말씀은 살아 있고 힘이 있으며 창조적이다. 하나님께서 말씀하실 때 그 말씀대로 이루어진다. 하나님께서 명령하실 때 그 명령대로 이루어진다. 하나님의 말씀을 통해 천지창조가 이루어졌다. 그러므로 우리는 "하나님께서는 토기장이처럼 무릎을 꿇고 흙덩이 하나 가지고 작업을 하신다"라고 말해서는 안 된다. 이런 말이 듣기 좋은 비유가 될 수는 있겠지만 사실을 전달하지는 않는다. 창세기의 첫 장(章)이 무엇이라고 증언하는지 읽어 보자.

"하나님이 이르시되 빛이 있으라 하시니 빛이 있었고 … 하나님이 이르시되 땅은 풀과 씨 맺는 채소와 각기 종류대로 씨 가진 열매 맺는 나무를 내라 하시니 그대로 되어"(창 1:3,11).

하나님께서 말씀하신 것은 무엇이든지 이루어진다. 장차 우리는 하나님의 모든 말씀이 다 이루어지는 것을 보게 될 것이다. 하늘 보좌에서 뛰어내린 이 전능하신 말씀은 생명과 창조의 능력으로 충만하고 용맹스러운 전사이다. 또한 하나님께서는 진리를 통해 새로운 피조물들을 만들고 계신다. 장차 예수 그리스도께서 만국(萬國)을 불러 자기 앞에 세우실 것인데, 이것은 하나님의 말씀을 통해 이루어질 것이다.

말씀 속에 담긴 생명과 사망

하나님의 말씀은 우리에게 두려움뿐만 아니라 소망을 준다. 하나님의 말씀은 죽이기도 하고 살리기도 한다. 우리가 믿음과 겸손과 순종 가운데 말씀을 받아들일 때, 그것은 우리에게 생명을 주고 우리를 깨끗케 하고 먹이고 보호한다. 그러나 우리가 그 말씀을 불신하며 무시하거나 그것에 저항할 때, 그것은 그 말씀을 주신 하나님 앞에서 우리를 고소한다. 왜냐하면 그것은 하나님의 살아 있는 말씀이기 때문이다. 그러므로 우리는 하나님의 말씀에 저항하거나 그것을 논리로 무너뜨려서는 안 된다.

혹자는 하나님의 말씀의 어떤 부분은 믿지만 다른 부분은 믿지 않는다. 그는 "내게 감동을 주는 부분은 성령의 감동으로 기록된 것이고, 내게 감동이 안 되는 부분은 단지 오래된 역사와 전승(傳承)일 뿐이다"라고 말한다. 그러나 살아 계신 하나님의 입에서 나온 말씀은 유일무이한 것이다. 우리가 하나님의 말씀을 알고 그것에 담긴 하나님의 뜻을 알 때, 그것에 저항하는 자들은 죽이고 그것을 믿는 자들은 살리는 능력이 하나님의 말씀에 있다는 것 또한 깨닫게 될 것이다.

"여호와께서 열방의 목전에서 그의 거룩한 팔을 나타내셨으므로 … 우리가 전한 것을 누가 믿었느냐"(사 52:10, 53:1).

불신앙은 그것으로 가득 찬 사람의 팔을 마비시킨다. 그러나 불신앙에서 벗어나 자유롭게 움직일 수 있는 팔은 사람들의 구원을 위해 일한다.

하나님 말씀의 이런 놀라운 능력을 우리는 어디서 볼 수 있는가? 여러 해 전에 선교사들이 석기시대의 유적이 남아 있는 이리안 자야[Irian Jaya, 인도네시아에 있는 주(州)로 뉴기니 섬 서쪽의 반을 차지한다]의 어떤 거대한 산(山)과 다른 지역으로 갔다. 오랜 세월 동안 선교사들은 그곳의 원주민들이 전혀 회심하지 않을 것이라고 생각했다. 그들은 그곳 사람들이 하나님의 말씀도 모르고 하나님의 존재도 모를 것이라 생각했다.

선교사들이 처음 그곳에 갔을 때 "우리는 당신들에게 하나님, 즉 당신들의 창조주를 전하기 위해 왔습니다"라고 말했다. 그러자 원주민들은 "우리는 창조되지 않았고 강(江)에서 나왔습니다"라고 말했다. 그들은 자기들이 강에서 나왔다고 믿고 있었다. 그러나 그들은 자기들끼리 서로 죽이느라 너무 바빴기에 누가 그 강을 만들었는지에 대해 생각할 겨를이 없었다.

선교사들은 원주민들의 언어, 즉 전에 결코 글자로 표현된 적이 없는 언어를 공부하기 시작했다. 그곳에는 원주민들이 쓰는 언어의 문법, 사전, 용어집 등이 전혀 없었다. 선교사들은 인내심을 갖고 항상 원주민들 곁에 앉아 그들에게 말을 시키며 그들의 말에 귀를 기울였다. 그들은 원주민들의 다양한 소리에 주목하면서 그것들을 글자로 적었다. 이런 식으로 해서 그들은 원주민들의 '돈'이라는 단어와 '하나님'이라는 단어를 알게 되었다.

마침내 선교사들은 예수 그리스도의 복음을 전하기 시작했다. 오랜 세월이 흐른 후에야 비로소 그들은 야만적인 대니 족(Dani tribe)이 사용하는 '목 뒷부분에서 나오는 듯한 소리의 언어'로 하나님의 주권적인 말씀을 선포하기 시작했다. 하나님의 말씀을 듣게 된 대니 족은 예수 그리스도를 영접했다. 지금도 그들 부족에서는 회심(回心)이 일어나고 있고, 그들은 자신들이 아는 진리의 빛 안에서 행하고 있다. 과거에 성(性)에 관한 외설스러운 노래를 불렀던 사람들이 이제는 자신들이 알게 된 최고의 노래를 부르고 있다. 그들은 음악에 대해 아무것도 몰랐다. 하지만 그들은 선교사들이 부르는 노래를 따라 부르기 시작했고, 결국 시온의 노래를 부르며 하나님의 능하신 말씀을 듣게 되었다.

하나님의 말씀은 힘이 있고 유일무이한 말씀이다. 말씀 속에는 능력이 있다. 우리가 하나님의 말씀을 믿고 실천한다면 반드시 그 능력이 나타날 것이다. 영원한 하나님께서는 영원한 일을 이루신다.

하나님의 권세 있는 말씀은 우리에게 경고와 초대의 말씀으로 다가온다.

경고의 말씀

성경을 읽어보라. 그러면 다음과 같은 하나님의 경고의 말씀을 발견할 수 있다.

"범죄하는 그 영혼은 죽으리라"(겔 18:4).

"악인들이 스올로 돌아감이여 하나님을 잊어버린 모든 이방 나라들이 그리하리로다"(시 9:17).

"그 날에 일하는 자는 모두 그 백성 중에서 그 생명이 끊어지리라"(출 31:14).

"사람이 거듭나지 아니하면 하나님의 나라를 볼 수 없느니라" (요 3:3).

"너희도 만일 회개하지 아니하면 다 이와 같이 망하리라"(눅 13:3).

"나더러 주여 주여 하는 자마다 다 천국에 들어갈 것이 아니요 다만 하늘에 계신 내 아버지의 뜻대로 행하는 자라야 들어가리라"(마 7:21).

"음행하는 자나 더러운 자나 탐하는 자 곧 우상 숭배자는 다 그리스도와 하나님의 나라에서 기업을 얻지 못하리니"(엡 5:5).

이것들은 하나님의 말씀으로서 무서운 경고의 말씀이다. 하나님은 자신의 권세 있는 말씀을 통해 무섭게 경고하신다.

어느 누구도 감히 자리에서 일어나 "플라톤의 말에 비추어 이것을 설명해보겠습니다"라고 말하지 못한다. 나는 플라톤이 무슨 말을 했든 상관하지 않는다. 때때로 나는 플라톤의 글을 읽지만, 그가 한 말에 큰 의미를 두지는 않는다. 내게 중요한 것은 "범죄하는 그 영혼은 죽으리라"(겔 18:4)라는 하나님의 말씀이다. 플라톤도 하나님의 권세 있는 말씀 앞에 무릎을 꿇어야 한다. 하나님은 말씀을 통해 자신의 권세가 어떤 것인지 이미 선포하셨다.

교황이 자리에서 일어나 "아무개 신부(神父)의 말에 비추어 이것을 설명해보겠습니다"라고 말할지라도 그것은 쓸데없는 짓이다. 아무개 신부라는 사람은 잠잠해야 한다. 머지않아 그의 입이

흙으로 막히게 될 것이기 때문이다. 전능하신 하나님께서 "땅이여, 땅이여, 땅이여, 여호와의 말을 들을지니라"(렘 22:29)라고 말씀하셨으므로 모든 인간은 하나님 앞에서 잠잠해야 한다.

"하늘이여 들으라 땅이여 귀를 기울이라 여호와께서 말씀하시기를 …"(사 1:2).

초대의 말씀

하나님의 말씀 안에는 아름다운 초대의 말씀도 포함되어 있다. 이 초대의 말씀은 경건하고 종교적인 사람들이 회의를 열어서 가결한 초대의 글이 아니다. 바로 전능하신 하나님께서 말씀하신 초대의 말씀이다. 하나님께서 하늘에서 이 말씀을 하셨고, 이 말씀이 마치 전사(戰士)처럼 뛰어내려와 온 땅을 하나님의 음성으로 채웠다.

하나님께서는 "네가 내게 돌아오면 내가 너를 불쌍히 여기리라"라고 말씀하신다. 주님은 이렇게 말씀하신다.

"수고하고 무거운 짐 진 자들아 다 내게로 오라 내가 너희를 쉬게 하리라"(마 11:28).

"네가 만일 네 입으로 예수를 주(主)로 시인하며 또 하나님께서 그를 죽은 자 가운데서 살리신 것을 네 마음에 믿으면 구원을 받으리라"(롬 10:9).

"너희는 그 은혜에 의하여 믿음으로 말미암아 구원을 받았으니 이것은 너희에게서 난 것이 아니요 하나님의 선물이라"(엡 2:8).

"만일 우리가 우리 죄를 자백하면 그는 미쁘시고 의로우사 우리 죄를 사하시며 우리를 모든 불의에서 깨끗하게 하실 것이요"(요일 1:9).

우리는 이 권세의 말씀들을 편집하거나 삭제해서는 안 된다. 이 말씀들은 설명이 필요 없고 다만 선포되어야 할 것들이다.

언젠가 어떤 사람이 런던의 유명한 설교자 스펄전에게 성경을 옹호하는 10개의 강좌를 하나의 시리즈로 묶어서 강의해달라고 부탁했다. 그러나 스펄전은 "미안하지만 초대에 응할 수 없습니다. 성경은 우리의 옹호를 필요로 하지 않습니다"라는 전보(電報)를 보냈다. 성경을 풀어놓으라. 마치 초원에 사자를 풀어놓듯이 말이다. 그러면 성경이 스스로 자신을 옹호할 것이다. 나는 성경이 우리의 옹호를 필요로 하지 않는다고 믿는다. 우리는 성경말씀을 전하기만 하면 된다.

지금 우리는 엉덩이를 붙이고 앉아서 '교황을 정점으로 삼는 단일(單一) 교회'라는 새로운 사상, 신정통주의자들, 자유주의자들의 공격에 맞서고 있다. 우리가 엉덩이를 붙이고 앉아 있지만, 나는 이런 공격에 신경 쓰지 않는다. 전능하신 하나님께서 말씀하신다. 하나님이 말씀하실 때 온 세상은 잠잠히 귀를 기울여야 한다. 왜냐하면 하나님이 경고와 초대의 말씀을 주셨고 장차 그 말씀을 이루실 것이기 때문이다.

누가복음에는 다음과 같은 무서운 말씀이 나온다.

"부자도 죽어 장사되매 그가 음부에서 고통 중에 눈을 들어 멀리 아브라함과 그의 품에 있는 나사로를 보고"(눅 16:22,23).

이 땅에서 호화롭게 살던 부자는 죽어서 지옥에 갔고, 거기서 자신의 바싹 마른 혀를 적셔줄 물 한 방울을 애타게 구했다. 그리고 그는 자신의 가족에게 복음이 전해지기를 간절히 원하며 이렇게 말했다.

"아브라함이시여, 저를 도와주실 수 없다면 저의 다섯 형제를 도와주소서. 저희 집에는 믿음이 없는 다섯 형제가 있습니다. 나사로를 그들에게 보내시면 나사로가 그들을 구할 것입니다. 아마도 그들이 회개할 것입니다."

그러나 아브라함은 부자에게 "그럴 수 없다. 나사로가 땅으로 다시 내려갈 수 없다"라고 말했다.

그러자 부자는 마치 복음전도자가 된 것처럼 "아브라함이시여, 이렇게 사정합니다. 나사로를 저의 다섯 형제에게 보내주소서. 내가 땅에서 살 때에는 그들을 돌보지 못했는데, 이제는 그들을 도와주기를 원합니다. 제발 나사로를 보내소서. 누군가 죽은 자들로부터 다시 살아나면 그들이 그의 말을 들을 것입니다"라고 사정했다.

그러나 아브라함은 "하나님의 말씀을 듣지 않는 자들은 죽은 사람들 가운데서 누가 살아날지라도 그의 말에 귀 기울이지 않을 것이다"라고 말했다.

전능하신 하나님의 입에서 나온 이 유일무이한 것, 즉 하나님의 경고와 초대의 말씀에 저항하는 마음이 당신에게 있는가? 그렇다면 무덤에 있는 자들이 다시 살아난다 할지라도, 옛 조상들까지 다 살아난다 할지라도, 그들이 한목소리로 복음을 전한다 할지라도 당신의 마음은 여전히 완고할 것이다. 왜냐하면 성경이 "모세와 선지자들에게 듣지 아니하면 비록 죽은 자 가운데서 살아나는 자가 있을지라도 권함을 받지 아니하리라"(눅 16:31)라고 말하기 때문이다.

어떤 사람들은 무엇을 읽어야 하느냐고 내게 묻는다. 성경은 대부분 남성형으로 기록되어 있기 때문에 어떤 여자들은 성경이 남성을 위한 책이라고 말한다. 그런데 이사야서 54장에는 여성들을 위한 구절이 나온다.

"이는 너를 지으신 이가 네 남편이시라 그의 이름은 만군의 여호와이시며 네 구속자는 이스라엘의 거룩한 이시라 그는 온 땅의 하나님이라 일컬음을 받으실 것이라 여호와께서 너를 부르시되 마치 버림을 받아 마음에 근심하는 아내 곧 어릴 때에 아내가 되었다가 버림을 받은 자에게 함과 같이 하실 것임이라 네 하나님께서 말씀하셨느니라 내가 잠시 너를 버렸으나 큰 긍휼로 너를 모을 것이요"(사 54:5-7).

세상 모든 나라의 국회의원들이 다 모여 머리를 짜낸다 할지라도 인류를 위해 이 말씀만큼 의미 있는 메시지를 전하지는 못할 것이다. 국회(國會)에서 100년 동안 온갖 말을 쏟아낸다 해도 다음과 같은 말씀을 내놓지는 못할 것이다.

"내가 잠시 너를 버렸으나 큰 긍휼로 너를 모을 것이요 내가 넘치는 진노로 내 얼굴을 네게서 잠시 가렸으나 영원한 자비로 너를 긍휼히 여기리라 네 구속자(救贖者) 여호와께서 말씀하셨느니라"(사 54:7,8).

그렇다! 바로 이 말씀 속에 우리의 소망이 있다. 이 말씀이 우리의 피난처요, 바위요, 미래요, 영광이다.

하나님께서는 권위 있게 말씀하신다. 우리 가운데 "나는 하나님의 말씀을 믿지 않습니다"라고 말할 수 있는 권리를 가진 사람은 아무도 없다.

변치 않을 하나님의 언약

살아 계신 하나님의 말씀은 지금도 온 세상에 울려 퍼지면서 그것이 구속(救贖)하지 않은 것들을 멸한다. 장차 두려운 날이 이르면 하나님께서 흔들릴 수밖에 없는 것들을 모두 흔드실 것이다. 그때 살아 있고 힘이 있고 두렵고 능력 있는 영원한 말씀이 그것이 구속할 수 없는 모든 것을 멸할 것이다. 물론 나는 구속받은 자들 편에 서고 싶다.

종종 나는 무릎을 꿇고 이사야서 54장을 읽는다. 그리고 이 놀라운 말씀이 내게 말하도록 한다. 내가 "이는 내게 노아의 홍수와 같도다 내가 다시는 노아의 홍수로 땅 위에 범람하지 못하게 하리라 맹세한 것같이 내가 네게 노하지 아니하며 너를 책망하지 아니하기로 맹세하였노니"(사 54:9)라는 말씀을 읽으면 이것이 내 영혼의 가장 깊은 곳까지 울려 퍼진다. 사실 맹세할 필요가 없는 크신 하나님께서 내게 노하지 아니하고 나를 책망하지 아니하기로 자신을 걸고 맹세하셨다. 종종 나는 내 방에서 이사야서 54장 10절의 말씀에 내 이름, 즉 '토저'라는 이름을 넣어서 읽곤 한다.

"산들이 떠나며 언덕들은 옮겨질지라도 나의 자비는 '토저'에게서 떠나지 아니하며 나의 화평의 언약은 흔들리지 아니하리라 '토저'를 긍휼히 여기시는 여호와께서 말씀하셨느니라."

하나님을 찾는 사람들에게서 하나님의 인자하심을 빼앗을 수 있는 것은 아무것도 없다. 산들이 떠날지라도 하나님을 믿고 의지하는 사람들에게서 하나님의 구속(救贖)의 언약을 빼앗을 수 있는 것은 아무것도 없다. 산들이 사라지고 더 이상 보이지 않는다 할지라도 하나님의 언약은 사라지지 않는다. 왜냐하면 하나님께서 자신의 자비를 결코 폐하지 않으리라고 말씀하셨기 때문이다. 하나님의 자비는 영원무궁토록 남아 있을 것이다. 이것은 하나님께서 말씀하신 것이다.

나는 하나님의 권세가 오늘날 우리에게도 적용된다고 믿는다. 나는 사제, 목회자, 박사에게 가지 않는다. 하나님과 그분의 아들 예수 그리스도에게 간다.

월리엄 하우(William W. How, 1823~1897)가 쓴 '오, 육신이 되신 하나님의 말씀이시여!'라는 시(詩)를 읽어보자.

오, 육신이 되신 하나님의 말씀이시여!

오, 위로부터 오신 지혜이시여!

오, 변함없이 한결같은 진리이시여!

오, 우리의 어두운 하늘에 비치는 빛이시여!

당신을 찬양하오니

이는 그 거룩한 때부터 우리의 발에 등이 되어

대대로 빛을 비추시기 때문이니이다.

교회는 사랑하는 주께 거룩한 선물을 받아서

지금도 그 빛을 높이 들어 온 땅 위에 비추나이다.

그것은 진리의 보석이 가득 담긴 상자이오며

하늘에서 그려준 그리스도의 그림,

즉 살아 계신 말씀이니이다.

그것은 하나님의 천사들 앞에 퍼져 깃발처럼 펄럭이며,

어둠 속에 잠긴 세상에 등대처럼 빛을 비추나이다.

그것은 안개와 암초와 유사(流砂)를 헤쳐나가

흉흉한 바다를 건너 주께 이르도록 안내하는

지도와 나침반이나이다.

사랑하는 구주(救主)여!

주님의 교회에게 가장 순도 높은 금(金)으로 등을 만들어주소서.

그리하시면 우리가 옛날처럼 진리의 빛을 열국에 비출 것이니이다.

오, 나그네의 길을 가는 당신의 순례자들에게

진리의 빛을 통해 길을 찾는 법을 가르치소서.

그리하시면 구름이 걷히고 어둠이 사라질 때

그들이 주님의 얼굴을 직접 보리이다. 아멘.

3

그리스도인의 기준은
세상이 아니라 성경이다

나는 성경에 대한 내 믿음을 흔들어놓을 만한 사색에 빠진 적이 없다.
또 나는 성경에 대한 내 확신을 뒤엎을 만한 교육을 받은 적도 없다.
어떤 사람들은 성경을 걱정스러운 눈빛으로 쳐다보지만, 나는 성경을 생각하면 즐겁고 감사하다.

"그러므로 예수께서 자기를 믿은 유대인들에게 이르시되 너희가 내 말

에 거하면 참으로 내 제자가 되고 진리를 알지니 진리가 너희를 자유롭

게 하리라"(요 8:31,32).

우리는 가장 넓은 의미에서

'교회'라는 말에 대해 생각해봐야 한다. '교회'라는 말은 사람들

에 따라서 다양한 의미로 사용될 수 있다. 우리가 '기독교권'

(Christendom)이라고 부르는 것에는 세상의 모든 신자가 포함된다.

예수님 시대에 살던 유대인은 '신자'(believer)라고 불렸다. 그러

나 예수님과 유대인들 사이에 오고 간 대화를 살펴볼 때, 우리는

그들이 진리에서 멀리 떨어져 있었다고 말할 수 있다. 그들은 자

기들이 육신적으로 아브라함의 자손이라는 것을 자랑으로 여겼

는데, 여기서 그들은 큰 오류에 빠져 있었다. 물론 주님은 그들이 육신적으로는 아브라함의 자손이라는 것을 부정하지 않으셨다. 이런 의미에서 주님은 "나도 너희가 아브라함의 자손인 줄 아노라"(요 8:37)라고 말씀하셨다. 그들이 육신적으로 아브라함의 자손이라고 믿은 것이 잘못된 것은 아니었다. 그들이 아브라함의 육적 자손이므로 자동적으로 아브라함의 영적 자손도 된다고 믿은 것이 그들의 잘못이었다. 주님은 바로 이런 그들의 잘못을 깨우치시려고 했다. 그런데 내가 볼 때, 그들은 주님의 말씀을 이해하지 못했다. 주님은 그들에게 "너희가 아브라함의 자손이면 아브라함의 행한 일들을 할 것이거늘"(요 8:39)이라고 말씀하셨다.

주님은 육체적 혈통을 기준 삼아 내적 생명이나 외적 행위를 판단하지 않으셨다. 주님은 바리새인들이 하나님의 언약과 관계없는 자들이라고 분명히 밝히셨다. 사실상 주님은 이렇게 말씀하신 것이다.

"너희는 아브라함의 진정한 아들이 아니다. 너희는 아브라함의 자녀가 결코 아니다. 물론 너희는 아브라함의 자손이다. 그러나 그의 자녀는 아니다. 왜냐하면 아브라함에게는 겸손과 순종과 믿음과 사랑이 있었지만 너희에게는 이런 것들이 전혀 없기 때문이다. 내가 너희에게 진리를 말하므로 너희가 나를 미워한다. 오로지 내가 너희에게 진리를 말했다는 이유로 너희가 나를 죽이려고 한다. 그러나 아브라함은 그렇게 하지 않았다."

진정한 영적 후손이라면

물론 나는 지금 아브라함과 유대인들의 관계에 대해 본격적으로 이야기하려는 것이 아니다. 나는 우리가 '기독교권'이라고 부르는 것에 대해 이야기하려고 한다. '기독교권'이라는 것에는 로마 가톨릭 신자들, 그리스정교회 신자들, 개신교 자유주의자들, 개신교 복음주의자들 그리고 각종 소종파(小宗派) 신자들이 포함된다.

'복음주의자'(evangelical)에 대해 논할 때, 우리는 이 영어 단어를 대문자로 쓰지 말고 소문자로 쓰고 논해야 한다. 지금 나는 '복음주의 교회'라는 특정 교파에 대해 말하는 것이 아니다. 여기서 내가 말하는 복음주의자는 우리 같은 보통 사람들을 가리키는 말이다. 우리도 '기독교권'의 일부이다. 좀 더 구체적으로 말해서, 성경을 믿는 복음주의자들, 미묘한 교리적 차이나 다양한 열정의 강도(强度)를 보이는 오순절 교파 사람들, '성결 운동'을 하는 사람들, '더 깊은 생명'을 추구하는 사람들, '승리의 삶'을 추구하는 사람들 그리고 근본주의자들도 '기독교권'의 일부이다.

그런데 복음주의자들은 오류에 빠져 있다. 그들의 오류가 바리새인들의 오류만큼 비극적인 것은 아니라 할지라도 오류는 오류이다. 우리 복음주의자들은 우리가 사도(使徒)들의 정통 후예라 믿고 그렇게 자랑하는데, 사실 그렇게 믿을 만한 증거는 없다.

예수님 시대의 유대인들도 그렇게 믿었다. 당신이 어떤 것에 대한 확신을 갖지 못하기 때문에 자신을 설득해야 한다면 그것은 죄(罪)이다. 그런데 당신이 어떤 것에 대해 너무 확신한 나머지 그것에 대해 언급조차 하지 않는다면 그것은 더 나쁜 것이다. 예수님의 날카로운 지적에 직면하기 전에 바리새인들은 자기들의 확신에 사로잡혀 있었고, 그것에 대해 의문조차 제기하지 않았다. 그들은 자기들이 당연히 아브라함의 자손이라 믿었고, 아브라함의 모든 것이 자기들에게도 있다고 믿었다.

우리 복음주의자들은 주저 없이 로마 가톨릭 신자들, 그리스정교회 신자들 그리고 개신교 자유주의자들을 배제한다. 그러면서 성경을 믿는 복음주의자들을 포함시킨다. 우리는 우리가 주님과 사도들과 초대교회의 영적 후손이라 여기고 또 그렇게 믿는다.

유대인들이 아브라함의 육적 자손이었다는 것에 대해서는 아무도 이의를 제기하지 않는다. 복음주의자들이 사도들의 신조(信條)를 따르는 후손인 것은 사실이다. 우리는 사도 바울이 믿었던 것을 믿는다. 우리는 베드로, 요한, 히브리서 기자 그리고 사도행전 기자가 믿었던 것을 믿는다. 우리 복음주의자들은 그들이 믿었던 것을 믿는다. 우리는 그들이 믿었던 것을 조금도 의심하지 않는다. 우리는 하나님의 말씀을 믿는다.

우리는 사도들의 교리적 후손이다. 누구도 이것에 이의를 제기하지 않을 것이다. 그런데 교리적 후손이 곧 영적 후손이라고 믿는 것은 오류이다. 바리새인들이 이런 식의 오류를 범했기 때문에 주님이 그것을 지적하시면서 그들이 사실상 아브라함의 언약 밖에 있다고 말씀하신 것이다. 우리도 바리새인들처럼 오류에 빠질 수 있다.

우리는 바울이 믿었던 것을 믿기 때문에 그가 가졌던 모든 것을 우리도 가지고 있다고 착각한다. 우리는 베드로가 믿었던 것을 믿기 때문에 우리가 모든 면에서 그와 똑같다고 생각한다. 우리가 바울이나 베드로와 교리적으로 동등하기 때문에 영적으로도 그들과 동등하다고 생각한다.

그러나 나는 이런 생각에 이의를 제기한다. "영원한 가치에 따라 살라"라는 노랫말이 있는데, 나는 영원한 가치에 따라 살기를 원하기 때문에 이런 생각에 이의를 제기한다. 따라서 나는 사람들의 머리를 쓰다듬으며 "당신이 선하든 그렇지 못하든 간에 마음을 편히 가지십시오"라고 위로하는 설교자들을 싫어한다. 만약 내가 선하지 못하다면 나는 마음을 편히 갖고 싶지 않다. 선하지 못하면서도 문제의식이 없는 것은 끔찍한 함정에 빠지는 것이다. 내가 선하지 못할 때, 나는 그 상태 그대로를 느끼고 싶다. 나는 나의 진실을 알고 싶다.

당신이 사도들의 진정한 후손이라고 주장하려면 그들과 같은 존재인 것을 증명해야 한다. 주님은 "아브라함은 이렇게 하지 아니하였느니라"(요 8:40)라고 말씀하심으로써 유대인들의 주장의 허구성을 폭로하셨다. 주님의 말씀에는 "너희는 아브라함과 다르다"라는 뜻이 들어 있다. 아브라함은 "이렇게" 하지 않았는데, 그들은 "이렇게" 했다. 주님은 그들이 아브라함의 언약 밖에 있다고 말씀하셨다.

초대교회와의 동일성을 드러내는 특징

사도들을 영적으로 계승한 유일한 통로는 신약시대의 교부(教父)들이었다. 이런 영적 계승은 그들이 영적으로 서로 동일하다는 것을 전제로 이루어진다. 당신에게서 나타나는 것과 그들에게서 나타나는 것이 똑같다면, 당신은 이 세상에서 가장 행복한 사람이라고 할 수 있다. 물론 그 행복은 근거가 있는 행복이다. 어떤 교회에게 있는 것과 사도 바울에게 있는 것이 똑같다면, 그 교회는 복된 교회이다. 당신과 사도들 사이에 영적 동일성이 존재한다면, 당신에게 있는 구원의 확신은 잘못된 것이 아니다.

그런데 아브라함과 유대인들이 달랐던 것처럼 사도들과 우리가 다르다면 어떻게 하겠는가? 주님은 유대인들에게 이런 취지로 말씀하셨다.

"아브라함은 너희와 같지 않았다. 너희는 너희 스스로 아브라함의 영적 자손이라고 주장한다. 그를 영적으로 계승한다고 주장한다. 아브라함은 이쪽으로 갔지만, 너희는 저쪽으로 가고 있다."

우리가 지금 가고 있는 방향이 아브라함이 갔던 방향과 같다고, 우리가 사도들의 영적 후손이라고, 우리의 교회가 신약의 교회를 닮았다고 나타내는 증거는 무엇인가? 이제부터 나는 이런 증거에 대해 언급하려고 한다. 다시 말해서, 초대교회와의 영적 동일성을 드러내는 몇 가지 특징들에 대해 언급하려고 한다.

1. 교리에 대한 태도

첫 번째 특징은 '교리적 동일성'이다. 이것은 초대교회와의 동일성을 말해주는 증거들 중 하나이다. 우리는 초대교회 신자들이 믿었던 것을 믿어야 한다. 우리는 진리를 떠나지 않고 선한 그리스도인이 될 수 있다는 것을 믿어야 한다. 우리는 진리에서 조금도 떠나서는 안 된다. 우리는 초대교회 신자들처럼 성경 전체를 믿어야 한다.

나는 성경에 대한 내 믿음을 흔들어놓을 만한 사색에 빠진 적이 없다. 또 나는 성경에 대한 내 확신을 뒤엎을 만한 교육을 받은 적도 없다. 어떤 사람들은 성경을 걱정스러운 눈빛으로 쳐다보지만, 나는 성경을 생각하면 즐겁고 감사하다. 나에게는 25개 내지 30개의 성경 역본들이 있지만, 나는 영어성경 흠정역(KJV)을 주로 읽는다.

오늘날 복음주의 교회가 믿는 교리가 교부(敎父)들의 교리와 동일하다는 것은 사실이다. 악의(惡意)를 가지고 해석하지 않는 한 이것은 누구도 부인할 수 없는 사실이다. 복음주의 교회는 오순절 성령강림을 체험한 사람들의 교리적 후손이다.

다시 말하지만, 초대교회와의 동일성을 말해주는 첫 번째 특징은 교리적 동일성이다.

2. 도덕성에 대한 태도

초대교회와의 동일성을 말해주는 두 번째 특징은 '도덕적 향상'이라는 특징이다. 오늘날 복음주의 교회의 도덕적 기준은 초대교회의 그것과 동일해야 한다. 초대교회 시대나 지금 시대나 달라진 것은 없다. 문명이 아무리 발달했다 해도 인간은 여전히 인간일 뿐이다.

복음주의 교회는 죄인들이 올려다볼 정도로 높은 수준의 도덕성에 도달해야 한다. 그럼에도 불구하고 우리는 도덕성을 약화시키고 그 기준을 끌어내렸다. 우리 주변에 있는 사람들을 보고 우리는 "내가 당신들보다 더 거룩할 필요가 없소. 나나 당신들이나 모두 똑같소. 어차피 우리에게는 구주(救主)가 있소"라고 말한다.

이런 태도의 문제점을 지적하는 비유를 하나 들어보자. 어떤 병원에서 두 환자가 같은 병실에 입원해 있었는데, 그들은 둘 다 죽어가고 있었다. 그런데 그들 중 한 사람이 이렇게 말했다.

"당신과 나는 똑같소. 한 가지 다른 점이 있다면, 당신에게는 주치의가 없지만 내게는 주치의가 있다는 것이오."

죽어가는 사람이 주치의를 고용할 정도로 부자라고 한들 무슨 소용이 있겠는가? 주치의가 병을 고치지 못해서 어차피 죽을 것이라면 주치의가 무슨 소용이 있겠는가? 환자의 병을 고치지 못할 바에야 차라리 나가서 골프를 치는 것이 낫지 않겠는가?

내가 죄인에게 가서 "나는 당신과 다를 것이 없습니다. 당신과 나의 다른 점이 있다면 그것은 나에게는 구주(救主)가 있다는 것입니다. 당신에게도 구주가 있어야 합니다"라고 말하면서 그와 똑같이 행동한다면, 즉 그처럼 음란한 농담을 즐기고 시간을 낭비하고 그가 하는 모든 것을 한다면, 아마도 그는 "당신은 도대체 어떤 구주를 믿기에 그렇게 행동합니까?"라고 물을 것이다.

병상에 누워 죽음을 기다리는 환자가 "내게는 의사가 있습니다"라고 말하는 것이 무슨 소용이 있는가? 죄에 빠져 사는 사람이 "내게는 구주가 있습니다"라고 말하는 것이 무슨 소용이 있는가?

사도 시대의 교회는 매우 높은 수준의 도덕성에 도달했다. 만일 어떤 교회가 신약시대의 교회만큼 도덕적 수준에 오르지 못한다면 그 교회는 영적 계승의 법을 어긴 것이다. 이런 교회는 교리적으로는 사도들의 후손이라 할지라도 도덕적으로는 그렇지 못한 것이다.

3. 하나님을 향한 태도

우리가 살펴볼 또 다른 특징은 '하나님을 향한 태도'이다. 초대교회는 삼위일체 하나님을 믿었다. 즉, 성부와 성자와 성령을 믿었다. 초대교회는 사도신경에 따라 하나님을 믿었는데, 그들에게는 하나님이 모든 것이 되셨다. 하나님께서 그들의 삶의 중심에 계셨다. 주님을 중심으로 그들은 모였고, 주님을 예배했고, 주께 복종했다. 주님이 그들의 모든 것이 되셨다.

그러나 오늘날 일부 교회들은 하나님을 더 이상 필요로 하지 않는다. 그런 교회들은 말로는 하나님을 믿는다고 주장한다. 하지만 사실상 그들의 교리는 하나님을 필요 없는 분으로 규정한다. 다시 말해서, 그들은 하나님 없이도 얼마든지 성공할 수 있다고 믿고 있다. 오늘날 많은 교회들이 하나님께서 계시면 더욱 좋겠지만, 굳이 안 계셔도 문제될 것은 없다고 생각한다. 그런 교회들은 하나님이 안 계셔도 자기들끼리 잘 꾸려나간다. 그들은 하나님을 정중히 모시지만 하나님을 손님으로 볼 뿐이다. 그들은 모임 시작 때 "오늘 밤 우리 가운데 귀한 분이 오셨습니다"라고 선언하지만, 이내 자기들끼리 쓸데없는 소리를 하느라고 주님을 까맣게 잊어버린다. 사도들의 교회에서는 이런 모습을 볼 수 없었다.

종종 나는 "하나님께서 저를 돕지 않으시면 제가 망할 수밖에 없는 처지에 놓이게 하소서"라고 기도한다. 물론 나는 이런 내 기도에 부합하는 삶을 살기 원한다. 나는 범사에 하나님을 모시지 않으면 안 될 상황에 처하기를 원한다.

나는 내가 하나님을 의지하지 않으면 안 될 입장에 놓이는 것을 좋아한다. 나는 바알 선지자들을 조롱한 엘리야의 입장에 놓이기를 원한다(왕상 18:16-40 참조). 바알 선지자들은 하루 종일 자기들의 몸을 상하게 하면서 안달복달했지만, 바알이 그들의 기도에 응답하지 않았다. 그때 엘리야는 "큰 소리로 부르라 그는 신인즉 묵상하고 있는지 혹은 그가 잠깐 나갔는지 혹은 그가 길을 행하는지 혹은 그가 잠이 들어서 깨워야 할 것인지 …"(왕상 18:27)라고 말하며 그들을 조롱했다. 그가 그들을 놀렸기 때문에 그들은 더욱 깊은 좌절감과 증오심에 빠져들었다. 그때 그가 하나님께 제물을 드렸고 하나님의 응답을 받았다.

만일 하나님께서 엘리야를 돕지 않으셨다면 바알 선지자들이 그를 찢어 죽였을 것이다. 그는 "아버지여, 아버지께서 여기 계시고 우리가 여기에 왔으니 감사합니다. 아멘"이라고 기도드리면 모든 것이 평안해지는 상황에 있었던 것이 아니다. 그는 "하나님이시여, 하나님께서 여기에 계신 것을 저들에게 보여주소서"라고 기도하여 응답을 받아야 할 상황에 있었던 것이다. 결국 하나님의 불이 내려와 번제물과 나무와 돌과 흙을 태우고 또 도랑의 물을 핥았다. 엘리야의 기도가 응답을 받은 것이었다.

물론 항상 산 위에 머물러야 꼭 좋은 것만은 아니다. 나도 원수들에게 공격당하는 것을 즐기는 사람은 아니다. 하지만 나는 내가 하나님을 의지하지 않으면 안 되는 상황에 처하는 것이 좋다. 사도들의 믿음을 계승하기 위해서 우리는 약간의 위기 속에서 살아야 한다.

사도들과 그들의 교회는 소위 세상에서 잘나가는 사람들을 강사로 초빙해서 설교단에 세우면 하나님에 대해 더 이상 말하지 않아도 된다는 생각을 꿈에도 하지 않았다. 그들은 그리스도를 따랐을 뿐이다. 그들은 주님을 사랑했고, 주님은 구원받는 사람을 날마다 교회에 더하여 주셨다. 그들은 하나님을 향한 태도를 통해 자신들의 영성(靈性)을 드러냈다. 우리도 그들과 같은 태도를 지닐 때에야 비로소 우리의 영성을 증명해보일 수 있다.

4. 성령님을 향한 태도

초대교회와의 동일성을 드러내는 네 번째 특징은 '성령님을 향한 태도'이다. 어떤 사람들은 삼위일체의 한 위격(位格)이신 성령님의 품위를 손상시키는데, 그들은 성령님의 모든 은사가 중지되었다고 주장한다. 이런 주장은 결국 성령님에 대한 부인(否認)으로 이어진다.

나는 성령님의 은사가 계속된다고 믿는다. 또한 나는 성령님의 모든 은사가 교회에서 나타나야 한다고 믿는다. 뿐만 아니라 나는 그리스도의 참된 교회 안에는 성령의 모든 은사가 존재한다고 믿는다. 그런데 어떤 사람들은 성령님의 품위를 손상시킨다. 그들은 사도들의 죽음과 더불어 성령님의 은사가 중지되었다고 주장한다. 나는 왜 그들이 자의적(恣意的)으로 그런 시점(時點)을 정했는지 도저히 이해할 수 없다. 사실 우리는 마지막 사도가 언제

죽었는지조차 모른다. 그러므로 사도들의 죽음과 더불어 성령님의 은사가 중지되었다는 주장이 옳다 할지라도, 결국 우리는 성령께서 그분의 영향력을 언제 교회로부터 거두어갔는지조차 모르는 셈이다.

성령님의 은사가 중지되었다고 주장하는 사람들은 성령님을 축도(祝禱)와 찬송가 9장(새찬송가 8장 '거룩 거룩 거룩')의 3절에서만 만날 수 있다. 더욱이 그들은 성령님을 교회에 필요 없는 분으로 취급했다. 왜냐하면 그들은 성령님을 의지하지 않고 각종 프로그램과 사회 활동에 의지하여 교회를 운영하기 때문이다.

신약의 교회는 성령의 불에서 태어났다. 그러므로 우리가 신약의 교회처럼 되려면 역시 성령의 불에서 태어나야 한다. 성령의 불이 없다면 우리의 모든 책과 정교한 교리 체계는 아무것도 이루지 못한다.

사도들의 후손이 되기 위해서는 성령의 능력이 반드시 필요하다. 마치 생명을 유지하기 위해 호흡이 필요하듯이 말이다. 살기 위해 숨을 쉬어야 하듯이, 살기 위해서는 성령님의 능력이 필요하다. 만일 우리 가운데 성령님이 안 계신다면, 성령님의 능력이 지금 우리와 함께하지 않는다면, 우리는 사도들의 교리적 후손에 지나지 않을 것이다. 우리는 결코 그들의 진정한 후손이 될 수 없다.

지금 성령님의 교리가 수모를 당하고 있다. 많은 사람들이 이 점에 대해 걱정하고 있다. 신학교에서는 학생들에게 성령님에 대한 서너 가지 이론을 제시한 다음, 그들의 뜻에 따라 골라잡으라는 식으로 가르치고 있다. 만일 어떤 신학생에게 성령에 대한 확신이 없다면, 그는 온갖 종류의 성령론을 다 수용할 바에야 차라리 시골에 가서 옥수수 농사를 짓는 편이 나을 것이다. 이런 신학생은 설교단에 서서는 안 된다. 어떤 신학생에게 여섯 가지의 성령론을 가르쳐주었는데 그의 사고의 폭이 너무 넓고 인정이 많은 편이라 하나의 성령론을 붙드는 것에 만족하지 못한다면, 그는 교회에서 일하지 말고 다른 직업을 택해야 할 것이다.

성령님이 당신에게 임하시면 당신의 두려움은 다 사라지고 당신에게는 확신이 생길 것이다. 그리고 당신은 선지자들처럼 확신을 가지고 하나님의 말씀을 가르칠 수 있을 것이다. 우리가 사도들과 초대교회의 영적 후손이라고 주장하고 싶은가? 그렇다면 사도들이 성령님과 맺었던 관계와 똑같은 관계를 성령님과 맺어라.

5. 육신에 대한 태도

초대교회와의 동일성을 드러내는 또 다른 특징은 '육신에 대한 태도'이다. 신약의 교회는 육신을 부인했다. 여기서 '육신'이라 함은 죽어서 흙으로 돌아갈 우리의 몸을 의미하지 않는다. 하나님께서는 우리의 몸 자체를 악한 것으로 보지 않으신다. 여기서 '육신'이라 함은 "본성", 즉 "자아"를 의미한다.

사도들은 세례를 받음으로써 그리스도의 죽음과 연합된다고 증언했다. 주님이 부활하실 때 그들도 부활했다. 그들은 주님 안에서 부활했고, 옛 육신은 죽었고, 그리스도 예수 안에서 새 피조물이 되었다. 이것이 사도들이 가르친 것이다. 바울은 신자들이 세례를 받을 때 이런 일이 일어난다고 가르쳤다. 이전 것은 지나갔고, 그들은 주 예수 그리스도 안에서 새 생명을 얻었다(고후 5:17 참조).

우리는 "사도들과 그들의 교회가 믿었던 것을 똑같이 믿으므로 우리는 그들을 영적으로 계승한다"라고 말한다. 그러나 우리는 육신에 대해 그들과 똑같은 태도를 취하는가? 많은 교회들이 자신들의 프로그램에 육신을 끌어들여 어떻게든 육신에게 영광을 돌리고, 심지어는 책을 써서 육신이 필요하다고 강조한다. 그들은 하나님께서 정죄(定罪)하신 육신을 데려다가 잘 돌보아 다시 살려낸다. 그들은 육신을 먹이고, 닦아주고, 세련되게 꾸미고, 교육하고, 그것에 온갖 그럴듯한 이름을 붙인다. 그런 다음 그것을 교회로 데려와서 위원회의 위원으로 뽑고, 집사도 시키고, 안내위원도 시킨다.

오늘날 많은 교회가 육신을 중심으로 조직된다. 교회에는 세상적 가치와 기준이 판치고 있다. 그러나 초대교회의 그리스도인들은 자기들이 물세례를 받을 때 육신을 버렸다고 믿었다. 초대교회는 그리스도께서 십자가에서 돌아가실 때 육신도 그분과 함께 죽었다고 믿었다.

나는 세상을 미워하는 심술궂은 노인이 아니다. 나는 모든 사람을 사랑한다. 교회가 세상과 달라야 한다고 말하는 것은 내가 20년 전보다 더 늙었기 때문이 아니다. 교회의 기준과 세상의 기준이 달라야 한다는 것은 성경이 가르치는 분명한 진리이다. 나는 20년 전에도 이 진리를 믿었고, 지금도 믿고 있다. 나는 나를 저 세상으로 데려갈 하나님의 병거가 찾아올 때에도 이 진리를 믿기 소망한다.

하나님나라에 육신을 위한 장소는 결코 없다. 우리는 육신을 버려야 한다. 우리는 성령의 능력과 그리스도의 보혈의 능력을 의지해서 옛 사람과 그의 행위를 버려야 한다. 우리는 낡은 옷을 벗어버리듯이 옛 사람을 벗어버려야 한다. 그리고 그리스도 예수 안에서 새로워져 "의(義)와 진리의 거룩함으로 지으심을 받은 새 사람"(엡 4:24)을 입어야 한다.

6. 세상을 향한 태도

초대교회와의 동일성을 보여주는 또 다른 특징은 '세상을 향한 태도'이다. 초대교회는 세상을 피했다. 초대교회 신자들은 세상에 대해 십자가에 못 박혔으며, 세상은 그들을 미워했다. 그들은 "세상이 너희를 미워하면 너희보다 먼저 나를 미워한 줄을 알라"(요 15:18)라는 주님의 말씀을 기억했다. 그들은 "이 세상이나 세상에 있는 것들을 사랑하지 말라 누구든지 세상을 사랑하면 아버지의 사랑이 그 안에 있지 아니하니"(요일 2:15)라는 사도 요한의 말을 들었다.

나는 자유주의자들에 대한 불쾌한 이야기를 하지 않을 수 없다. 왜냐하면 그들은 성경에서 일부 구절들을 빼버려야 한다고 주장하기 때문이다. 며칠 전에 나는 어떤 저자의 책을 읽었다. 그는 자신의 책을 통해 어떤 복음서가 진짜이고 어떤 복음서가 가짜인지를 논했다. 또 그는, 선하지만 사고(思考)에 한계가 있는 사람들이 기록한 것이 성경에 들어 있다고 주장했다.

그러나 나는 성경이 하나님의 말씀이라고 확신한다. 물론 요한일서 2장 15절도 포함해서 말이다. 현재 요한일서 2장 15절은 사람들에게 인기가 없다. 왜냐하면 이 구절은 그들이 듣기 싫어하는 말씀이기 때문이다. 우리는 세상을 받아들이고, 세상에 순응하고, 우리를 세상과 동일시한다. 물론 당신은 은행털이나 약물 남용 같은 큰 죄를 짓지 않는다고 주장할 것이다. 물론 그렇다. 그러나 세상의 보통 죄인들도 그런 죄를 짓지 않는다.

우리는 "나는 정기적으로 오페라를 감상하는 교양 있는 사람들만큼 깨끗하게 산다. 하나님의 존재를 믿지 않는 무신론자나 하나님을 에너지라고 믿는 과학자만큼 품위 있게 산다"라고 말하면서 스스로를 자랑스럽게 여긴다. 물론 우리는 깨끗하게 살아야 하고 품위 있게 살아야 한다. 그런데 문제는 우리가 세상과 내통하고 있다는 것이다.

현대의 복음주의는 세상에 굴복하고, 세상을 용서하고 받아들이며, 세상을 모방한다. 세상을 닮아가는 젊은 목회자들이 점점 늘고 있다. 그들은 하나님의 거룩한 성도를 닮는 것보다 세상 사람을 닮는 것에 열정을 더 투자한다. 그들은 하나님의 성도들에 관심이 없고 그들을 닮는 것에도 관심이 없다. 대신 세상을 닮고 세상을 받아들이는 것에 관심이 있다.

교회는 이미 세상에 흡수되었다. 그래서 교회가 세상을 받아들이는 것이다. 대개의 경우, 교회가 세상을 받아들이기 전에 이미 세상이 교회를 흡수해버린다. 세상에 흡수된 교회가 사도들의 교리를 받아들이고 그것을 주장한다 해도 사도들의 믿음을 계승하는 것은 아니다. 그리스도께서는 "나는 너희가 사도들의 후손이지만 그들의 자녀는 아니라는 것을 안다"라고 말씀하신다. 오늘날 우리는 복음주의 교단에서 성경적 도덕이 아닌 자유주의자의 도덕을 더 많이 볼 수 있다.

7. 예배에 대한 태도

초대교회와의 동일성을 보여주는 마지막 특징은 '예배에 대한 태도'이다. 우리 주 예수 그리스도께서는 하나님나라가 '우리 안에'(within us) 있다고 말씀하셨다. 하나님은 우리 안에 계신다. 어떤 사람들은 하나님나라가 '우리 중에'(among us) 있다고 말하지만, 주님은 이런 뜻으로 말씀하시지 않았다. 주님은 하나님나라가 우리 마음 안에 있다고 말씀하신 것이다. 사도 바울은 "이 비밀은 너희 안에 계신 그리스도시니 곧 영광의 소망이니라"(골 1:27)라고 말했다. 예수님은 "하나님은 영(靈)이시니 예배하는 자가 영과 진리로 예배할지니라"(요 4:24)라고 말씀하셨다. 우리의 예배는 내면적인 것이다. 기독교의 본질은 우리 마음 안에 있다.

그런데 오늘날 교회들은 예배를 외형화(外形化)했다. 예수님은 예배를 우리의 마음 안에 두셨지만, 우리는 그것을 창고에 갖다 놓았다. 예수님은 예배를 우리의 마음 안에 두셨지만, 우리는 그것을 방송실에 갖다 놓았다. 현대 그리스도인들은 이제 보조 도구들 없이는 신앙생활을 할 수 없게 되었다. 가톨릭 사제가 기름병과 염주 없이는 사제 노릇을 못하듯이 말이다. 오직 성경만 가지고 예배드리는 것이 불가능해졌는가? 그렇다면 당신은 신앙생활에서 성공한 것이 아니다. 보조 도구들과 막대한 자금 없이는 기독교를 유지할 수 없는 지경에 이른 교회는 사도들의 교회를 계승한다고 주장할 수 없다.

현재 대부분의 교회들과 목회자들은 '소품(小品) 중독'에 걸려 있다. 그들은 한 트럭분의 잡동사니 소품들을 사용하지 않으면 교회 일을 하는 것이 불가능하다. 마치 달빛을 타고 기어오르는 것이 불가능하듯이 말이다. 이제는 교회에서 소품 사용이 기정사실화되었으며, 심지어 성경학교에서도 그것을 가르친다.

옛날의 학교는 어떠했는가? 통나무 하나를 사이에 두고 한쪽에 서는 윌리엄 테넌트(William Tennent, 1673~1746, 미국의 기독교 지도

자 및 교육가)가 강의를 하고 다른 한쪽에서는 어린 학생 한 명이 듣고 있었는데, 그것이 바로 성경학교였다. 옛날에는 하나님의 사람 한 명이 서 있고 그의 주위를 적은 무리가 둘러쌌는데, 그것이 바로 교회였다.

그러나 현재의 성경학교와 교회는 과거와는 영 딴판이다. 그러면서도 우리는 경건한 목소리로 "우리는 사도들의 직계 후손입니다"라고 말한다. 유대인들은 "우리가 음란한 데서 나지 아니하였고 아버지는 한 분뿐이시니 곧 하나님이시로다"(요 8:41)라고 말했다. 그러나 예수님은 "나는 너희의 교리가 아브라함의 교리와 똑같다는 것을 안다. 하지만 아브라함은 너희처럼 하지 않았다"라고 말씀하셨다.

우리의 예배는 초대교회의 예배를 닮아야 한다. 우리는 수없이 많은 집회들을 열지만, 그곳에 하나님께서 함께하시는 경우는 극히 드물다. 인간은 전혀 드러나지 않고 오직 하나님의 임재만을 느낄 수 있는 집회가 있다면, 나는 무릎까지 빠지는 진창을 헤치고 걸어서라도 그런 집회에 참석할 것이다. 초대교회 신자들은 기도를 통해 하나님께 말씀드렸다. 그들의 노래는 하나님을 찬양하는 것이었다. 그러나 현재 우리에게는 각종 프로그램만이 남아 있다. 우리의 집회에 하나님은 계시지 않고 우리가 만든 프로그램만 있다. 나는 주변에서 들리는 프로그램이니 기획이니 하는 말들이 정말 지긋지긋하다!

초대교회 신자들은 진정한 예배자였다. 그래서 그들의 집회에 참석한 불신자는 "진실로 하나님께서 당신들 가운데 계십니다"라고 고백했다. 불신자의 입에서 이런 고백이 나오게 한 것은 설교자의 인품이 아니었다. 그들에게는 설교자조차 없었을지도 모른다. 불신자로 하여금 엎드려 경배하도록 만든 것은 주님의 임재였다. 예배를 드린 후에 평안한 마음으로 나오면서 "내가 하나님을 만났다!"라고 말할 수 있는 집회가 있다면, 나는 불원천리(不遠千里)하고 그곳을 찾아가겠다! 사도들의 시대에는 바로 이런 집회가 있었다.

우리는 우리가 사도들과 똑같은 것을 믿는다고 말한다. 좋다! 하지만 우리가 그들처럼 신령한 예배를 드린다고 말할 수 있을까? 솔직히 말해서, 의심스럽다.

참된 교회의 형상을 회복하라!

우리가 사도들의 영적 후손이라고 절대적으로 확신하는 동안 우리의 경건은 점차 시들어져 결국 없어질 수도 있다. 이것은 매우 위험천만한 일이다. 이스라엘 민족이 역사 속에서 많은 기적을 체험했음에도 불구하고 하나님의 심판을 면하지 못했다는 점을 기억하라. 하나님의 기적을 본 민족의 육적 후손이 땅끝까지 흩어졌다는 사실을 기억하라.

하나님께서는 우리가 사도들의 믿음을 계승하기 원하신다. 하나님은 우리가 초대교회의 영적 후손이기를 원하신다. 사도행전에서 볼 수 있듯이 초대교회 신자들이 성령님을 모신 것처럼 우리도 같은 태도로 성령님을 모시는 것이 하나님의 뜻이다. 우리가 예수 그리스도를 교회의 중심으로 삼는 것이 하나님의 뜻이다. 말로만 그렇게 하는 것이 아니라 실제 행동으로 그렇게 하는 것이 하나님의 뜻이다. 그렇게 하지 않을 때, 우리는 우리 스스로를 속이는 것이다. 나는 누구에게도 속지 않기를 바라며, 또 어느 누구도 속이기를 원하지 않는다.

나는 내가 사도들의 영적 후손인지 아닌지를 알고 싶다. 만일 내가 그들의 영적 후손이 아니라면 나는 무엇인가 대책을 세워야 한다. 이 말씀을 기억하라.

"내 이름으로 일컫는 내 백성이 그들의 악한 길에서 떠나 스스로 낮추고 기도하여 내 얼굴을 찾으면 내가 하늘에서 듣고 그들의 죄를 사하고 그들의 땅을 고칠지라"(대하 7:14).

나는 나의 작은 수고가 온전한 순금(純金)이기를 원한다. 나는 내가 사도들의 뒤를 잇는 사람이 되기를 진심으로 바란다. 그들처럼 위대한 인물이 되겠다는 것이 아니라 그들처럼 참되고 신령한 사람이 되기를 원한다는 말이다. 이렇게 되는 것이 우리 중 누구에게나 가능하다고 나는 믿는다.

사도행전의 교회에서 발견되는 뜨거운 영성(靈性)에 도달하지 못할 교회는 우리 가운데 하나도 없다. 사도행전과 사도들의 편지에서 볼 수 있는 순수한 생명, 뜨거운 예배, 성령 안에서의 자유 그리고 높은 도덕성이 현재 어떤 교회에서 발견된다면, 그 교회는 사도들의 믿음을 계승한 것이다. 그러나 우리 교회에서 초대교회와의 동일성을 보여주는 이런 특징들이 발견되지 않는다면, 우리는 우리가 사도들의 교회를 계승한 후손이라고 말할 수 없다. 이런 특징들이 없으면서도 그렇게 말하는 것은 황당하기 짝이 없는 일이다. 초대교회의 외형적인 것들을 계승하는 것으로는 충분하지 않다. 이스라엘 민족의 경우, 아브라함의 육적 후손이라는 것만으로는 충분하지 않듯이 말이다.

우리는 사도들을 본받아야 한다. 우리는 초대교회의 영적 기준에 도달해야 한다. 그럴 때 우리 주변 사람들이 우리를 닮기 시작할 것이다. 그럴 때 우리가 사도들의 후손이라는 사실을 확신하는 가운데 기쁨을 얻을 것이다.

사무엘 스톤(Samuel J. Stone, 1839~1900)이 쓴 '교회의 유일한 기초'라는 시(詩)를 읽어보자.

교회의 유일한 기초는 교회의 주인이신 예수 그리스도이시요,

교회는 그리스도 안에서 물과 말씀으로 창조된 새로운 피조물이라.

주님은 교회를 거룩한 신부로 삼기 위해 하늘에서 내려오셨고,

자신의 피로 교회를 사셨으며, 교회를 위해 죽으셨도다.

만국에서 택함을 받은 자들이 교회를 이루었으니

온 땅 위의 교회는 하나로다.

교회는 구원의 특권을 받았으니

한 분이신 주님, 하나의 믿음 그리고 하나의 출생을 통해서로다.

교회는 하나의 거룩한 이름을 찬양하도다.

한량없는 은혜를 받은 교회는 하나의 거룩한 음식에 참여하고

하나의 소망을 향해 달려가도다.

그러면서도 교회는 이 땅에서 삼위일체 하나님과 연합하며

안식을 얻은 자들과 아름다운 교제를 나누도다.

오, 복되고 거룩한 자들이로다!

주여, 우리에게 은혜를 주시어

우리도 저 온유하고 겸손한 자들처럼

저 높은 곳에서 주님과 함께 거하게 하소서.

수고와 환난과 영적 전쟁의 소용돌이 속에서도

교회는 영원한 평화가 완성될 때를 기다리도다.

그때가 오면,

고대하고 갈망하던 교회의 눈에 영광이 보일 것이며

승리한 교회는 영원히 안식하는 교회가 될 것이다.

교회가 때로는 모진 핍박을 받고 때로는 갈가리 찢기고

때로는 이단들 때문에 고생하면서

이것을 기이히 여기는 세상에게 멸시를 받도다.

그러나 성도들이 깨어 경계하고

"주여, 어느 때까지 기다려야 하나이까?"라고 부르짖으니

눈물의 밤이 지나서 찬송의 아침이 속히 오리라.

4

완고한 마음을 버리고
진리 안에서 자유를 누리라

당신은 주 예수 그리스도께 사로잡혔는가? 주님의 능력으로 말미암아 회심하여 자유를 얻었는가?
만일 그렇지 못하다면, 당신은 온갖 악한 것에 사로잡힌 죄수와 같은 존재이다.
만일 그렇지 못하다면, 당신은 단지 어떤 교회의 교인일 뿐이다.

"안식일에 예수께서 한 바리새인 지도자의 집에 떡 잡수시러 들어가시니 그들이 엿보고 있더라 주의 앞에 수종병 든 한 사람이 있는지라 예수께서 대답하여 율법교사들과 바리새인들에게 이르시되 안식일에 병 고쳐주는 것이 합당하냐 아니하냐 그들이 잠잠하거늘 예수께서 그 사람을 데려다가 고쳐 보내시고 또 그들에게 이르시되 너희 중에 누가 그 아들이나 소가 우물에 빠졌으면 안식일에라도 곧 끌어내지 않겠느냐 하시니 그들이 이에 대하여 대답하지 못하니라"(눅 14:1-6).

누가복음 14장 1-6절은 현실에서 펼쳐진 구속(救贖)의 드라마를 생생히 보여준다. 다른 경우들에서처럼 이 경우에도, 자기의(自己義)에 빠진 종교인들과 긴급히 도움을 받아야 할 불쌍한 사람과 영광의 주님이 등장하신다. 이 경우는 죽음의 그림자가 드리워진 병자를 사이에 두고 주님과 바리새인들이 충돌한 경우이다.

수종병(水腫病) 환자에 대한 기사(記事)를 기록한 누가는 당대 최고의 학교에서 교육을 받은 의사였다. 그는 어떤 사람에게 질병이 있다고 말할 때 그 질병의 이름을 밝혔다. 이 구절에는 수종병에 걸린 사람이 등장하는데, 그에게는 죽음의 그림자가 드리워져 있었다. 또한 이 구절에는 율법교사들과 바리새인들이 등장하는데, 그들은 경전이나 인용하면서 자기의(自己義)에 빠져 있었다. 인정머리라고는 손톱만큼도 없는 그들은 수종병 환자에게 관심도 없고 그를 도울 능력도 없었다.

수종병 환자의 이야기는 우리로 하여금 깊은 생각에 잠기게 한다. 예수님 당시 정통 종교를 믿는 자들은 사람들에게 성경을 인용하여 말할 줄 아는 자들이었다. 그들이 인용하는 성경은 옳았다. 그들은 사이비 종교 신자들도 아니고, 광신자들도 아니었다. 조직도 권위도 없는 이상한 종교 집단의 지도자들이 아니었다. 그들은 모세의 자리에 앉아서 성경을 가르쳤다. 그들은 정통 종교를 믿었다. 그들은 이런저런 책들을 인용하면서 자기들이 옳다는 것을 증명할 수 있었다. 그러나 그들은 완고하고 교만했다. 여기서 우리는 "정통 종교를 믿는 사람, 즉 건전한 교리를 갖고 자기 교파에 충성하고 조상의 교회에 충실한 사람이 맹목적이고 완고하고 사악해질 수 있는가?"라는 질문을 던질 수 있다.

스스로 의롭다고 여기는 자들

이런 바리새인들과 대조되는 분이 이 이야기에 등장한다. 그분
은 그들의 깨닫지 못함과 잔인함에 대해 너그러운 태도를 보이신
하나님의 아들이시다. 그런데 주님이 그들에게 너그러운 태도를
보이신 것은 그들을 용납하셨기 때문이 아니다. 주님은 그들을
위해 죽을 수도 있는 분이셨지만, 결코 그들과 타협할 분이 아니
셨다. 아무튼 주님은 그들을 너그럽게 대하셨다.

뿐만 아니라 주님은 죽음의 그림자가 드리워진 병자를 도와주
기를 간절히 원하셨다. 이 병자는 몸이 붓는 병에 걸린 사람이었
다. 이 병에 걸린 사람은 몸의 과도한 액체가 몸 밖으로 빠져나가
지 못하고 세포에 축적되어 몸이 붓다가 결국에는 심장이 감당하
지 못해 사망에 이르렀다.

수종병 환자에 대한 기사는 예수님과 당시 종교 지도자들 사이
의 갈등을 명확히 보여준다. 이 기사를 거울삼아 우리는 이렇게
자문해볼 필요가 있다.

세상을 바라보며 우리 자신과 우리 시대에 대해 이해하려고 노
력한 우리가 엉뚱한 싸움을 싸우고 있는 것은 아닌가?

우리가 싸워야 할 대상이 누구인지 모른 채 엉뚱한 데 힘을 쏟
고 있는 것은 아닌가?

노름꾼들과 경마 선수들을 원수로 여겨서 "저들은 하나님의 친
구들이 아니다"라고 말하는 것은 아닌가?

마약 판매원이나 마리화나 밀매업자를 보며 "저들이 우리의 원수이다"라고 말하지는 않는가?

천국에 대해 생각하지 않고 이 땅의 일에 빠져서 건강까지 나빠진 사업가를 보며 "세속주의가 우리의 원수이다"라고 말하지는 않는가?

싸워야 할 곳이 아닌 다른 곳에서 싸우고 있지는 않은가?

하나님께서 싸움터로 보시지 않는 곳에서 싸우고 있지는 않은가?

싸워야 할 대상은 잘못된 종교관인데, 창녀와 노름꾼과 세속적 사업가와 싸우고 있지는 않은가?

우리의 종교 때문에 세상에 문제가 생기는 것은 아닌가?

현재 우리가 살펴보는 성경구절에서 예수님과 죄인 사이에는 갈등이 존재하지 않는다. 주님은 죄인들을 대신해 죽기 위해 이 땅에 오셨다. 주님과 갈등을 빚은 사람들은 나름대로 머리가 좋은 사람들이었다. 그러나 그들은 힘든 사람을 보고도 그에게 관심을 갖지 않았고 동정심도 보이지 않았다. 그들은 자기들이 존경받을 만한 존재라는 것을 나타내는 데에만 관심이 있었다. 그들은 자신들의 교리의 정확성에 대해 날마다 자랑했다. 그러면서도 가난한 자들과 창녀들과 무지(無知)한 자들을 불쌍히 여기지 않았다. 이런 종교인들은 예수님 시대에도 있었고 지금도 있다.

수종병 환자에 대한 기사를 읽을 때, 우리는 흔히 사람들이 생각하는 선(善)이라는 것에 의문을 제기하지 않을 수 없다. 유일하게 강한 손이 머지않아 십자가에서 못 박힐 것이었다. 유일하게 깨끗한 심장이 머지않아 십자가에서 기력을 다한 후 멈추게 될 것이었다. 유일하게 맑은 머리가 머지않아 생명이 끝날 때 앞으로 숙여질 것이었다. 유일하게 의미 있는 음성이 머지않아 죽음과 더불어 침묵에 빠질 것이었다.

만일 다른 사람들이 복음서를 썼다면, 복음서의 이야기는 완전히 달라졌을 것이다. 예를 들어, 셰익스피어나 유진 오닐(Eugene O'Neill, 1888~1953. 미국의 극작가) 같은 사람들이 복음서를 썼다고 가정해보자. 그들이 쓴 복음서에서는 예수님이 궁전에 모인 위대한 사람들과 함께 그들과 어울리는 모습으로 등장하셨을 것이다. 당대의 지체 높고 똑똑한 사람들이 예수님 주변을 늘 에워싸고 있었을 것이다. 왕과 권력가들이 예수님을 따라다녔을 것이다. 그러나 실제 복음서들에 등장하는 신인(神人) 예수 그리스도의 평범한 모습은 지극히 아름답다! 영원부터 영원까지 계시는 주님이 하늘에서 이 땅으로 내려오시어 일출과 일몰에 복종하셨다.

예수님과 바리새인의 다른 점은 무엇인가? 예수님은 죄가 전염된다고 보지 않으셨다. 예수님이 보실 때, 죄는 영혼의 질병이기에 그것의 전염으로부터 깨끗한 마음을 보호할 필요가 없었다. 그러나 바리새인들이 볼 때, 죄는 접촉에 의해 전염되는 것이었다. 그래서 그들은 하층민을 자신들의 집 안으로 들이기를 원하지 않았다. 홍등가의 창녀들, 세리들, 길거리를 배회하는 사람들을 멀리했다. 이런 사람들을 배제했다. 그리고 그들은 스스로를 엘리트요, 선택받은 자요, 경건한 자요, 하나님의 친구라고 생각했다.

외형적 경건은 경건이 아니다

대중을 멀리하면서 배타적 태도를 취한다고 해서 종교가 깨끗해지는 것은 아니다. 우리 시대의 어리석은 사람들과 교회들은 자신들의 알량한 순수함과 경건을 지키기 위해 시장(市場)을 멀리하면서 수도원에 틀어박혔다. 가련한 신부(神父)들은 자신들의 고결함을 지키기 위해 검은 가운을 입거나 골방에 은둔했다.

심지어 개신교 일부 교파의 성직자들도 설교단으로 가는 길에 자신들의 경건을 잃지 않기 위해 가운으로 자신을 보호했다. 일부 소종파(小宗派)들은 완전히 세상에서 도피하여 신앙생활을 했다.

미국의 인디애나 주(洲), 오하이오 주 그리고 펜실베이니아 주에서 아미쉬 신자들(Amish, 17세기 스위스의 목사 J. 아만이 창시한 재세례파의 한 분파)은 자동차를 타지 않고 마차를 이용한다. 그들은 자동차를 몰지 않고 마차를 타고 가면 도덕과 영성(靈性)의 퇴보를 줄일 수 있다고 생각했다. 이 얼마나 황당한 생각인가!

영성(靈性)의 샘은 밖으로 흐르는 법이다. 어떤 사람의 영성의 샘을 오염시키는 것은 불가능한데, 그것은 그의 안에 있는 영성이 안에서 밖으로 흐르기 때문이다. 어떤 것이 밖으로부터 그를 오염시키려 한다 할지라도 안에서 밖으로 흘러나가는 그의 영성이 그것을 깨끗하게 만든다. 세상의 것이 그의 안으로 밀고 들어간다면 그것이 그를 오염시킬 것이다. 하지만 그의 영성이 안에서 밖으로 흘러나가기 때문에 그는 세상에게 영향을 받지 않는다.

예수님 당시의 종교인들은 완전하신 분을 지켜보면서 의혹의 눈초리를 보냈다. 비난하며 흠잡기를 좋아하는 그들은 예수님의 일거수일투족을 감시했다.

이 땅에 계실 때 예수님은 바리새인들의 시험대 위에 계셨다고 할 수 있다. 하지만 이제 예수님은 더 이상 그들의 시험대 위에 계시지 않는다. 하나님께서 예수님을 살리시어 자신의 오른편에 앉히셨기 때문이다. 이제는 생명의 메시지가 전달될 뿐이다. 이제 더 이상 하나님의 아들은 자신을 감시하는 이 땅의 재판관들 앞에 서 계시지 않는다. 왜냐하면 성령께서 오시어 예수님의 신성(神性)을 확증해주셨기 때문이다. 예수님은 부활의 능력으로 말미암아 하나님의 아들로 선포되셨다. 다시 말하지만, 예수님은 당시 종교 지도자들에게 감시를 당하셨지만 이제는 부활하시어 부활의 능력으로 말미암아 하나님의 아들로 선포되셨다.

악한 바리새인들에게는 주님을 즉시 체포할 수 있는 권력이 있었다. 굶주린 늑대가 달려들듯이 그들이 주께 달려들었다면, 주님은 한 시간 안에 옥에 갇히셨을 것이다. 그러나 주님은 그들에게 당하지 않으셨다. 주님은 그들 가운데 서 계셨다. 그들의 침묵은 그들이 주님에게서 어떤 죄도 찾지 못했다는 것을 증명했다.

그런 상황에서 주님이 먼저 그들에게 "내가 율법을 잘 아는 너희에게 묻는다. 안식일에 선(善)을 행하는 것이 옳으냐?"라고 물으셨다. 이 질문에는 그들에 대한 엄한 책망의 의미가 담겨 있었다. 이 말씀에는 이런 뜻이 담겨 있었다.

"나는 너희가 바리새인들이라는 것을 안다. 나는 너희가 율법을 엄격히 지킨다는 것을 안다. 너희는 생후 8일 된 너희 자녀들에게 할례를 행하기 위해 성전에 올라가고, 또 12살 된 너희 아이들에게 성인식을 베풀기 위해 다시 성전을 찾는다. 나는 너희가 그들에게 무엇을 행하는지 알며, 또 너희가 어떤 사람들인지 안다. 나는 너희가 종교인이라는 것을 안다. 하지만 나는 너희의 마음이 차갑고 완고하다는 것을 안다. 너희는 너희 옆을 절뚝거리며 지나가는 맹인들과 가난한 자들에게 전혀 관심이 없다."

분노로 치를 떨고 있는 종교 지도자들에게 주님은 "너희 중에 누가 그 아들이나 소가 우물에 빠졌으면 안식일에라도 곧 끌어내지 않겠느냐"(눅 14:5)라고 말씀하심으로써 그들의 아픈 데를 더 찌르셨다. 그들은 안식일에 자기 자녀나 소가 우물에 빠지면 당연히 끌어내야 한다고 생각했다. 그들은 자기들이 안식일에 경제적 이득을 챙기는 것을 합리화했고, 그런 식으로 율법을 해석했다. 하지만 그들은 마음이 너무 굳어 있었기에 안식일에 사람의 생명을 구하는 것에는 동의하지 않았다.

주님은 바리새인들의 이런 속을 꿰뚫어보셨고, 그들이 자신들의 모순을 깨닫도록 가차 없이 책망하셨다. 결국 그들은 서로 얼굴을 쳐다보다가 고개를 떨어뜨리고 침묵에 빠져들었다.

오직 주님만이

토마스 드 위트 탤미지(Thomas De Witt Talmage, 1832~1902. 미국의 목사)는 나에게 다음과 같은 이야기를 들려주었다.

보편구원론(만인구원론)을 믿는 어떤 목사가 그 교리에 입각한 교회를 개척하기 위해 이웃 지역으로 들어갔다. 그는 이곳저곳을 돌아다니며 살펴보았다. 그리고 그는 사람들에게 "이 부근에 보편구원론을 믿는 사람이 있습니까?"라고 물었다. 사람들은 그에게 "예, 한 명 있었습니다"라고 대답했다.

이 목사는 그 사람을 찾아가서 "보편구원론을 믿는 교회를 이 지역에 세우려고 하는데, 좀 도와주시겠습니까?"라고 말했다.

그러자 그가 이렇게 대답했다.

"내가 보편구원론을 믿었던 것은 맞습니다. 그러나 얼마 전부터 나는 목사님이 믿는 것과 다른 것을 믿게 되었습니다. 목사님은 모든 사람이 구원받을 것이라고 믿으실 것입니다. 하지만 세상에 나가서 살아본 결과, 나는 목사님과 다른 생각을 가지게 되었습니다. 나는 사람들에게 배신당하고 속고 사기를 당하고 상처

를 받았습니다. 그래서 지금은 모든 사람이 지옥에 간다는 보편
멸망론을 믿고 있습니다."

돈도 있고, 옷도 잘 입고, 교육도 많이 받고, 품위 있는 모국어
를 구사하고, 좋은 책도 많이 읽고, 존경받고, 경건하고, 부족함이
없는 사람이 동정심이나 따뜻한 마음이 없다면 참으로 무서운 일
이다. 이런 사람들은 가난하고 고생하는 사람들에게 관심이 없
다. 나는 인정을 모르는 경건이 가장 무서운 것이라고 생각한다.
화려하게 치장한 여자가 그녀에게 도움을 청하는 여자에게 쌀쌀
맞게 대하는 것은 끔찍한 일이다. 돈도 있고 존경도 받는 남자가
자신의 도움을 간절히 바라는 남자를 모른 체하는 것은 정말 비
극적인 일이다.

주님은 죽음의 그림자가 드리워진 사람을 고쳐주셨다. 나는 주
님이 수종병 환자를 구체적으로 어떻게 고치셨는지 알지 못하지
만, 이렇게 상상해본다. 주님은 눈이 튀어나오고 세포에 물이 가
득 차고 다리가 부어서 무겁게 된 사람에게 다가가셨다. 그는 자
기 힘으로 서는 것조차 힘들어했을지 모른다. 아니면 아예 일어
서지도 못했을 것이다. 어쩌면 그는 마치 통나무처럼 누워 있었
을 것이다. 이런 사람을 도울 방법이 바리새인들에게는 없었지
만, 주님은 그를 고치셨다.

주님은 목자 없는 양(羊)을 불쌍히 여기셨다. 주님은 쟁기로 농
사를 짓고 있던 엘리사를 부르셨고, 고기잡이하고 있던 베드로

를 부르셨고, 최고 재판소에 있던 사울을 부르셨고, 악한 종교에 빠져 있던 어거스틴을 부르셨다. 존 번연, 존 뉴턴, 찰스 피니(Charles G. Finney, 1792~1875. 19세기 초 미국에서 부흥운동을 이끈 중심인물) 그리고 빌리 선데이(Billy Sunday, 1862~1935. 미국 야구 선수 출신의 복음전도자)를 부르셨다. 주님은 그들을 들어 사용하셨는데, 그렇게 하실 수 있는 능력이 주께 있었다.

종종 사람들은 내게 와서 "토저 목사님, 저는 목사님의 설교를 듣고 목사님의 책을 읽었습니다. 그렇다면 이제 제가 어떻게 해야 하는지 말씀해주십시오"라고 말한다. 그들이 이렇게 말하는 것 자체가 그들이 아직도 내 말을 이해하지 못하고 있다는 것을 나타낸다.

목사가 당신을 도와주지 못하는 부분도 있기 때문에 목사를 개인적으로 만나도 도움을 못 받는 경우가 있다. 당신이 망망대해에 빠져 있는 것 같은 경우가 있을 수 있는데, 그럴 때 당신을 찾아오시는 분은 오직 주님이시다!

이런 메시지를 오직 육체적 질병의 치유에만 적용하는 사람은 아직도 깊은 깨달음이 없는 것이다. 그리스도께서는 때때로 사람들의 육체적 질병을 고쳐주시고, 또 임종 때 구원을 베푸신다. 주님은 죽음을 코앞에 둔 사람들에게 도움을 주신다. 그것은 회심(回心)이다. 나는 주님이 어떻게 그렇게 하시는지 자세히 알지 못한다. 다만 주님이 그렇게 하신다는 것을 알 뿐이다. 단지 나는

"우리가 저 사람을 찾아가 보아야 한다"라고 말할 뿐이다. 그에게 도움을 줄 수 있는 분은 오직 주님이시다.

종교가 감옥인가?

최근 나는 '종교는 감옥을 바꾸는 것이다. 그 이상도 그 이하도 아니다'라는 사상이 퍼져나가고 있다는 말을 들었다. 이것을 바꾸어 말하면 "당신은 감옥에 있는 것인데, 종교를 갖게 되면 세상의 감옥이 종교의 감옥으로 바뀐다"라는 뜻이 된다. 종교를 가지는 것이 단지 이 감옥에서 저 감옥으로 옮기는 행위에 불과하다는 것이다.

그런데 "나는 전에 세상의 감옥에 있었는데, 지금은 그리스도의 감옥에 있습니다"라고 말하는 사람이 있다면, 그는 참으로 부끄럽기 짝이 없는 사람이다. 당신의 손을 흔들어보라. 손에 수갑이 채워져 있는가? 발로 바닥을 살짝 굴러보라. 발에 쇠사슬과 쇳덩이가 달려 있는가? 고개를 들어보라. 당신을 막고 있는 쇠창살이 있는가? 밑을 내려다보라. 돌바닥이 보이는가? 당신이 밖으로 나간다 해도 "거기 누가 밖으로 나가는 거야!"라고 소리칠 사람은 아무도 없다. 당신은 저 푸른 하늘을 날며 노래하는 새처럼 자유롭다!

종교가 감옥을 바꾸는 것에 지나지 않는다는 주장을 반박할 수 있는 가장 좋은 방법이 무엇일까? 그것은 하나님을 아는 사람들에게 "당신은 하나님 때문에 감옥살이하는 것 같습니까?"라고 물어보는 것이다. 내 평생 내가 체험한 유일한 자유는 예수 그리스도께서 내게 주신 자유이다. 만일 내가 예수님을 떠나고 기독교를 버린다면, 나는 내 성공으로 교만해지고, 내 성질대로 행동하고, 부루퉁한 내 기질의 노예가 되고, 증오심과 두려움에 사로잡혀 살 것이다. 만일 내가 신앙을 버린다면, 나는 쇠창살 속에 갇힐 것이고, 그것을 자르고 빠져나가려면 천 년은 족히 걸릴 것이다. 그러나 주님은 나를 부르시어 "너는 자유다!"라고 말씀해 주셨다.

그리스도인은 이 세상에서 가장 자유로운 사람이다. 우리는 자유로워졌기 때문에 선하고 관대하고 두려움과 복수심에서 벗어날 수 있다. 우리는 정말 자유로운 존재이다!

구속(救贖)에는 세 가지 요소가 담겨 있다. 쉽게 말해서, 이것은 "(죄의 노예) 시장에서 (우리를) '사서', 시장 밖으로 '데리고 나와', '풀어준다'"이다. 예수님은 수종병 환자를 자신의 피로 '사셨다.' 왜냐하면 얼마 후에 주님이 그를 위해 죽으실 것이었기 때문이다. 그리고 주님은 그를 시장 밖으로 '데리고 나오셨다.' 그는 더 이상 시장에서 팔리는 노예가 아니었다. 그런 다음, 주님은 그를 '풀어주셨다!' 할인 가격이나 모욕적인 표현을 적은 표가 더 이상 그에게 붙어 있지 않았다. "오늘은 이 할인 가격에 드립니다"라는 꼬리표가 그에게 붙어 있지 않았다. 지저분한 꼬리표나

가격표가 그에게서 떨어져나갔다. 우리도 마찬가지이다. 전에 우리에게도 그 누구도 값을 치를 수 없는 가격표가 붙어 있었다.

스랍들의 불이나 그룹들의 순수함도 죗값에 팔릴 운명에 처해 있던 우리를 구속(救贖)할 수는 없었다. 천사들과 정사들과 거룩한 존재들의 금과 은을 다 모은다 해도 우리를 구속할 수는 없었다. 우리는 썩어질 것들로 구속받은 것이 아니라, 우리를 위해 돌아가신 흠 없고 점 없는 어린양의 보혈로 구속받았다. 그분의 거룩한 죽음이 우리를 다시 사기 위한 대가였다. 누구도 치를 수 없는 대가를 주께서 치르셨다. 주님은 이 수종병 환자를 부르시고 회심에 이르게 하신 뒤에 보내셨다. 왜냐하면 주님이 그를 위해 (잠재적으로 또 실제적으로) 대가를 치르셨기 때문이다.

당신은 주 예수 그리스도께 사로잡혔는가? 주님의 능력으로 말미암아 회심하여 자유를 얻었는가? 만일 그렇지 못하다면, 당신은 온갖 악한 것에 사로잡힌 죄수와 같은 존재이다. 만일 그렇지 못하다면, 당신은 단지 어떤 교회의 교인일 뿐이다. 형식적인 교인 말이다. 이런 형식적이고 문제투성이인 교인 주위에는 "당신에게는 아무 문제가 없으니 안심하십시오"라고 말하는 사람들로 우글우글하다.

나에게 문제 해결을 위한 비법을 가르쳐달라고 부탁하지 말라. 비법은 없다. 다만 당신은 예수 그리스도께 나아가야 한다. 지치고 슬픈 당신의 모습 그대로 주께 나아가라. 그러면 주님이 당신의 안식처가 되실 것이고, 당신에게 기쁨을 주실 것이다. 당신이 영적으로 눈이 먼 채 주께 나아갈 때, 주께서 보게 하실 것이다. 당신이 영적으로 듣지 못하는 채 주께 나아갈 때, 주께서 귀를 열어주실 것이다. 쇠사슬에 묶인 그대로 주께 나아가라. 그러면 주님이 풀어주실 것이다.

'강한 분'이 비극의 현장에 나타나신 것에 대해 하나님께 감사하라. 경전이나 읊어대는 저 바리새인들이 할 수 있는 것이 무엇이었을까? 치명적인 병에 걸린 이 수종병 환자가 죽을 때, 그의 부풀어 오른 몸을 질질 끌고 가서 땅에 파묻고 히브리어로 몇 마디 중얼거린 다음에 손을 깨끗이 씻고 발걸음을 돌리면서 "이제 다 끝났다!"라고 말하는 것이 전부가 아니었겠는가? 그들은 종교 지도자들이었지만, 그들이 제공할 수 있는 것은 결국 무덤뿐이었다. 그러나 주님은 이 수종병 환자의 무덤을 몇 십 년 뒤로 미루어 놓으시고, 그에게 복된 삶을 허락하셨다. 이 사람은 메시아께서 자기를 찾아오시어 구원하셨다는 아름다운 기억을 가지고 살 수 있게 되었다.

종교인가, 예수 그리스도인가? 교회교(敎會敎, churchianity)인가, 예수 그리스도인가? 인간의 교만인가, 그리스도 안에서의 겸손인가? 하나님의 능하신 손아래에서 겸손해지자! 예수님은 다른 사람을 조롱하는 교만한 자들과 동행하지 않으신다. 그러므로 자기 자신을 낮추고 하나님과 동행하자.

벤자민 웹(Benjamin Webb, 1819~1885)이 쓴 '얼마나 깊은 사랑인가!'라는 다음 시(詩)를 읽어보자.

오, 사랑이로다!
이 얼마나 깊고 얼마나 넓고 얼마나 높은가!
우리 마음이 무한한 기쁨으로 가득하니
이는 하나님의 아들이요, 하나님이신 분이
죽을 수밖에 없는 자들을 위해
인간의 모양으로 이 땅에 오셨기 때문이로다.

인류보다 더 높거나 더 낮은 천사를 보내지 않으시고
그분은 친히 인간의 옷을 입고
이 절망의 세계로 내려오셨도다.

그분은 우리를 위해 세례를 받으시고
우리를 위해 금식하여 심히 주리셨도다.
우리를 위해 뼛속까지 고통을 당하시고
시험하는 자를 우리를 위해 물리치셨도다.

우리를 위해 기도하시고
우리를 위해 가르치시고

우리를 위해 날마다 일하셨도다.

말씀과 표적과 행동을 통해 일하셨으니

이는 그분 자신을 위함이 아니라 우리를 위함이라.

우리를 위해 배반을 당하여 악한 자들에게 넘겨지시고

채찍질과 조롱을 당하시고 홍포를 입으셨도다.

치욕의 십자가를 지고 고통을 당하셨고

결국 우리를 위해 숨을 거두셨도다.

그러나 우리를 위해 죽은 자들 가운데서 살아나시고

우리를 위해 승천하여 다스리시도다.

우리를 인도하고 우리에게 힘과 위로를 주기 위하여

여기 이 땅으로 성령을 보내셨도다.

우리를 한없이 사랑하시어

자신의 아들을 통해 우리를 구원하신

하나님 아버지께

지금부터 영원무궁토록 영광이 있을지어다!

5

세상과 타협하지 말고
주께 모든 것을 바쳐라

거듭난 사람이라면 어떤 대가를 치르더라도 자기 십자가를 지고 주님을 따른다.
필요하다면 재물을 바치고 고통을 감수하고 심지어 생명까지 바친다.
주께 모든 것을 바쳐라! 모든 것을!

"이는 우리 복음이 너희에게 말로만 이른 것이 아니라 또한 능력과 성

령과 큰 확신으로 된 것임이라 우리가 너희 가운데서 너희를 위하여 어

떤 사람이 된 것은 너희가 아는 바와 같으니라"(살전 1:5).

"그런즉 누구든지 그리스도 안에 있으면 새로운 피조물이라 이전 것은

지나갔으니 보라 새것이 되었도다"(고후 5:17).

"사데교회의 사자에게 편지하라 하나님의 일곱 영과 일곱 별을 가지신

이가 이르시되 내가 네 행위를 아노니 네가 살았다 하는 이름은 가졌으

나 죽은 자로다"(계 3:1).

"이는 우리 복음이

너희에게 말로만 이른 것이 아니라 또한 능력과 성령과 큰 확신

으로 된 것임이라 우리가 너희 가운데서 너희를 위하여 어떤 사

람이 된 것은 너희가 아는 바와 같으니라"(살전 1:5).

이 말씀에 따르면, 복음은 두 가지 방법 중 하나로 임한다. 하나는 말로만 임하는 것이고, 다른 하나는 능력으로 임하는 것이다. 전자는 쭉정이 같은 것이고, 후자는 영적 열매를 맺는 것이다. 바울은 복음이 데살로니가 교인들에게 능력으로 임하여 열매를 맺게 한다는 것을 알고 있었다. 그가 이렇게 판단한 것은 그들이 큰 환난 중에도 말씀을 받고 확신을 얻어 그리스도의 제자가 되었기 때문이다.

그들을 옛날로 되돌릴 수 있는 것은 아무것도 없었다. 그들에게는 기이한 초자연적 기쁨이 생겼는데, 바울은 이것을 "성령의 기쁨"(살전 1:6)이라고 불렀다. 그들은 그리스도의 제자가 되었을 뿐만 아니라 다른 교회들에게 모범이 되었다. 그들로부터 주님의 말씀이 퍼져나갔다. 그들은 선교하는 교회가 되었다.

말씀이 능력으로 임할 때에는 데살로니가교회에서 일어난 일이 일어난다. 그러나 단지 성경을 펴서 말씀을 읽고 믿음을 가졌다고 말하는 사람에게 능력이 임하지 않으면 이와 정반대의 일이 일어난다.

성령의 능력이 없는 가운데 말씀이 임할 때, 사람들은 어떤 결정에 의해 신자가 된다. 확신이 없는 가운데 신자가 된 사람들은 명목상으로만 주님의 제자들이 된다. 환난이 임하면 그들은 그것을 감당하지 못해 기쁨을 잃어버린다. 자기들의 힘으로 환난을 이기려고 하기 때문에 그들의 믿음은 오래가지 못한다. 그들은 다른 사람들에게 모범을 보이지도 못하고, 그들의 선교 열정은 미지근하다. 나의 이런 진단은 정확한 것이기에 데살로니가교회를 이해하는 데 매우 유용하다.

"그런즉 누구든지 그리스도 안에 있으면 새로운 피조물이라 이전 것은 지나갔으니 보라 새것이 되었도다"(고후 5:17).

이 성경구절에 따르면, 능력 가운데 임한 복음은 바울이 데살로니가전서 1장 5절에서 언급한 열매를 맺을 뿐만 아니라 사람들을 거듭나게 한다. '만들어내다'(generate)라는 말은 "창조하다"를 의미하며, '다시 만들어내다', 즉 '거듭나게 하다'(regenerate)라는 말은 "재창조하다"를 의미한다. 사람들이 능력 가운데 복음의 메시지를 받아들일 때, 복음은 재창조한다. 첫 번째 창조 때의 것, 즉 옛것이 사라지고 모든 것이 새롭게 된다. 성령께서 어떤 사람을 거듭나게 하시어 복음을 믿게 하시면 새것이 옛것을 대신한다.

"사데교회의 사자에게 편지하라 하나님의 일곱 영과 일곱 별을 가지신 이가 이르시되 내가 네 행위를 아노니 네가 살았다 하는 이름은 가졌으나 죽은 자로다"(계 3:1).

이 말씀에 따르면, 어떤 사람은 복음을 듣고 그리스도인이라고 불리지만, 사실 그는 이름뿐인 그리스도인이다. 다시 말해서, 그는 '명목상의 그리스도인'이다. 그들은 근본적으로 바뀌지 않기에 여전히 예전 상태에 머물러 있다. 다시 말해서, 여전히 죽은 상태에 있다.

하나님께서 사람들을 거듭나게 하셔야 하는 것은 죄가 세상에 들어와 사람들을 영적으로 죽어가게 하기 때문이다. 하나님은 우리에게 생명을 주셔야 하는데, 그것은 우리가 영적으로 다시 살기 위함이다. 그런데 오직 명목상으로만 변화된 사람들이 일부 있다. 그들에게는 근본적인 변화가 전혀 일어나지 않는다. 그들은 여전히 '옛 생명'에 속해 있는데, 성령께서는 그들을 "살았다 하는 이름은 가졌으나 죽은 자"(계 3:1)라고 말씀하신다.

이제까지 우리는 세 성경구절(살전 1:5 ; 고후 5:17 ; 계 3:1 참조)을 간단히 살펴봤다. 당신은 복음이 말로 임하는 것과 능력으로 임하는 것에 어떤 차이가 있는지를 어느 정도 깨달았을 것이다. 그렇다면 이제부터 나는 복음이 능력으로 임하지 않고 말로만 임하는 것이 얼마나 위험한 것인지, 또 이런 위험에 어떻게 대처해야 하는지에 대해 이야기하려고 한다.

명목상의 그리스도인

어떤 사람들은 복음을 믿되 오직 말로만 임한 복음을 믿는다. 우리 주 예수님은 이스라엘 사람들에게 이 문제에 대해 언급하면서 이렇게 말씀하셨다.

"화 있을진저 외식하는 서기관들과 바리새인들이여 회칠한 무덤 같으니 겉으로는 아름답게 보이나 그 안에는 죽은 사람의 뼈와 모든 더러운 것이 가득하도다 이와 같이 너희도 겉으로는 사람에게 옳게 보이되 안으로는 외식과 불법이 가득하도다"(마 23:27, 28).

예수님의 이 날카로운 비판의 말씀을 들은 서기관들과 바리새인들은 자기들끼리 서로 쳐다본 다음 자신들의 긴 턱수염을 쓰다듬으며 "소란스럽지 않게 최대한 빨리 저 예수를 죽이자!"라고 말했을 것이다. 그들은 결국 예수님을 죽였다. 그러나 하나님은 사흘 만에 예수님을 살리신 뒤 자신의 우편에 앉게 하셨다. 그들은 자기들이 어떤 한 사람을 죽인다고 생각했지만, 하나님께서는 희생을 무릅쓰신 것이었다. 그들의 생각과 하나님의 생각은 이토록 달랐다. 이처럼 주 예수 그리스도께 대항하여 싸우는 것이 예상 밖의 결과를 낳을 수도 있다.

이름뿐인 그리스도인들, 즉 명목상의 그리스도인들은 말을 잘못 사용하는 경향이 있다. 다시 말해서, 종교적 언어 게임을 하는 경향이 있다. 오늘날 너무나 많은 곳들에서 기독교가 언어 게임으로 전락해버렸다. 어떤 사람들은 이렇게 말한다.

"나는 그것을 잘 압니다. 왜냐하면 전에 나는 이러이러한 교파에 속해 있었기 때문입니다. 나는 내가 다닌 교회가 어떤 교회인지 속속들이 잘 알았습니다. 쉽게 말해서, 그것은 완전히 죽은 교회였습니다. 목회자가 예수님의 동정녀 탄생을 믿지 않았습니다."

또 어떤 사람들은 이렇게 말한다.

"나는 모세가 모세오경을 쓰지 않았다고 믿는 교회에 다녔습니다. 그 교회 사람들은 악당이었고 자유주의자들이었습니다."

그러나 성령께서는 자유주의자들이나 성경의 진리를 부인하는 사람들을 문제 삼지 않으셨다. 성령님이 문제 삼으시는 사람들은 성경의 진리를 인정하고 복음을 사실로 받아들인 사람들이었다. 그들은 복음을 부정하지 않고, 오히려 지지했다. 그들은 자신들의 목회자가 복음을 부정하면 그를 교회에서 쫓아낼 사람들이었다. 그러나 그들에게 복음은 오직 말로만 임했다. 이것은 그들의 신앙이 단지 언어 게임에 불과하다는 사실에서 입증된다.

종교적 언어 게임

'놀이', 즉 '게임'이라는 것은 문제를 만들어놓고 그것을 해결하는 과정에서 재미를 느끼는 것이다. 야구에 대해 조금 알기 때문에 야구를 예로 들어 말하겠다. 야구는 문제를 만들어놓고 그 문제를 해결하는 데 수십억 원의 돈을 쏟아붓는다. 물론 그 문제는 사람들이 만들어놓기 이전에는 존재하지 않던 것이다.

우리가 '야구'라고 부르는 게임을 창시한 사람이 애브너 더블데이(Abner Doubleday, 1819~1893. 미국 남북전쟁 당시 북군의 장군)라고 알려져 있다. 그는 이렇게 말했다.

"우리가 하는 것이 무엇인지 말해주겠다. 우리는 문제를 만들어놓은 다음 그것을 해결할 것이다. 우리는 손에 공을 든 A를 저기에 세울 것이고, 그로 하여금 공을 던지게 할 것이다. 그리고 그에게서 약 20미터 떨어진 곳에 다른 사람, 즉 B를 세울 것인데, B는 A가 던진 공을 잡을 것이다. 그러므로 문제는 A가 B에게 공을 던져서 잡게 하는 것이다. 그런데 문제는 거기서 끝나지 않는다. A가 던진 공을 B가 잡는 것을 방해하기 위해 우리는 방망이를 가진 C를 중간에 세울 것이다. C가 하는 일은 타석에 서서 공이 B의 글러브 안으로 들어가지 못하게 막는 것이다. C가 또 다른 문제를 만들어내는 것이다. 처음에 공을 던지는 사람을 '투수'라고 부르는데, 그는 몸을 돌리며 감아올렸다가 공을 힘차게 B에게 던진다. B를 '포수'라고 부른다. 방망이를 가진 타자 C는 중간에 선 방해꾼으로서 포수가 공을 잡지 못하게 방해한다."

이런 아이디어로 야구라는 게임이 만들어졌다. 게임은 이런 식으로 만들어진다. 게임은 문제를 만들어내는데, 사실 그 문제가 전에는 존재하지 않던 것이다. 소아마비, 암 그리고 굶주림 같은 문제가 있지만, 인간은 그런 것들과는 또 다른 문제들을 만들고 세상에서 가장 건강한 사람들을 시켜 그것들을 해결하도록 한다.

투수라는 사람은 공을 던지고, 타자는 몸을 약간 비틀었다가 방망이를 휘두른다. 그가 방망이로 공을 치면 문제가 해결되는데, 물론 그것은 그에게 유리한 쪽으로 해결되는 것이다. 그럴 경우에 그는 게임이 재미있을 것이다. 그의 방망이가 공을 때리는 순간, 관중들은 "홈런이다!"라고 소리치며 열광하기도 한다. 그러나 그에게 유리한 쪽으로 문제가 해결되는 것을 막기 위해 최선을 다하는 8명의 다른 사람들이 있다. 그들은 자기들에게 유리한 결과를 이끌어내려고 애를 쓴다. 포수를 제외하고도 투수, 유격수, 1루수, 2루수, 3루수 그리고 3명의 외야수가 바로 그들이다. 그들은 타자가 친 공을 잡으려고 사력을 다한다. 공이 땅에 떨어지기 전에 그들이 공을 잡으면 타자는 아웃 처리된다.

화창한 날 오후가 되면 사람들은 야구 문제를 해결하기 위해 수십억 원의 돈을 쏟아붓는다. 게임이란 이런 것이다. 게임을 좋아하는 사람들은 그것에 환장한다.

게임의 특징 중 하나는 게임이 어떻게 되든 간에 누구도 달라질 것은 없다는 것이다. 타자가 이겼다 할지라도 그가 더 좋아지는 것은 아니다. 그는 그냥 집으로 돌아갈 뿐이다. 만일 그의 아내가 그를 좋아하지 않았다면, 그녀는 여전히 그를 좋아하지 않을 것이다. 그가 빚을 지고 있었다면, 그것이 여전히 그의 어깨를 누를 것이다. 그에게 어떤 질병이 있었다면, 그것이 여전히 그를 괴롭힐 것이다. 어떤 경우든 간에 그는 더 나아지는 것이 없다. 반대로 게임에서 그에게 패한 사람도 더 나빠지는 것이 없다.

심지어 올림픽에서도 마찬가지이다. 선수들은 서로 경쟁하지만, 그것은 어디까지나 게임일 뿐이다. 게임이 끝나면 그들은 각자 집으로 돌아간다. 게임이라는 문제에 선수들이 투입되어 그것을 어떻게든 해결했다고 해서 누군가 더 나아질 것도 없고 더 나

빠질 것도 없다.

캐나다 사람과 미국 사람이 히틀러에 대항하여 싸울 때, "누가 이기느냐?" 하는 것은 매우 중요한 문제였다. 왜냐하면 패한 쪽 은 무릎을 꿇고 노예로 전락할 것이었기 때문이다. 그러므로 게 임과 전쟁은 별개 문제이다.

그리스도인이 열매를 맺지 못하는 이유

종교를 단지 언어 게임으로 전락시키고 싶은 유혹은 매우 강하 다. 우리는 야구나 축구 대신 다른 도구들을 사용하는데, 예를 들 면 말(언어) 같은 것을 사용한다. 우리는 책을 쓰고 그것을 산다. 원고를 교정하고 또 갈고닦는다. 잡지를 편집한다. 잡지를 구입 한다. 정기 구독을 한다. 곡을 쓴다. 노래를 부른다. 기도문을 작 성한다. 기도한다. 설교를 한다. 설교를 듣는다. 이런 모든 일은 많은 활동량, 막대한 예산, 부단한 수고 및 많은 불편의 감수를 요 구한다. 그럼에도 불구하고 많은 사람들이 단지 종교적 언어 게 임을 할 뿐이다. 달라지는 것은 없다. 요컨대 언어 게임은 근본적 인 변화를 일으키지 못한다. 종교적 언어 게임을 하는 사람들은 과거와 달라진 것이 없다.

어떤 여론조사 기관에서 한 대학의 후원을 받아 통계조사를 실 시했다. 100명의 기독교인들에게 어떤 기준에 따라 교회를 운영 하는지 물었다. 그런 다음, 교회에 다니지 않는 사람 100명을 대상으로 역시 동일한 질문을 던졌다. 얼마 동안 많은 돈을 투자하여 통계를 낸 후에 그 기관은 "대체적으로 볼 때, 기독교인들의 교회 운영의 윤리와 교회에 전혀 다니지 않는 사람들의 비즈니스 윤리에 차이가 없다"라고 발표했다.

우리가 어디에 살든, 어떤 국가에 속했든 우리는 단지 인간일 뿐이다. 이것이 어떤 한 곳에서의 사실이라면 다른 곳에서도 마찬가지일 것이다. 이 조사에 응답한 100명의 기독교인들은 무엇을 하고 있는 것일까? 그들은 단지 언어 게임을 하고 있는 것이다. 그들은 교회에 다닌다. 그들 중 일부는 교회에서 예배 위원으로 봉사할 것이다. 어깨에 띠를 두르고 복도를 걸어가는 그들의 모습은 매우 위엄 있어 보인다. 또 그들 중 일부는 설교자들로서 설교단에 선다. 성경본문을 읽고 목소리를 가다듬고 말씀을 선포한다. "정말 훌륭한 설교야!"라고 말하는 교인들은 설교자와 악수하면서 "은혜 많이 받았습니다"라고 인사한 후에 집으로 돌아간다. 그러나 그다음 날 그들의 비즈니스 윤리는 달라지지 않는다. 목회자가 언어 게임을 하면서 즐거움을 느끼기 때문이다.

우리는 문제를 만들어놓고 그것을 해결한다. 우리가 공을 던질 때, 방망이를 가진 어떤 사람이 그것을 친다. 게임이 끝나고 우리는 이렇게 말한다.

"여러분, 우리 교회가 성장하고 있습니다. 우리 교회는 이 도시에서 이름이 알려졌습니다. 우리 교회가 정말 큰 교회가 아님니까? 우리가 더욱 좋은 모습으로 보일 수 있는 방법을 연구해봅시다."

나는 종교적 언어 게임에 전혀 관심이 없다. 누군가 진실이 없는 껍데기로 나를 속이려 한다 할지라도 나는 속지 않을 것이다. 누군가 진심이 없이 내게 다가와 내 비위를 맞추려 한다면, 나는 그것을 거부할 것이다. 누군가 예의를 지킨다는 명목으로 내게 거짓말을 한다면, 나는 속지 않을 것이다. 누군가 내가 믿지도 않는 가치를 위해 기부금을 내라고 하면, 나는 내지 않을 것이다. 누군가 내게 찾아와 다른 어떤 이의 권위를 내세우며 다른 종교를 믿으라고 하면, 나는 단호히 거부할 것이다.

예수 그리스도께서 나를 변화시키실 수 없다면, 내가 믿는 기독교가 진리가 아니라면, 내가 직면한 문제가 허상(虛像)의 문제라면, 그것이 천국과 지옥과 죽음과 무덤에 관련된 문제가 아니라면, 나는 그런 문제에 시간을 낭비하지 않을 것이다. 어떤 설교자가 감언이설(甘言利說)로 내 마음을 편하게 해주려 하거나 존재하지도 않는 문제를 가지고 게임이나 하려고 한다면, 나는 그의 설교를 듣느니 차라리 밖으로 나가 산책하며 새들의 노랫소리를 듣겠다. 그런데 유감스럽게도 오늘날 종교적 언어 게임을 하는 사람들이 너무나 많다.

종교적 언어 게임을 하는 사람들은 자기들이 근본적으로 바뀌었다고 생각하지만, 그들의 삶은 여전히 과거의 원리에 의해 돌아간다. 어떤 사람이 교회에 와서 "나는 그리스도인입니다. 이 교회에 다니고 싶습니다"라고 말하지만, 그의 자연적 욕구는 과거와 달라진 것이 없고 단지 약간 세련된 형태로 나타날 뿐이다. 그의 자기중심주의는 사라지지 않고 전보다 덜 거칠게 나타날 뿐이다. 자기중심적인 사람이 대학 교육을 받고 세련된 사람이 되는 것은 가능하다. 이런 사람은 자기가 그런 사람이라는 것을 감추는 데 매우 능숙하다. 그가 기독교 신앙을 가짐으로써 더욱 세련된 형태를 취하는 것도 가능하다. 그에게 주님의 말씀이 임했지만 능력으로 임한 것은 아니다. 그의 기독교 신앙은 그의 자기중심주의를 좀 더 매끄럽고 보기 좋게 만들 뿐이다.

종교적 언어 게임을 하는 사람은 이기심을 그대로 가지고 있다. 그는 전과 달라지지 않았으며, 단지 자신의 이기심을 매끄럽게 다듬었을 뿐이다. 전에 그랬듯이 지금도 게임을 좋아한다. 돈이 들어오기를 학수고대하다가, 돈이 들어오면 그중에서 조금 떼어 주께 드리고 그것에 대한 소득공제 혜택을 받는다. 그리고 그는 스스로를 성도라고 말한다. 그러나 이런 것은 죄인들도 하는 것이다.

문제의 원인은 삶의 뿌리가 바뀌지 않는다는 데 있다. 삶의 뿌리가 바뀌지 않기 때문에 우리는 빈사 상태에 있다. 항상 그 수준에 머물러 있다. 과거에 성경책이나 찬송가를 팔에 끼고 다녔지만 변화가 없었다. 지금도 변화가 없기에 늘 동일한 뿌리에서 성장하고 있다. 이런 이유 때문에 그리스도인들이 대개 열매 없는 삶을 산다.

사탄은 허튼짓을 하지 않는다. 그는 장난치지 않는다. 반면 그리스도인들은 종종 장난친다. 그리스도인들은 언어 게임을 하지만, 사탄은 그렇지 않다. 그러나 복음이 능력으로 임하면, 우리는 언어 게임을 하지 않는다. 우리가 하나님의 교회 안에서 언어 게임을 할 때, 하나님은 속지 않으신다. 우리가 말씀이나 노래나 설교나 책을 가지고 장난친다 할지라도 하나님은 결코 그것에 속지 않으신다.

어떤 사람이 거듭날 때 그에게 무슨 일이 일어나는가? 복음주의 교파에서 '거듭남'이라는 표현을 사용한다. 우리는 이 표현을 너무 많이 사용해서 이 말에 무감각해졌다. 이 말의 의미는 1914년에 발행된 동전처럼 오래되고 닳았다(1914년에 미국의 지폐가 하나로 통일되었다). 그러나 성경에서 이 말은 펄펄 살아 있는 말이다. 아직 거듭나지 않았다면 당신은 거듭나야 한다. 중생(重生)해야 한다는 말이다. 새로운 피조물이 되어야 한다는 말이다.

거듭남, 중생 그리고 새로운 피조물이 되는 것은 결국 같은 뜻으로 사용되는 말들이다. 사람이 중생하면, 새롭게 되면, 다시 만들어지면, 재창조되면, 새로 태어나면, 위로부터 나면, 거듭나면, 그에게 무슨 일이 일어나는가?

거듭난 사람의 특징

하나님의 말씀이 우리에게 능력으로 임할 때, 종교는 게임이 아니라 진지한 것이 되며, 우리는 게임을 그만하고 전쟁을 하게 될 것이다. 이럴 때 어떤 일이 일어날까?

1. 우선순위가 바뀐다

하나님의 말씀을 능력으로 받은 사람은 외적인 것으로부터 내적인 것으로 우선순위가 바뀐다. 외적인 것에 집착하는 것이 우리의 문제이다.

자동차 제조 회사가 자동차 내부의 버튼 하나를 바꾸면 구식 자동차를 가진 사람들은 기가 팍 죽는다. 그래서 그들은 "내 차가 1년밖에 안 되었지만 웃돈을 주고 새 차로 바꿔야겠다"라고 말한다. 이런 것이 외적인 것에 집착하는 것이다. 외적인 것에 매여 있는 사람은 자기 집이 단독주택인데 친구의 집이 고급 아파트이면, 기필코 고급 아파트로 옮겨야 직성이 풀린다. 그렇게 하기 전까지는 기를 펴고 살지 못한다.

말씀이 능력으로 우리에게 임할 때, 우리는 외적인 것을 보는 사람에서 내적인 것을 보는 사람으로 변한다. 이런 사람의 소망과 관심과 흥미와 목표는 외적인 것이 아니라 내적인 것을 향하게 된다. 이런 사람은 사람들이 만들어낸 것들의 겉모습이 얼마나 공허한지를 깨닫는다.

하나님께서는 "내가 보는 것은 사람과 같지 아니하니 사람은 외모를 보거니와 나 여호와는 중심을 보느니라"(삼상 16:7)라고 말씀하셨다. 새로워진 사람은 영원한 것들의 초월성을 본다. 그는 일시적인 것들이 이 땅에 매일 수밖에 없다는 것을 깨닫는다. 그는 지적(知的)인 것으로는 충분하지 못하다는 것을 알고, 위에 속한 것들의 가치를 깨닫게 된다. 그는 교육을 받을 필요가 없다. 교양을 쌓을 필요가 없다. 그는 새롭게 태어난 것이다. 성령께서 거듭나게 하실 때, 그는 이것을 깨달았다. 성령께서는 그의 관심을 새로운 영역, 즉 하나님나라로 향하게 하신다. 그의 사랑의 대상은 자신에게서 하나님께로 바뀐다. 그는 하나님을 높이며 살게 된다. 전에 그는 이를 악물고 자신의 명예를 위해 살았지만, 이제는 하나님의 영광을 위해 산다. 전에는 사회에서 사람들에게 인정받기를 갈망했지만, 이제는 그렇지 않다. 그는 전능하신 하나님께 인정받기를 갈망한다.

자연적 인간은 많은 사람들에게 인기 있는 사람이 되기를 원한다. 그러나 새로 태어난 사람은 이렇게 말한다.

"나는 사람들이 나에 대해 어떻게 생각하든 신경 쓰지 않는다. 나는 하나님께 인정받기를 원한다. 나는 하나님이 그날에 나에 대해 '이 사람은 내가 사랑하고 기뻐하는 내 자녀이다'라고 말씀해 주시기를 원한다. 하나님과의 관계가 올바르다면 사람들이 벌떼처럼 달려들어 나를 공격한다 할지라도 이겨낼 수 있을 것이다."

2. 주인의 자세에서 청지기의 자세로 바뀐다

거듭난 사람의 또 다른 특징은 이 땅의 재물에 대한 태도가 완전히 바뀐다는 것이다. 이런 사람은 자기가 재물의 소유주라고 생각하지 않는다. 그는 자기가 일시적으로 재물을 맡았다고 느낀다.

이럴 때 삶에서 큰 변화가 일어난다. 그렇다고 해서 우리가 재물을 적게 소유하게 된다는 말은 아니다. 재물에 대한 우리의 태도가 바뀐다는 말이다. 어떤 그리스도인들은 하나님의 뜻을 오해한다. 그들은 자기들이 재물의 소유주라고 생각한다. 그리고 재물의 일부를 하나님께 드리면서 "이것으로 나는 하나님을 섬겼다"라고 말한다. 물론 어떤 의미에서 그들은 하나님을 섬긴 것이다. 하지만 그들과 다른 사람들이 있다. 이 사람들은 복을 받았지만, 그들과 다른 관점을 가지고 있다. 이 사람들은 하나님께 이렇게 말씀드린다.

"오, 하나님! 저는 재물의 소유주가 아니라 재물을 맡은 청지기입니다. 제가 맡은 재물은 모두 하나님의 것입니다. 저는 하나님을 섬깁니다. 제 것의 일부를 하나님께 드리는 것이 아니라 본래 하나님의 것을 돌려 드립니다. 하나님은 제가 가족과 사업장을 돌볼 수 있도록 충분한 재물을 저에게 주셨습니다."

이것은 단지 달라진 태도가 아니다. 이것만이 올바른 태도이다. 우리가 재물의 주인이라고 착각할 때, 재물은 우리에게 저주스러운 것이 되고 만다. 우리가 재물의 소유주가 아니라는 것을 깨달을 때, 재물을 온전히 하나님께 드릴 수 있다. 이런 일은 우리가 그리스도인이 될 때에야 비로소 가능하다.

3. 새로운 원리에 따라 살아간다

거듭난 사람에게서 볼 수 있는 또 다른 중요한 변화는 그가 새로운 원리를 받아들여 그것에 따라 살아간다는 것이다. 나는 오늘날 이 땅을 향한 성경적 기준이 해이해진 것을 통탄한다. 선교사들은 선교지에 가서 세상의 잘못된 기준에 대항하여 싸우기보다는 그것에 타협하며 살고 있다.

옛날에는 선교사들이 부인 아홉 명을 가진 추장을 만나면 그에게 "첫 번째 부인만을 남기고 모두 내보내십시오"라고 말했다. 그러나 지금의 선교사들은 문화가 다르다는 주장을 내세우며 "일부다처제는 그들의 풍습입니다. 우리는 우리 문화를 그들에게 강요해서는 안 됩니다"라고 말한다. 명백한 간음 행위가 지금은 정당화되고 있는 것이다. 심리학자, 정신과 의사, 사회학자 그리고 교수라는 사람들은 죄를 미화하고 그것을 죄가 아니라고 주장하면서 "문화가 다른 것이므로 문제 삼을 필요 없다"라고 말한다.

분명히 말하지만, 소돔의 문화도 우리의 문화와 달랐다. 소돔 사람들은 낯선 사람들이 오자, 롯에게 "오늘 밤에 네게 온 사람들이 어디 있느냐 이끌어 내라 우리가 그들을 상관하리라"(창 19:5)라고 말했다. 하나님의 사자(使者)들은 무리가 있는 곳을 쳤고 손을 내밀어 롯을 집 안으로 끌어들이며 "이 사람들을 우리가 처리하겠다"라고 말했다. 결국 불이 하늘로부터 소돔에 내려 그곳을 잿더미로 만들어버렸다.

만일 복음이 사람을 변화시키고 그의 악(惡)을 제거하지 못한다면, 그는 복음을 능력으로 받은 것이 아니다. 복음은 변하게 하는 능력이다. 이런 능력이 나타나지 않는 사람들은 "살았다 하는 이름은 가졌으나 죽은 자"(계 3:1)이다.

캘리포니아 주(州)에 사는 어떤 조직폭력배가 빌리 그레이엄 목사의 집회에 대한 소식을 듣고 그곳에 참석하기로 마음먹었다. 그는 복음에 대한 관심을 나타냈고 심지어 빌리 그레이엄 목사와 대화를 나누기도 했다. 결국 그레이엄 목사는 그에게 "당신의 마음을 예수 그리스도께 드리려고 한다면 변화가 있어야 합니다"라고 말했다.

그는 "그렇다면 제가 유대교를 포기해야 합니까?"라고 물었다.

그레이엄 목사는 "당신은 그리스도인이 되어야 합니다"라고 대답했다.

그는 화를 내며 자리를 박차고 일어나 가버렸고 다시는 모습을 보이지 않았다. 자기의 종교를 버리고 그리스도를 택하고 싶은 마음이 그에게 없었던 것이다.

이런 이야기를 듣고 혹자는 "그런 사람에게 '당신의 종교를 버릴 필요는 없습니다. 그냥 예수 그리스도를 믿으면 됩니다'라고 말하면 될 것 아닙니까?"라고 말할지 모르겠다. 분명히 말하지만, 그레이엄 목사는 그런 식으로 말하지 않았다. 그레이엄 목사는 친구가 될 수도 있는 사람을 원수로 만들었고, 성경의 원칙을 지켰다. 적당히 타협하지 않았다.

새롭게 태어난 사람은 새로운 원리에 따라 살아간다. 이런 사람은 정신과 의사, 심리학자, 사회학자 또는 인류학자에게 가서 "예수님의 산상수훈에 대해 어떻게 생각하십니까?"라고 묻지 않는다.

옛날 그리스에 한 철학자가 있었는데, 그의 주변에 많은 젊은이들이 몰려들었다고 한다. 그가 어떤 문제에 대한 견해를 언급하면 젊은이들은 그것을 곧 진리로 받아들였다. 그의 말에 대해 더 이상 왈가왈부하는 일이 없었다. 당시의 젊은이들은 그 철학자를 절대적으로 신뢰했던 것이다. 내가 젊었을 때 내게는 그런 철학자가 없었다. 그러나 지금 내게는 내가 절대적으로 신뢰하는 분이 계신다.

"천사가 대답하여 이르되 성령이 네게 임하시고 지극히 높으신 이의 능력이 너를 덮으시리니 이러므로 나실 바 거룩한 이는 하나님의 아들이라 일컬어지리라"(눅 1:35).

하나님의 아들! 그분이 바로 내가 절대적으로 신뢰하는 분이시다.

나는 예수 그리스도를 신뢰할 수 있다. 주님의 기준이 나의 원리이다. 주님은 "… 것을 너희가 들었으나 나는 너희에게 이르노니 …"(마 5:21,22)라고 말씀하셨다. 주님이 말씀하시는 것이 곧 우리의 새로운 원리이다. 우리는 쇼펜하우어(Schopenhauer, 1788~1860. 독일의 철학자)에게 가서 예수님의 말씀에 대한 그의 견해를 물을 필요가 없다. 나는 이 형편없는 사람이 주님의 말씀을 어떻게 생각했는지 상관하지 않는다. 또한 나는 플라톤이 주님의 말씀에 대해 무엇이라고 말했는지 궁금하지 않다.

예수 그리스도는 나를 구원하는 분이시다. 예수님은 나를 변화시키는 분이시다. 손에 피를 흘리며 서 계신 예수님은 내게 간곡히 말씀하신다. 예수님은 나를 죽은 자들로부터 다시 살리시는 분이다. 예수님은 천국에서 나의 변호인으로, 사랑의 보좌 곁에서 나의 구주(救主)로 서 계실 분이다.

주께 모든 것을 바쳐라!

그리스도인은 "예수님이 그렇게 말씀하셨습니까? 그분이 말씀하셨다면 제가 순종하겠습니다"라고 말하지 않는다. 그들은 매사에 주님의 말씀에 따라 산다. 단지 공적인 생활만을 그렇게 하는 것이 아니라 사적인 생활에서도 그렇게 한다. 거듭난 사람이라면 어떤 대가를 치르더라도 자기 십자가를 지고 주님을 따른다. 필요하다면 재물을 바치고 고통을 감수하고 심지어 생명까지바친다.

우리는 위험한 착각에 빠질 수 있다. "살았다 하는 이름은 가졌으나 죽은 자"(계 3:1)가 너무 많다. 이런 사람들이 자유주의자라고 착각하지 말라. 자유주의자들은 "살았다 하는 이름"조차 없다. 자유주의자들은 우리에게 "나는 당신들이 믿는 것을 믿지 않습니다. 선하게 살고 애정을 키워서 이웃을 사랑하고 친절을 베풀면 아무 문제가 없을 것입니다"라고 말한다.

분명히 말하지만, 나는 지금 자유주의자들에 대해 말하는 것이 아니다. 나는 그리스도인이라고 일컬어지지만 복음을 오직 말로만 받아들인 사람들에 대해 말하는 것이다. 그들에게서 복음의 열매가 나타나지 않기 때문에 나는 그들이 복음을 말로만 받아들였다고 말하는 것이다.

자기가 명목상의 그리스도인이라고 생각하는 사람들은 거의 없을 것이다. 하지만 지금이라도 자기 마음을 잘 살피면 큰 유익을 얻을 수 있다. 진정으로 안전한 길은 복음의 능력에 복종하는 것이다. 예수 그리스도의 말씀을 당신의 삶에 적용하는 것이다. 집에서, 직장에서, 물질생활에서, 개인 생활에서, 남이 못 보는 은밀한 장소에서 주님의 말씀을 적용하는 것이다. 당신 삶의 모든 부분을 주께 드려라. 당신 삶의 어떤 부분도 사탄에게 주지 말라. 우표처럼 작은 부분이라 할지라도 말이다. 주께 모든 것을 바쳐라! 모든 것을!

혹시 당신은 내게 "주님의 말씀을 따르려면 직장을 포기해야 합니다"라고 말할지도 모르겠다. 걱정하지 말라. 하나님께서 다른 직장을 주실 것이다. "내가 어려서부터 늙기까지 의인이 버림을 당하거나 그의 자손이 걸식함을 보지 못하였도다"(시 37:25)라는 시편기자의 말을 기억하라.

또 어떤 사람은 "내가 그리스도를 따르려면 감옥에 가야 합니다"라고 말할지도 모르겠다. 걱정하지 말라. 감옥에 가서 바울과 실라처럼 하나님을 찬송하라.

"주님의 말씀대로 살려면 재물을 잃어버릴 것입니다"라고 말하는 사람이 있는가? 과감히 재물을 포기하라. 두려움과 의심과 영적인 흠(欠)을 갖고 부유층 동네의 저택에서 사는 것보다는 셋집에서 가난하게 사는 것이 더 낫다. "살았다 하는 이름은 가졌으나 죽은 자"(계 3:1)로서 떳떳하지 못하게 사는 것보다 잘못을 털어놓고 빚진 것 없이 깨끗하고 정직하게 사는 것이 훨씬 더 낫다.

말씀이 능력 없이 우리에게 임할 때, 우리는 "살았다 하는 이름은 가졌으나 죽은 자"가 된다. 그러나 말씀이 거듭나게 하는 능력으로 우리에게 임할 때, 말씀은 옛것을 새롭게 하고 우리를 세상의 모범으로 바꾸어준다. 당신은 어떤 경우를 원하는가?

다음은 찰스 웨슬리가 지은 '내가 십자가를 알게 되다니 …'라는 찬송가이다.

나 같은 사람이 구주(救主)의 보혈을 알게 되다니!

주께서 나를 위해 돌아가셨습니까?

누가 주께 고통을 안겨 드렸습니까?

주께서 나를 위해 돌아가셨습니까?

누가 주님을 죽음으로 몰고 갔습니까?

오, 놀라운 사랑!

나의 하나님이 나를 위해 돌아가시다니 ….

어찌 그럴 수 있습니까?

죽을 수 없는 분이 돌아가시다니 ….

오, 풀 수 없는 신비여!

하나님의 기이한 계획을 누가 다 헤아릴 수 있습니까?

제일 먼저 태어난 스랍이

하나님의 사랑의 깊이를 재려고 했으나 실패했습니다.

오, 측량할 수 없는 자비여!

땅이여, 찬양하라!

천사들이여, 더 이상 묻지 말라!

주께서 하늘 아버지의 보좌를 떠나셨습니다.

주님의 은혜는 거저 주시는 무한한 은혜입니다.

주님은 자기 속에 사랑만을 남기고 온전히 비우셨습니다.

힘없는 아담의 후손을 위해 피를 흘리셨습니다.

주님의 은혜는 거저 주시는 한없는 은혜입니다.

오, 주님! 주께서 은혜 가운데 저를 찾으셨나이다.

나의 영(靈)은 오랜 세월 동안 감옥에 갇혀 있었습니다.

죄와 어둠에 단단히 묶여 있었습니다.

그러나 소생케 하는 빛이 주님의 눈에서 퍼져 나왔습니다.

저는 깨어났고, 지하 감옥은 빛으로 가득했습니다.

나를 묶은 쇠사슬이 끊어졌고, 내 마음이 자유를 얻었습니다.

나는 일어나 밖으로 나와 주님을 따랐습니다.

이제 나는 정죄(定罪)를 두려워하지 않습니다.

예수님과 그분의 모든 것이 내 것이기 때문입니다.

나의 머리가 되시는 분 안에서 나는 살아 있습니다.

이제 거룩한 옷을 입고 담대히 영원한 보좌 앞으로 나아갑니다.

그리고 나의 구주 그리스도를 의지하여 면류관을 취합니다.

(합창)

오, 놀라운 사랑!

나의 하나님이 나를 위해 돌아가시다니 ….

어찌 그럴 수 있습니까?

6

하나님의 나라는 말에 있지 않고 성령의 능력에 있다

하나님의 나라는 능력에 있다. 그 나라의 본질은 능력이다.
"성경대로 그리스도께서 우리 죄를 위해 죽으셨다"라고 말하고 마는 것은 복음이 아니다.
성령께서 이 말에 의미와 능력을 실어주실 때, 그것이 바로 복음이다. 성령의 활동이 없는 말은 아무 효과가 없다.

"하나님의 나라는 말에 있지 아니하고 오직 능력에 있음이라"(고전 4:20).

바울은 사도로서의 권위를 주님으로부터 받았다. 거기에는 몇 가지 이유가 있는데, 그중 가장 큰 이유는 그를 통해 교회의 진리를 세우시기 위함이었다. 그는 하나님에게서 직접 계시를 받았는데, 그것은 주님이 제자들에게 말씀하신 방법 그대로였다. 예수님은 제자들에게 이렇게 말씀하셨다.

"내가 아직도 너희에게 이를 것이 많으나 지금은 너희가 감당하지 못하리라 그러나 진리의 성령이 오시면 그가 너희를 모든 진리 가운데로 인도하시리니 그가 스스로 말하지 않고 오직 들은 것을 말하며 장래 일을 너희에게 알리시리라"(요 16:12,13).

아나니아가 바울을 위해 기도할 때 바울은 이 말씀과 동일한 성령으로 충만해졌다(행 9:17 참조). 그런 다음 주님은 교회의 체계를 세우고 교회를 위한 모범을 보여야 할 사명을 바울에게 주셨다. 사도들 중 가장 중요한 사도라고 할 수 있는 바울은 그리스도인의 길이 어떤 것인지를 모범을 통해 보여야 했다. 바울은 "이로 말미암아 내가 주 안에서 내 사랑하고 신실한 아들 디모데를 너희에게 보내었으니 그가 너희로 하여금 그리스도 예수 안에서 나의 행사 곧 내가 각처 각 교회에서 가르치는 것을 생각나게 하리라"(고전 4:17)라고 말했다.

이때 바울의 권위에 도전하는 사람들이 있었다. 분파주의자(分派主義者)인 그들은 바울이 주님을 본 적이 없기 때문에 사도가 아니라고 주장했다. 그들의 주장에 따르면, 다른 사도들은 주님과 동행했지만 바울은 그렇지 않았을 뿐만 아니라 주님의 부활 후에 나타났다. 그러나 그들은 "만삭되지 못하여 난 자 같은"(고전 15:8) 바울이 주님의 환상을 보았다는 사실을 간과했다. 교회를 분열시키던 이 분파주의자들은 자기들의 권위를 세우기 위해 바울의 권위를 부정했던 것이다. 그러나 바울 개인에 관한 한, 이것은 중요하지 않았다. 바울은 "너희에게나 다른 사람에게나 판단받는 것이 내게는 매우 작은 일이라 나도 나를 판단하지 아니하노니"(고전 4:3)라고 말했다.

바울은 계속하여 "내가 자책할 아무것도 깨닫지 못하나 … 다만 나를 심판하실 이는 주시니라"(고전 4:4)라고 말했다. 그러나 그는 영향력을 발휘하려면 자신의 권위를 세워야 한다는 것을 알았다. 그래서 그는 문제를 해결하기 위해 디모데를 보냈고, 그들에게 "내가 이미 말하였거니와 지금 떠나 있으나 두 번째 대면하였을 때와 같이 전에 죄 지은 자들과 그 남은 모든 사람에게 미리 말하노니 내가 다시 가면 용서하지 아니하리라"(고후 13:2)라고 경고했다. 바울은 이 분파주의자들, 즉 이 교만한 자들의 뜻대로 끌려다니지 않았다. 바울 시대에 일어났던 일이 지금도 일어나는 것을 보면 "해 아래 새것이 없다"라는 말이 꼭 들어맞는다.

우리 중 너무나 많은 사람들이 "이런 일을 겪는 것은 내가 처음이다"라고 말하는 경향이 있다. 자기들이 원조(元祖)라는 것이다. 그런데 원조가 있다면 그것은 오직 아담뿐이다. 당신은 "저렇게 교만한 사람을 겪어보는 것은 내가 처음이다"라고 말하고 싶은가? 그렇다면 사도 바울이 "어떤 이들은 내가 너희에게 나아가지 아니할 것같이 스스로 교만하여졌으나 주께서 허락하시면 내가 너희에게 속히 나아가서 교만한 자들의 말이 아니라 오직 그 능력을 알아보겠으니"(고전 4:18,19)라고 말했다는 것을 기억하라.

형식은 본질이 아니다

여기서 내가 특히 강조하고 싶은 것은 이것이다. 즉, 하나님의 나라가 말(言)에 있지 않다는 것이다. 나는 이 사실을 오늘날의 교회에 선포하는 소수의 사람들 중 하나이다. 이 사실을 깨닫는 사람들은 많지 않고 오히려 소수이다. 말은 사실을 표현하는 형식일 뿐이다. 말은 사실을 전달하는 외적 형식이지 내적 본질이 아니다. 말은 부수적인 것에 지나지 않는다.

내가 교인들에게 이렇게 말했다고 가정해보자.

"스웨덴어를 할 줄 아는 사람은 스웨덴어로 된 신약성경을 다음 주일에 가져오십시오. 독일어를 할 줄 아는 사람은 독일어로 된 신약성경을 다음 주에 가져오십시오. 노르웨이어를 할 줄 아는 사람도 마찬가지입니다."

이런 식으로 해서 사람들이 6개 나라의 말로 된 신약성경을 교회로 가져왔다. 각기 다른 언어로 된 성경을 들고 있는 사람들에게 내가 "고린도전서 4장을 읽어보십시오"라고 말한다. 그러면 고린도전서 4장이 6개의 서로 다른 언어로 들릴 것인데, 그때 우리는 언어들에 담긴 내용이 중요하지 언어 자체가 중요한 것은 아니라는 점을 깨닫게 될 것이다. 말은 서로 다르지만, 그 속에 담긴 의미는 동일하다. 6개의 서로 다른 민족이 그들 각자의 언어에 영적 의미를 담은 것이다. 그들의 언어는 서로 다르다(어떤 점에서는 비슷하겠지만).

하나님의 나라는 말에 있지 않다. 말은 단지 부수적인 것이기 때문에 결코 근본적인 것이 될 수 없다. 복음주의가 근본적인 의미를 강조하는 대신 말을 강조하기 시작할 때, 복음주의는 내리

막길을 걷기 시작한다.

진리는 알맹이다. 그런데 진리가 말이라는 껍데기 안에 들어 있을 수 있다. 마치 호두 알맹이가 호두 껍데기 속에 들어 있듯이 말이다. 그러나 껍데기는 알맹이가 아니고 알맹이는 껍데기가 아니다. 진리가 말이라는 껍데기 안에 들어 있지만, 때로는 그 껍데기를 벗어버리기도 한다. 껍데기를 알맹이로 착각하여 붙들고 하나님나라를 말 안에 집어넣을 때 이단이 생긴다. 올바른 말을 가지면 알맹이를 가진 것이라고 착각할 때, 말의 체계를 더 좋게 만들면 진리를 더 잘 아는 것이라고 착각할 때, 이단이 생긴다. 말이 번지르르하다고 해서 반드시 거기에 진리가 더 많이 담긴 것은 아니다.

심지어 말은 선하고 정직한 그리스도인들조차 속인다. 그들은 특정한 말을 자꾸 중얼거리면 신비한 힘이 생긴다고 믿는다. 다시 말해서, 특정한 말을 자꾸 중얼거리면 사탄이 두려움을 느껴 도망갈 것이라고 믿는다. 그러나 사탄은 말을 두려워하지 않는다. 창조된 옛적 지혜의 화신(化身)인 사탄, 완전한 미(美)와 능력의 충만을 소유한 사탄, 기민함과 지적 능력을 통해 힘을 발휘하는 사탄, 이런 사탄은 우리의 말과 몸짓과 상징을 두려워할 만큼 어리석지 않다.

사탄을 쫓아버리기 위해 내가 목에 쇠사슬을 감거나 얼굴 앞에서 손가락으로 여러 가지 동작을 만들어본다면 어떻게 될까? 사탄이 도망갈까? 팔을 절단하는 수술을 받은 사람은 사탄이 쫓아오면 어떻게 해야 하는가? 그는 성호(聖號)를 그을 수 없지 않은가? 분명히 말하지만, 사탄은 말이나 상징을 두려워하지 않는다. 당신 주변에 개신교 상징이든 가톨릭 상징이든 유대교 상징이든 상징들을 잔뜩 가져다 놓는다 할지라도 그것들은 전혀 도움이 되지 않을 것이다. 왜냐하면 사탄은 상징을 두려워하지 않기 때문이다. 그는 상징을 두려워할 만큼 어리석지 않다.

당신은 가면을 무서워하는 어린아이를 본 적이 있는가? 당신이 가면을 쓰면 어린아이가 보고 비명을 지르며 도망갈 것이다. 그러나 만일 당신의 16살 된 아이가 가면을 보고 도망간다면, 당신은 당신의 아이를 부끄러워해야 할 것이다. 나이를 먹으면 가면이 아무것도 아니라는 사실을 알게 되는 것이 당연하기 때문이다.

이처럼 말(言)은 아무것도 아니다. 그런데 우리는 어떤 말에 선(善)을 이루는 능력이 있다고 믿는다. 우리가 어떤 말을 자꾸 중얼거릴 때, 거기서 사탄을 쫓아내는 능력이 발휘된다고 믿는다. 우리는 그런 말을 중얼거리지 않으면 나쁜 일을 당하게 되고, 그런 말을 중얼거리면 아무 문제가 생기지 않을 것이라 믿는다. 그러나 이런 믿음은 겉모양만 바꾼 이교(異敎)이다. 다시 말해서, 기독교로 포장된 이교이다.

헬라인들은 웅변을 좋아했다. 그들은 멋진 표현을 좋아해서 그런 표현이 들어간 글을 많이 썼다. 바울은 "너희 헬라인들은 멋진 말을 좋아한다"라고 말했다. 그러나 바울은 또 이렇게 말했다.

"내가 너희 중에서 예수 그리스도와 그가 십자가에 못 박히신 것 외에는 아무것도 알지 아니하기로 작정하였음이라 내가 너희 가운데 거할 때에 약하고 두려워하고 심히 떨었노라 내 말과 내 전도함이 설득력 있는 지혜의 말로 하지 아니하고 다만 성령의 나타나심과 능력으로 하여 너희 믿음이 사람의 지혜에 있지 아니하고 다만 하나님의 능력에 있게 하려 하였노라"(고전 2:2-5).

우리는 말을 주문(呪文)처럼 사용하려는 태도를 버려야 한다. 이런 태도는 미신적인 것이지 기독교적인 것은 아니다. 이런 미신적 태도를 버릴 때, 어떤 사람들은 자기들이 무장해제를 당했다고 느낄 것이다. 물론 일시적으로는 그런 느낌이 들겠지만, 그들은 그것을 이겨내야 한다. 왜냐하면 미신적 갑옷을 벗어버릴 때에야 비로소 주께서 진리의 갑옷을 입혀주시기 때문이다.

성령의 능력

하나님의 나라는 능력에 있다. 그 나라의 본질은 능력이다. "성경대로 그리스도께서 우리 죄를 위해 죽으셨다"라고 말하고 마는 것은 복음이 아니다. 성령께서 이 말에 의미와 능력을 실어주실 때, 그것이 바로 복음이다. 성령의 활동이 없는 말은 아무 효과가 없다.

어떤 교회들은 그들의 젊은이들에게 어려서부터 교리문답을 가르친다. 그들에게 교리를 철저히 가르치기 때문에 그들은 진리의 말을 아주 잘 안다. 그러나 그들에게는 도무지 거듭남의 역사가 일어나지 않는다. 한 세대의 젊은이들이 교리문답과 교리를 배우고 율법뿐만 아니라 복음을 줄줄 외워도 그들에게는 거듭남의 역사가 일어나지 않는다. 그들은 거듭남이라는 놀라운 사건에 도달하지 못한다. 그 이유가 무엇일까? 그것은 능력이 말에 있다고 배웠기 때문이다. 말만 가지면 문제가 해결된다고 배웠기 때문이다.

바울은 "하나님의 나라는 말에 있지 않다. 하나님의 나라는 말에 내주(內住)하는 능력이 있다. 물론 말이 없으면 능력이 나타나지 않을 것이다. 그런데 불행히 능력이 없는 말만 붙드는 경우가 생길 수도 있다"라는 취지로 말한 것이다. 그렇다. 많은 사람들이 능력이 없는 말만 붙들고 있다.

성령의 능력이 말씀을 통해 활동하는 것이 복음이다. 그리스도께서 성경대로 우리 죄 때문에 죽으시고 살아나셔서 많은 사람들에게 보이신 뒤에 승천하시어 하나님 우편에 앉으사 자신을 믿는 자들의 죄를 용서하신다고 말하는 것은 복음의 껍질이다. 이 껍질 안에 능력이 없다면 생명이 없는 것이다.

바울의 호소는 사람들이 인정한 그의 권위에 근거한 것이 아니었다. 그의 호소는 유창한 말에 근거하지 않았다. 심지어 그의 지위에 근거하지도 않았다. 그는 성령을 통해 나타나는 주님의 능력에 직접 호소했다. 그는 "나는 너희에게 깨달음을 주기 원한다. 내가 디모데를 보낸 것은 너희의 생각을 바로잡기 위함이다. 생명을 주는 것은 성령의 능력이지 인간의 말이 아니다"라는 취지로 말했다.

바울은 부활하신 그리스도의 능력에 호소했다. 복음주의 교회와 그 교인들이 계속적인 기적 속에서 살지 않을 때, 그들은 더 이상 그리스도인이 아니다. 왜냐하면 그리스도인의 삶은 기적 그 자체이기 때문이다. 노아 홍수 때에 노아의 방주는 기적이었다. 노아의 방주는 침몰되지 않고 물에 떠 있었다. 예수님도 기적의 삶을 사셨다. 죄인들 가운데 거하면서 그들과 구별된 삶을 사신 것이 기적이었다. 그리스도의 몸 안에서는 성령의 능력이 역동적으로 활동하여 끊임없이 기적을 만들어낸다. 단지 믿기만 하는 사람은 그리스도인이 아니다. 능력 가운데 믿는 사람이 그리스도인이다.

1. 죄를 드러내는 능력

죄를 드러내는 하나님의 능력은 영적인 능력으로 나타난다. 이것은 죄인의 마음에 죄를 드러내는 능력이다. 인간은 자기가 죄인이라는 사실을 깨달을 때에야 비로소 구원을 받는다. 그런데 협박이나 경고나 교육으로는 그런 깨달음을 얻을 수 없다. 만일 당신이 어떤 사람에게 가서 "당신은 죄인입니다. 당신은 욕을 하고 거짓말을 하고 잘못되었습니다. 당신은 악합니다"라고 말한다면, 그는 씩 웃고 고개를 가로저으며 "나도 내가 그렇게 해서는 안 된다는 것을 잘 압니다. 그렇지만 인간인데 어떻게 그렇게 하지 않을 수 있겠습니까?"라고 대답할 것이다. 이 경우, 당신은 그가 죄인인 것을 스스로 깨닫게 하지 못한 것이다. 당신이 플라톤과 아리스토텔레스와 스펜서(Herbert Spencer, 1820~1903. 영국의 철학자)의 책들 그리고 수많은 윤리 서적의 내용을 그에게 말해주며 그가 완전히 잘못되었다고 논증할지라도 그는 자신이 타락한 죄인인지를 깨닫지 못할 것이다. 당신이 그에게 "당신이 근신하며 행실을 바로잡지 않으면 핵폭탄이 터져 죽을 것이오"라고 협박할지라도 그의 생각을 바꾸지는 못할 것이다. 그는 전혀 깨달음을 얻지 못할 것이다.

예수님은 "그[성령]가 와서 죄에 대하여, 의(義)에 대하여, 심판에 대하여 세상을 책망하시리라"(요 16:8)라고 말씀하셨다. 베드로가 오순절에 말씀을 전할 때 일어난 일에 대해 성경은 "그들이 이 말을 듣고 마음에 '찔려' 베드로와 다른 사도들에게 물어 이르되 형제들아 우리가 어찌할꼬 하거늘"(행 2:37)이라고 기록했다. 여기에 사용된 "찔려"라는 표현은 로마 병사가 예수님의 옆구리를 찔렀다는 기록에 사용된 '찌르다'라는 표현보다 더 깊고 강한 표현이다. 성령의 능력 가운데 베드로의 입에서 나온 말은 예수님의 옆구리를 찔러 피와 물이 나오게 한 로마 병사의 창보다 더 깊이 사람들의 마음을 찔렀다.

성령은 우리의 논쟁의 대상이 될 수 있는 분이 아니시다. 우리는 서로 간에 "당신은 성령에 대해 그렇게 믿고 나는 성령에 대해 이렇게 믿으니 각자 자기 좋은 대로 믿읍시다"라고 말해서는 안 된다. 성령님은 교회에 절대적으로 필요한 분이시다. 성령님 안에는 능력이 있는데, 이 능력은 죄를 드러내고 회심(回心)으로 이끌어 거룩한 사람이 되게 하는 능력이다. 성령님의 능력이 아니라면 그 어떤 것도 이런 일을 이룰 수 없다. 말은 이런 일을 이룰 수 없다. 교육도 이룰 수 없다. 경전을 줄줄 외운다 해도, 귀에 못이 박히게 교훈을 듣는다 해도, 이런 일은 결코 일어나지 않는다. 이런 일이 일어나려면 성령께서 능력으로 일하셔야 한다. 성령님의 능력은 죄를 깨닫게 하고, 설득하고, 인간의 저항을 무력하게 만든다. 또한 성령님의 능력은 경건한 마음으로 예배하며 큰 기쁨을 맛보게 하는 능력이다.

사방에 성상(聖像)을 세워놓고 촛불을 밝히고 스테인드글라스로 꾸미고 목자의 그림을 걸어놓고 제단을 만들어놓은 채 내가 검은색 긴 가운을 입고 나타난다면, 당신은 아마도 경건한 감정을 느낄 것이다. 그러나 아름다운 창문과 상징물이 진정한 경건을 만들어낼 수는 없다(물론 나는 아름다운 창문을 보는 것을 좋아한다). 인간은 하나님을 바라볼 때 경외심을 느끼는데, 이때 생기는 것이 경건이다. 물론 내가 목청을 가다듬어 거룩한 음성으로 말하고 최대한 경건한 모습으로 성직자 티를 낸다면, 당신은 경건한 감정을 느낄 것이다. 그러나 시간이 흐르면 그런 감정은 단지 심리적 현상에 지나지 않는 것이었다고 밝혀질 것이다. 아니면 기껏해야 일시적인 자기도취 정도로 여겨질 것이다.

그러나 초대교회에 성령께서 임하실 때, 죄인들은 단지 공동체의 교제에 참석한 것이 아니라 엎드려 "하나님께서 참으로 이곳에 계시다!"라고 고백했다. 말씀이 능력으로 임할 때, 그 말씀은 우리에게 경건한 마음과 큰 기쁨을 불어넣는다. 그러므로 능력의 말씀이 우리로 하여금 참된 예배를 드리게 한다.

2. 그리스도를 높이는 능력

성령의 능력은 우리를 그리스도께 이끌고, 우리로 하여금 다른 무엇보다도 하나님을 높이게 하는 능력이다. 물론 우리는 올바른 교리를 붙들어야 하지만, 단지 그런 수준에 머물러서는 안 된다. 올바른 삶을 살아야 하지만 그것만으로는 부족하다. 친절하고 우호적인 분위기를 만들어내야 하겠지만, 역시 그것만으로는 부족하다. 우리는 하나님의 말씀을 능력으로 전해야 하고, 또 그 말씀을 능력 가운데 들어야 한다.

사도 바울은 데살로니가전서에서 "이는 우리 복음이 너희에게 말로만 이른 것이 아니라 또한 능력과 성령과 큰 확신으로 된 것임이라 우리가 너희 가운데서 너희를 위하여 어떤 사람이 된 것은 너희가 아는 바와 같으니라"(살전 1:5)라고 말했다. 말씀을 능력으로 전하고 또 능력 가운데 들을 때, 성령의 능력이 나타나면 하나님의 목적이 이루어진다. 다시 말해서, 거룩한 사람들은 더 거룩해지고 죄가 씻김 받고 구속(救贖) 사역이 성취된다.

그런데 이렇게 되려면 소위 옛날 방식으로 돌아가야 한다. 내가 말하는 옛날 방식은 기도와 믿음과 순종이다. 내가 볼 때, 다른 방법은 없다. 하나님의 사람으로서 당신은 말씀을 능력 가운데 들어야 할 영적 권리가 있다. 만일 말씀이 능력 가운데 선포되지 않는다면, 당신은 설교자에게 왜 그렇게 되지 않는지 물어볼 수 있다. 설교자가 교훈과 훈계의 말씀을 전하지만 그 속에서 하나님의 능력이 나타나지 않는다면, 당신은 그에게 그 이유를 물어볼 수 있다. 만일 설교자가 하나님 앞에서 떳떳한 답변을 내놓지 못한다면, 당신은 능력 가운데 말씀을 전하는 설교자를 세워 달라고 요구할 수 있다.

반면, 설교단에 선 사람은 회중에게 "여러분은 능력 가운데 믿어야 합니다. 하나님의 말씀이 여러분 가운데 능력으로 일할 수 있도록 여러분은 주님과 동행하고 주께 순종하고 많이 기도해야 합니다"라고 요구할 수 있다.

성령 안에서의 교제

교회 안에는 경건한 분위기와 교제의 분위기가 공존하기 때문에 어디까지가 성령에게서 온 것이고 어디까지가 따뜻한 교제에서 나온 것인지 분간하기 힘든 경우들이 많다. 나는 경건한 분위기와 교제의 분위기가 교회에 모두 있어야 한다고, 또 있을 수 있다고 생각한다. 초대교회 교인들이 서로 만나 떡을 뗄 때, 그들은 영적으로 교류할 뿐만 아니라 교인들 간의 교제를 맛보았다. 그러므로 이 두 가지 중 한 가지만을 선택해야 할 이유는 없다. 교인들 간의 따뜻한 교제가 성령의 임재로 말미암아 더욱 뜨거워지는 것을 반대할 이유는 없다. 우리가 모여 악수하고 찬송가를 부르고 기도하고 대화를 나눌 때, 성령께서 임하시면 우리는 영적 교류와 성도의 교제를 함께 맛보는 것이다. 다시 말해서, 성도 간 연합의 기쁨과 성령 안에서의 교제를 함께 맛보는 것이다.

우리는 이 두 가지 중 어느 것도 잃어버리지 않도록 조심해야한다. 연합과 교제를 금하거나 무너뜨리는 것은 성령을 근심하게 만드는 것이다. 왜냐하면 성령님은 우리가 서로 교제하며 친하게 지내는 가운데 서로를 위해 살도록 우리를 지으셨기 때문이다. 우리가 교회 안에서 모일 때뿐만 아니라 교회 밖에서 모일 때에도 공적으로 떡을 뗴는 것이 성령의 뜻이다. 우리가 서로 이름을 부르며 친하게 지내는 것이 성령님의 뜻이다. 이런 성도 간의 교제를 금하고 억압한 교회들은 결국 한쪽으로 치우치거나 광신적인 교회로 변한다.

그러나 우리는 이것도 행하고 저것도 버리지 않도록 조심해야 한다. 물론 우리는 교회에서 교인들 간에 친하게 지내야 한다. 도덕적으로 올바른 교회를 만들어야 한다. 교회에서 올바른 교리를 가르쳐야 한다. 또한 우리는 초빙된 설교자가 설교를 마치고 떠날 때 우리에게 이같이 말할 수 있는 교회를 만들어야 한다.

"내가 말로만 말씀을 전하지 않고 성령 안에서 확신 가운데 능력으로 말씀을 전할 수 있었던 것은 여러분이 능력 가운데 말씀을 들을 수 있는 신자들이었기 때문입니다. 여러분이 그런 신자들이 아니었다면, 내 메시지는 여러분의 귀에 닿기 전에 벌써 땅에 떨어졌을 것입니다."

그렇다! 설교자의 입에서 이런 말이 나와야 한다. 왜냐하면 하나님의 나라는 말에 있지 않고 능력에 있기 때문이다.

다음은 찰스 웨슬리가 쓴 찬송가 '하나님의 크신 사랑'(새찬송가 15장)이다.

하나님의 크신 사랑 하늘에서 내리사
우리 맘에 항상 계셔 온전하게 하소서.
우리 주는 자비하사 사랑 무한하시니
두려워서 떠는 자를 구원하여 주소서.

걱정 근심 많은 자를 성령 감화하시며
복과 은혜 사랑 받아 평안하게 하소서.

첨과 끝이 되신 주님 항상 인도하셔서
마귀 유혹 받는 것을 속히 끊게 하소서.

전능하신 아버지여 주의 능력 주시고
우리 맘에 임하셔서 떠나가지 마소서.
주께 영광 항상 돌려 천사처럼 섬기며
주의 사랑 영영토록 찬송하게 하소서.

우리들이 거듭나서 흠이 없게 하시고
주의 크신 구원받아 온전하게 하소서.
영광에서 영광으로 천국까지 이르러
크신 사랑 감격하여 경배하게 하소서.

7

세상을 닮은 그리스도인인가, 예수를 닮은 그리스도인인가?

육신적 그리스도인은 신앙을 놀이로 바꾸려고 안간힘을 쓴다.
그러나 신령한 그리스도인은 수고하며 애쓰는 삶을 산다.
그들은 세상을 놀이터로 보지 않고 전쟁터로 본다.

"형제들아 내가 신령한 자들을 대함과 같이 너희에게 말할 수 없어서

육신에 속한 자 곧 그리스도 안에서 어린아이들을 대함과 같이 하노라"

(고전 3:1).

어떤 사람들은
"신령한 그리스도인은 빈혈에 걸린 것같이 슬픈 표정을 짓고, 소심하고, 조용히 말하고, 남에게 해를 끼치지 않게 부드럽게 행동하고, 늘 미소 지으며 돌아다닌다. 그는 신령한 의분(義憤)조차 내지 않는다"라고 말한다. 그러나 나는 신령한 그리스도인에 대한 이런 정의(定義)가 성경의 지지를 받지 못한다고 생각한다. 만일 이런 정의가 옳다면 예수님, 세례 요한, 사도 요한 그리고 베드로가 신령했다고 말할 수 없을 것이다.

"형제들아 내가 신령한 자들을 대함과 같이 너희에게 말할 수 없어서 육신에 속한 자 곧 그리스도 안에서 '아기들'을 대함과 같이 하노라"(고전 3:1, 개역개정성경에는 "아기들"이 "어린아이들"로 번역되어 있다 - 역자 주).

육신적 그리스도인은 어떤 사람인가? 육신적 그리스도인은 거듭났지만, 여전히 세상적이고 영적으로 불완전하고 영적 성장이 지체되는 사람이다. 영적 성장이 지체되는 사람들이 실제로 있다. 신체적 또는 정신적 성장이 지체되어 아기의 특징을 보이는 사람들이 있는 것처럼 말이다. 바울은 고린도전서 3장 1절에서 '아기들'이라는 표현을 사용했다. 자세히 말해서, "그리스도 안에 있는 아기들"이라는 뜻으로 사용된 이 표현은 구체적으로 사람들의 이름을 밝히지 않고 익명으로 나타낸 표현이다.

그리스도의 교회 안에는 적어도 네 종류의 사람들이 있다.

첫째, 평균적 교인들이 있다. 이런 사람들은 늘 교회에 나오지만 회심(回心)하지 못한 사람들이다. 그들은 교회에 와서 그리스도인들과 어울리는 것을 좋아하는 것처럼 보인다. 하지만 아직 그들 자신은 사망에서 생명으로 옮겨지지 못했다.

둘째, 그리스도인이 되기 위해 가르침을 받지만 아직 그리스도인이 되지 못한 사람들이다. 이런 사람들이 그리스도인처럼 보이는 것은 교회에서 쓰는 말을 쓰고 교회에서 하는 일을 어느 정도 하기 때문이다. 그들은 사람들에게 자기들이 '그리스도인'이라는 인상을 심어준다. 대개의 경우, 이런 사람들은 교회의 모든 활동을 도맡아서 한다.

셋째, 참된 그리스도인이지만 육신적인 사람들이다. 이런 사람들은 제 몫을 감당할 수 있을 정도로 성장한 그리스도인이 아니다. 그들은 구원받았을 때의 상태에서 조금도 성장하지 않고 그냥 머물러 있다.

그러나 감사하게도 네 번째 종류가 있다. 여기에 속하는 사람들은 참된 그리스도인이면서 또 신령한 사람들이다. 그런데 이런 사람들이 대부분의 교회에서 얼마 안 되는 것처럼 보이는 것은 매우 안타까운 현실이다.

육신적 그리스도인의 특징

이제 나는 육신적 그리스도인에 대해 이야기하려고 한다. 나는 오늘날 교회들에서 가장 큰 무리를 형성하고 있는 것이 바로 육신적 그리스도인들이라고 생각한다. 이런 사람들은 성경의 명백한 교훈에 따르지 않기 때문에 교회의 능력과 영향력을 감소시킨다.

사도 바울은 육신적 그리스도인이 신령한 특징을 보여주지 못한다고 말했다. 만일 어떤 그리스도인에게서 육신적 특징이 나타난다면, 우리는 그를 '신령하지 못한 그리스도인'이라고 볼 수 있다. 이 문제를 이해하는 가장 좋은 방법은, 육신적 그리스도인의 특징을 아기의 특징과 비교해보는 것이다.

1. 자기중심성

육신적 그리스도인을 아기에 비교해보자. 물론 우리가 잘 알듯이, 아기는 우스꽝스러운 행동을 해서 주변 사람들을 재미있게 해준다. 나 자신도 아기를 좋아한다. 우리 집에도 아기들이 있었기 때문에 재미있는 일이 있었다. 그러나 아기에게서 가장 먼저 눈에 띄는 것은 그의 '자기중심성'이다.

아기는 자신의 작은 세계를 가지고 있는데, 여기서 문제는 자기 세계만을 볼 줄 안다는 것이다. 그의 세계는 자기중심적인 세계이다. 그가 볼 때, 엄마와 아빠와 형제와 자매는 그의 작은 세계를 중심으로 존재하는 주변 인물에 불과하다. 그에게는 이런 주변 인물이 하찮게 보인다. 그의 머릿속에는 '내가' 또는 '내 것' 같은 단어들만 가득 차 있다.

사도 바울이 볼 때, 육신적 그리스도인이 바로 이런 아기의 특징을 보였다. 육신적 그리스도인은 자기중심적 존재이기 때문에 자기중심적인 삶을 살아간다.

육신적 그리스도인은 분명 거듭난 사람이다. 그러나 그는 자기중심적인 삶을 살기 때문에 다른 모든 사람이 자신을 중심으로 존재하도록 한다. 그는 다른 사람들이 자신의 필요를 채워줄 때에만 그들에게 의미를 부여한다.

2. 감정의 기복

아기의 또 다른 특징은 감정의 영향을 지나치게 받는다는 것이다. 아기는 자기감정을 중심으로 산다. 감정이 조금만 변해도 생활이 전반적으로 영향을 받는다. 아기는 자신의 환경이 완벽해야 한다고 느끼는데, 그것은 그의 기분을 좋게 해주는 환경을 의미한다. 아기는 조금 전까지만 해도 매우 즐거워하다가 지금은 마치 자기의 세계가 망한 것처럼 울어버린다. 아기에게 객관적 사실을 설명해주어도 아기는 항상 자신의 감정에 따라 판단한다.

사실 감정에 요동하지 않고 객관적 사실에 근거하여 판단하는 것이 정상이다. 그런데 육신적 그리스도인은 감정에 따라 사는 경향을 보인다. 육신적 그리스도인은 무엇보다 교회의 분위기가 자신의 마음에 들어야 한다. 그럴 때에야 비로소 교회에서 즐거움을 느낀다. 교회의 분위기가 자기 마음에 들지 않으면 교회 생활이 즐겁지 않다. 이런 경향이 굳어지면 좀 더 즐겁게 생활할 수 있는 곳으로 교회를 찾아다닌다. 그는 다소간 환경에 속고 그것에 좌우되는 생활을 한다.

아기는 환경에 지배를 당한다. 환경에 조금도 저항하지 않으면서 지배를 당한다. 무엇이 조금만 잘못되어도 밴시(banshee, 켈트족의 전설에 등장하는 여자 유령으로, 가족 중 누군가가 곧 죽게 될 것임을 구슬픈 울음소리로 알린다)처럼 울어댄다. 예를 들어, 손가락이 아프다가 그 통증이 가시고도 한참 후까지 계속 운다. 심지어는 아프다는 사실을 잊어버리고도 계속해서 운다. 이것은 통증에 대한 공포심 때문에 그런 것이다. 또 어떤 때에는 아무 이유도 없이 무척 즐거워하거나 익살스러운 짓을 한다.

나는 내 어린 손녀 주디스(Judith)와 가끔 장난을 친다. 내가 그 아이의 코에 내 코를 대고 무엇이라고 중얼거리면 그 아이도 똑같이 중얼거리며 웃음을 터뜨린다. 그 아이는 이 장난을 아주 좋아한다. 그런데 그 아이가 이 장난을 왜 그토록 재미있어 할까? 내가 볼 때는 재미있어야 할 이유가 없는데, 그 아이는 무척 재미있게 여긴다. 이 장난은 그 아이가 태어나서 이제까지 살았던 짧은 기간 중에 체험한 가장 재미있는 일들 중 하나이다. 지금도 이 장난은 그 아이와 내가 함께 하는 놀이이다. 사실 나로서는 이것이 재미있다고 생각하지 않지만, 그 아이가 재미있어 하는 모습을 보면 무척 즐겁다.

육신적 그리스도인은 이유 없이 풀이 죽어 있기도 하고, 또 이유 없이 즐거워하기도 한다. 그는 자신의 감정과 느낌에 좌우되는 경향을 보이는데, 이것은 그의 신앙이 육신적 단계에 머물러 있기 때문이다. 감정의 기복이 극심한 것이 육신적 그리스도인의 특징이라고 할 수 있다. 그는 너무 쉽게 의기소침해지고, 또 너무 쉽게 의기양양해진다. 울어야 할 이유가 없는데 울고, 웃어야 할 이유가 없는데 웃는다. 이런 사람은 훈련을 잘 받아서 신앙이 성장해야 한다.

3. 외적인 것에 대한 의존성

아기의 세 번째 특징은 외적인 것들에 의존하는 경향을 보이는 것이다. 아기에게는 내면적 삶이 없다. 심리학자들에 따르면, 아기는 지적 능력 없이 태어나서 성장과 더불어 지적 능력이 형성된다고 한다. 심리학자들의 말이 옳은지 그른지 나는 잘 모른다. 아무튼 내가 볼 때, 아기는 지적 능력을 가지고 태어나지만 그 속에 아무것도 가진 것 없이 태어나는 것 같다. 아기에게 밝은색의 딸랑이를 주면, 그는 몇 시간 동안 그것을 가지고 재미있게 놀 것이다. 아기는 조금씩 나이를 먹음에 따라 지적 능력이 발달하지만, 아기에게는 내면적 삶이 없다. 아기는 외적인 것들에 완전히 의존한다.

육신적 그리스도인도 이런 특징을 보인다. 육신적 그리스도인은 눈에 보이는 종교적인 것들에 너무 의존한다. 외적인 것들에 집착한다. 다양하고 화려한 색의 전등, 야릇하거나 아름다운 소리들 그리고 특이한 옷이나 장식 같은 것을 좋아한다. 자신의 유치한 취향을 자극해 만족감을 주는 것들을 좋아한다. 그는 내면적인 것을 싫어하고 자꾸 외적인 것을 찾는다.

우리가 확신할 수 있는 것은 이것이다. 즉, 외적 환경에 영향을 많이 받으며 살수록 그만큼 더 육신적 그리스도인이 된다는 사실이다. 그러나 예수님은 "아버지께 참되게 예배하는 자들은 영(靈)과 진리로 예배할 때가 오나니 곧 이때라 아버지께서는 자기에게 이렇게 예배하는 자들을 찾으시느니라"(요 4:23)라고 말씀하셨다.

외적인 것들에 집착하는 사람은 하나님 아버지를 온전히 예배할 수 없다. 육신적 그리스도인은 딸랑이 같은 종교적 장난감 없이는 예배할 수 없다. 그런 것이 없으면 쉽게 지루해져 예배에 흥미를 잃는다.

그러나 성숙한 그리스도인은 다르다. 외형적으로 초라한 곳에서라도 성숙한 그리스도인은 마음에 성령님을 모시고 예배할 수 있다. 그는 흔들림 없이 하나님을 예배하며 하나님과 교제를 나누며 평안을 맛볼 수 있는데, 그것은 그가 외적인 것들에 의존하지 않기 때문이다.

4. 목적이 없는 삶

아기의 또 다른 특징은 목적이 없다는 것이다. 아기는 공을 보면 무조건 그것을 가지기 원한다. 공이 무엇인지도 모른다. 공을 손에 넣으면 그것으로 무엇을 할지도 모른다. 공을 잡기 어려운 곳에 빨간 공이 놓여 있으면 무조건 손을 뻗어 그것을 가지려고 한다. 아직 기는 법을 배우지 못한 아기가 공을 달라고 울면 부모는 그에게 공을 준다. 그러나 아기는 공을 손에 넣자마자 이내 실망하고 만다. 왜냐하면 공을 가지고 무엇을 하겠다는 생각 없이 무조건 공을 원했기 때문이다. 공을 손에 넣지만, 그것으로 무엇을 이루겠다는 목적이 없다. 아기는 바로 이런 특징을 보인다.

아기는 귀엽다. 세상에서 가장 귀여운 존재이다. 나는 아기가 귀여움을 잃는 것을 원하지 않는다. 하지만 귀여운 아기에게는 아직 삶의 목적이 없다. 그러나 시간이 어느 정도 흐르면, 아기는 기기 시작하고, 말하기 시작하고, 물건을 이리저리 옮기기 시작한다. 그러다가 자기가 의도한 어떤 목적을 이루기 위해 행동한다. 세월이 흘러 10대가 되면 자신의 인생 목적을 설계하기 시작한다.

아기에게 목적이 없듯이 육신적 그리스도인에게도 목적이 없다. 육신적 그리스도인은 이 교회 저 교회, 이 예배 저 예배, 이 집회 저 집회를 쫓아다니기에 바쁘다. 그는 훌륭한 설교자가 다음에 어디서 설교할 것인지에 관심이 있다. 그리고 그것을 알면 그의 설교를 듣기 위해 그를 따라간다. 그는 훌륭한 성가대가 어디서 찬양할 것인지를 알기 원한다. 그리고 그것을 알면 그 성가대를 따라가 자신의 육신적 취향을 만족시킨다. 그는 청중이 가장 많이 모이는 집회가 어디인지를 알기 원한다. 그리고 그것을 알면 그곳에 가서 대규모 청중이 만들어내는 들뜬 분위기를 마음껏 즐긴다.

그에게는 목적이 없다. 그는 조용한 곳으로 가서 무릎을 꿇고 "하나님, 왜 제가 태어났습니까? 왜 제가 구속받았습니까? 저를 향한 하나님의 목적이 무엇입니까?"라고 묻지 않는다. 그의 삶에는 진지한 목적이 없다.

5. 비생산적인 삶

아기는 하찮은 것들을 가지고 장난치며 살아간다. 이런 의미에서 말하는 것인데, 세상에서 가장 비생산적인 존재가 바로 아기이다. 우리는 아기를 사랑하지만, 아기는 부모에게 일거리만 만들어낸다. 아기는 하찮은 것들을 가지고 장난치며 지낼 뿐이다. 아기는 모든 것을 놀이의 대상으로만 여긴다. 아기는 젖병으로 우유를 먹다가 그것을 바닥에 던져버린다. 그리고 우유가 바닥에 쏟아지고 젖병 뚜껑이 카펫 위에 나뒹구는 것을 보며 깔깔 웃는다. 아기는 모든 것을 놀이와 장난의 대상으로 바꾸어버린다.

물론 나는 아기들이 이렇게 하는 것을 비난하는 것이 아니다. 아기들은 당연히 이렇게 놀아야 한다. 그런데 문제는 놀이와 하찮은 것들에 빠져서 살아가는 육신적 그리스도인들이 현대의 교회들에 너무 많다는 것이다.

지금 내게는 소책자처럼 만들어진 광고지가 하나 있다. 이것은 언젠가 내가 사경회에 참석했다가 받은 것이다. 이것은 호화 유람선을 타고 대양(大洋)의 파도를 즐기라고 유혹하는 광고지이다. 이 유람선 여행은 마음을 즐겁게 해주는 모든 것을 제공하는 듯하다. 이 광고지에는 플로리다 주(州)나 캘리포니아 주에서 볼 수 있는 아름다운 야자수 사진이 들어 있다. 이 유람선을 타면 승무원들의 서비스를 받을 수 있었고, 또 목사의 메시지도 들을 수 있었다. 그것은 매일 아침 셔플보드(shuffleboard, 판 위에 원반들을 엎어 놓고 긴 막대를 이용하여 숫자판 쪽으로 밀면서 하는 게임이다)를 하기 직전에 목사의 로마서 관련 메시지를 들음으로써 사람들로 하여금 신앙을 위해 무엇인가 한 것 같은 기분이 들게 하는 장치였다. 광고지에 따르면, 이 유람선 여행이 선교에 대한 관심을 일깨우기 위한 것이라고 한다. 그러나 내가 볼 때, 이런 여행이 선교에 도움이 될지는 참으로 의심스럽다. 나는 이런 여행에 쓸 돈을 차라리 선교단체에 보내는 것이 선교에 더 큰 도움이 될 것이라고 생각한다.

성지순례를 광고하는 말 중에 이런 말이 있다.

"예수님이 어제 걸으신 길을 오늘 우리가 걸어봅시다!"

이런 광고에 대해 어떤 복음전도자가 한 말이 내 마음에 쏙 든다. 그는 "좋습니다. 그러나 관광을 목적으로는 그렇게 하지 맙시다"라고 말했다.

육신적 그리스도인은 놀이를 원한다. 따라서 그들을 대상으로 사경회를 종교적 놀이터로 만들어 광고하는 일이 벌어지고 있다. 이런 일은 그들이 얼마나 육신적인지를 드러내는 현상이다. 그들은 하찮은 것을 하며 시간을 보내고 있다. 그들로 하여금 성경공부나 선교회에 관심을 갖도록 하기 위해 육신을 즐겁게 하는 프로그램을 만들어 그들의 관심을 끌어야 하는 지경에까지 이르렀다. 육신적 그리스도인을 성경공부에 참석시키기 위해서는 '재미'라는 포장지를 사용하여 사탕발림을 해야 한다.

6. 남을 탓하는 마음

아기의 또 다른 특징은 성마르고 안달복달하고 싸우기 좋아하는 것이다. 엄마들은 자신의 아기가 천사처럼 착하다고 말한다. 물론 좋은 뜻으로 그렇게 말하는 것이다. 하지만 아기들이 완전한 천사는 아니다. 생후 2개월 밖에 안 된 아기도 자기 마음에 들지 않는 상황이 벌어지면 소리를 지르며 발로 찬다. 안달복달하며 성마른 태도를 보이는 것은 성숙하지 못한 반응인데, 이것은 결국 남을 탓하는 것이다. 모든 아기가 이런 단계를 거치는데, 나이를 먹으면 이런 단계에서 벗어난다.

남을 탓하는 육신적 그리스도인에게 나는 그의 잘못을 지적해주고 싶다. 육신적 그리스도인은 직업을 잃게 될 때, 자신의 무능이나 부적격을 탓하지 않고 상사에게 책임을 돌린다. 어떤 여자 그리스도인들은 남편이 신령하면 자기들이 더 훌륭한 그리스도인이 될 것이라고 생각한다. 그러나 남편이 영적으로 성숙하다고 해서 아내 역시 훌륭한 그리스도인이 되는 것은 아니다. 그렇게 될 것이라고 착각할 뿐이다. 남편이 신령하면 열심히 신앙생활을 해야겠다는 아내의 동기가 오히려 약화될 수도 있다.

고민거리가 없으면 당신은 자기 자신이 실제보다 더 훌륭한 존재라는 착각에 빠질 수도 있다. 당신 남편이 주일 아침에 면도도 하지 않고 티셔츠 바람으로 집 안에서 뒹굴 때, 당신은 그가 문제의 원인이라고 생각할 것이다. 하지만 그가 문제의 원인이 아니다. 당신이 자신의 영성(靈性)을 위해 그를 지혜롭게 대할 때, 당신은 그를 통해 성숙한 그리스도인이 될 것이다. 불만스러운 상황에 지혜롭게 대처하는 법을 안다면, 그것이 오히려 전화위복이 될 수도 있다.

육신적 그리스도인은 남의 탓을 잘한다. 당신은 아기가 어떤 일에 책임지는 것을 본 적이 없을 것이다. 아기는 항상 남의 탓을 한다.

7. 단단한 음식을 먹지 못함

아기는 우유와 부드럽게 만든 채소를 먹는다. 이것이 아기의 모습이다. 단단한 음식은 아직 소화시키지 못한다. 아기의 약한 소화기관에 무리를 주지 않기 위해서는 모든 음식이 부드럽게 처리되어야 한다.

육신적 그리스도인은 부드럽고 위로가 되는 성경구절에는 주목하지만, 마음을 찌르고 의기소침하게 하고 징계하고 책망하는 구절들은 건너뛴다. 육신적 그리스도인은 고기처럼 질긴 말씀을 감당하지 못한다. 영적 소화기관이 약한 그에게 말씀을 먹이려면 소화가 잘 되도록 요리해서 일정량만을 주어야 한다. 히브리서 기자는 이 문제에 대해 이렇게 말했다.

"이는 젖을 먹는 자마다 어린아이니 의(義)의 말씀을 경험하지 못한 자요 단단한 음식은 장성한 자의 것이니 그들은 지각을 사용함으로 연단을 받아 선악을 분별하는 자들이니라"(히 5:13,14).

아기와 육신적 그리스도인의 차이점

아기와 육신적 그리스도인의 공통된 특징을 정리하면 다음과 같다. 자기중심성, 감정의 기복, 외적인 것에 대한 의존성, 삶의 목적이 없음, 비생산적인 삶, 남을 탓하는 마음, 단단한 음식을 먹지 못하는 것이다.

그러나 아기와 육신적 그리스도인의 차이점도 있다. 여기에 한 아기가 있다고 가정해보자. 이 아기가 지금은 어리지만 세월이 흐르면 성장하는 것이 자연의 이치이다. 그러므로 자연이 아기의 문제를 해결해준다고 할 수 있다.

아기가 나이를 먹으면 자기중심적 태도에서 많이 벗어난다(물론 완전히 벗어나지는 못하는데, 자기중심성에서 벗어나지 못한 부분은 죄이다). 세월이 흐름에 따라 아기가 성장하면 다른 존재에게도 관심을 갖게 되고, 일어나 걸을 수 있게 되고, 감정을 조절할 줄도 알게 된다. 감정에 따라 사는 것보다 이성에 따라 사는 법을 배우게 된다. 외적인 것보다 내면적 자아를 위한 삶을 살게 된다. 배우가 되든 야구 선수가 되든 아무튼 무엇이 되겠다는 인생의 목표를 갖게 된다.

이렇게 세월이라는 자연은 아기의 문제를 해결해준다. 그러나 자연이 영적인 문제를 해결하지는 못한다. 왜냐하면 자연이 타락한 본성의 문제를 해결하지는 못하기 때문이다.

신령한 그리스도인

그렇다면 영적인 문제에서 우리는 어떻게 해야 하는가? 육신적 그리스도인에서 신령한 그리스도인으로 바뀌기 위해서는 어떻게 해야 하는가?

아기는 세월이 흐르면 자연적으로 성장하지만, 그리스도인은 그렇지 못하다. 내가 아는 한, 육신적 그리스도인을 신령한 그리스도인으로 즉시 바꾸어주는 비법 같은 것은 없다. 사실 그런 비법을 내가 안다면 얼마나 좋겠는가! 내가 사람들에게 "당신이 주께 나아가 몇 가지 조건들을 충족시키고 육신적 그리스도인에서 신령한 그리스도인이 되는 비법을 내가 압니다"라고 말할 수 있다면 얼마나 좋겠는가! 다시 말하지만, 그런 비법은 없다.

우리는 성령께서 우리를 가르치고 훈련하고 성숙하게 하고 우리에게 더 큰 영향력을 발휘하고 우리 안에서 행하시게 해야 한다. 우리는 시행착오, 기도, 회개, 두려움, 마음의 시련을 통해 배워야 한다.

우리는 하나님께서 우리를 성령으로 충만하게 하시고 우리의 영혼과 함께 일하시어 우리로 하여금 자기중심성을 극복하고 온 세상을 사랑하게 하신다고 믿어야 한다.

옛 성도들은 "나는 세상을 그냥 내버려두겠습니다"라는 찬송을 불렀다. 그들은 한편으로는 그리스도인이 세상을 위해 기도해야 하지만, 다른 한편으로는 세상을 그냥 내버려두고 복종과 자기부정 가운데 그리스도를 따라야 한다고 믿었다.

우리는 하나님께 "제가 감정과 느낌에 좌우되지 않는 삶을 살도록 저를 이끌어주소서!"라고 기도해야 한다. 사실 이것은 그리스도인의 삶에서 어려운 훈련이다.

시카고 지역에 있는 한 기독교 단체에 속한 세 명의 젊은이가 나를 만나러 내 서재로 왔다. 그들은 나름대로 어려움을 겪고 있었다. 그들 중 한 사람은 기도하려고 무릎을 꿇어도 기도하고 싶은 마음이 생기지 않아 고민이라고 털어놓았다. 나머지 두 명도 그와 비슷한 문제로 고민하고 있었다. 그들은 내가 자신들보다 나이가 더 많기 때문에 그들과 같은 어려움이 없을 것이라고 생각하고 있었다.

나는 그들에게 "때때로 나도 억지로 기도하기 위해 발버둥을 칩니다. 사실 이럴 때에는 마음에 평안이 없습니다"라고 말했다. 내가 이렇게 말하자, 그들의 얼굴이 밝아졌다. 그들 중 한 사람은 "그렇게 말씀하시니 무척 안심이 됩니다! 나는 기도가 잘 안 되기 때문에 신앙의 침체에 빠진 것이 아닌가 하고 걱정했습니다"라고 말했다.

당신 자신이 신령하지 못하다고 느낄 때가 종종 있을 것이다. 이럴 때에는 기도로써 극복해야 한다. 우리는 영적 싸움을 할 때,

자신의 감정에 얽매이지 않는 법을 배워야 한다. 어떤 때에는 아침에 눈을 떠서 '계속 누워 있으면 좋겠다!'라고 느낄 때가 있을 것이다. 밤에는 '오늘은 그냥 집에 있었으면 좋았을 텐데!'라고 느낄 때가 있을 것이다. 이런 경우들이 찾아올지라도 낙심하지 말라. 아기는 이런 문제가 생기면 안달복달하면서 엄마에게 소리를 지르지만, 성숙한 그리스도인은 "오늘은 내 뜻대로 잘 되지 않는구나!"라고 말하며 넘어간다.

사도 바울도 자신의 뜻대로 되지 않은 날들이 있었다. 그러므로 우리는 하나님께 맡기고 "내 감정이 어떻든 간에 내게는 문제가 없다"라고 말해야 한다. 신령한 그리스도인은 외적인 것에 의존하지 않는다.

성숙한 그리스도인은 자기가 왜 여기에 있는지를 안다. 그는 하나님께서 그를 창조하실 때 그를 향해 품으신 목적을 안다. 때때로 나는 나에게 벌어진 상황 속에서 매우 혼란스러워 하고, 자기모순에 빠진 것 같다고 느낀다. 만일 내가 성경을 모르고, 하나님을 모르고, 하나님의 복(福)을 잊지 않도록 요단강에 세워둔 돌들이 어디에 있는지를 가리킬 수 없다면(수 4장 참조), 나는 이토록 복된 목회자의 사명을 아주 쉽게 포기했을 것이다. 그러나 나는 하나님의 목적이 이루어지고 있다고 믿기 때문에 포기하지 않는다. 그렇다! 내게는 목적이 있다.

육신적 그리스도인은 신앙을 놀이로 바꾸려고 안간힘을 쓴다.

이런 사람은 우유를 마시고 젖병을 바닥에 던지고 아무것도 아닌 것에 웃거나 우는데, 이런 것이 육신적 단계에 머물러 있다는 증거이다. 그러나 신령한 그리스도인은 수고하며 애쓰는 삶을 산다. 그들은 세상을 놀이터로 보지 않고 전쟁터로 본다.

말씀의 양식을 먹는 문제에 대해 이야기해보자. 신령한 그리스도인은 성경 전체를 먹는다. 성경 전체를 읽으라는 말을 들으면 머리가 아프다고 말하는 사람들이 일부 있을 것이다. 그런데 당신이 누군가 엮어놓은 책에서 '오늘의 양식' 같은 것으로 하루하루를 때운다면 당신이야말로 우유만 먹고 있는 것이다.

성경 전체를 읽어라! 처음부터 끝까지 읽어라. 물론 '오늘의 양식' 같은 책들이 해롭다고 말하는 것은 아니다. 내가 말하고 싶은 것은 이런 것만 읽고 성경을 읽지 않으면, 성숙한 신앙인이 될 수 없다는 것이다. 그러므로 성경 전체를 읽어라! 토씨 하나도 빼놓지 말고 전부 읽어라!

그리스도인이라면 누구나 균형 잡힌 양식을 먹을 수 있어야 한다. 신령한 그리스도인은 하나님 안에서 성장한 사람이요, 성령 안에서 성장해가는 사람이요, 성숙한 사람이다. 그러므로 하나님의 은혜와 예수 그리스도를 아는 지식 안에서 성장하여 성숙한 그리스도인이 되게 해달라고 하나님께 기도하라.

다음은 A. B. 심슨(A. B. Simson, 1843~1919)이 쓴 찬송가 '은혜 구한 내게 은혜의 주님'(새찬송가 441장)이다.

은혜 구한 내게 은혜의 주님

은사 원한 내게 은사의 주님

신유 구한 내게 신유의 주님

나의 마음속에 지금 오셨네.

말씀 위에 서서 내 뜻 버리고

감정을 버리고 말씀에 서니

불완전한 믿음 완전해지고

내가 이제부터 주(主)만 붙드네.

나의 모든 욕심 던져버리고

내가 염려하며 계획하던 것

믿고 기도하며 주께 맡기고

주의 뜻을 따라 살기 원하네.

믿음으로 닻을 주께 던지고

끊임없이 주를 찬송하면서

전엔 나를 위해 일해왔으나

이젠 주(主)만 위해 힘써 일하리.

나의 소망 되는 구주(救主) 예수님

이 세상에 다시 강림하겠네.

나의 등불 밝혀 손에 들고서

기쁨으로 주를 맞이하겠네.

8

부패한 이 세대를 향해
탄식하며 울라

나는 사람들이 악을 행하는 것을 막을 수는 없지만, 적어도 그것 때문에 슬퍼할 수는 있다.
그렇다! 나는 슬퍼할 것이다. 나는 잘못된 길로 가는 사람들의 발자국을 내 눈물로 채울 것이다.
만일 우는 것조차 할 수 없다면 탄식이라도 할 것이다.

"또 이사야가 이스라엘에 관하여 외치되 이스라엘 자손들의 수가 비록

바다의 모래 같을지라도 남은 자만 구원을 받으리니"(롬 9:27).

이제 나는 우리의 마음을

흔들어놓을 수 있는 두려운 성경의 교훈에 대해 말하려고 한다.
내가 볼 때, 성경은 우리가 생각하는 것보다 훨씬 더 두려운 책이
다. 내가 무슨 뜻으로 이 말을 하는지 설명하기 전에 당신에게 어
떤 찬송가에 대해 이야기하려고 한다. 내가 좋아하는 이 찬송가
는 에드윈 호더(Edwin Hodder)가 지은 것으로 하나님의 말씀에 대
해 노래한 찬송가이다.

주여, 주님의 말씀은 동산 같나이다.

아름답고 색깔이 산뜻한 꽃들이 만발한 동산 같나이다.

사모하는 자들은 누구나 거기서 예쁜 꽃을 한 아름 딸 수 있나이다.

주님의 말씀은 깊고 깊은 광산 같나이다.

그 깊고 거대한 광산 속에 질 좋고 진귀한 보석이 가득하나이다.

그 속을 파들어 가는 자는 누구나 풍성한 보상을 받을 것이니이다.

주님의 말씀은 하늘의 무수한 별들 같나이다.

수천 개의 빛을 보내 순례자를 인도하고

그의 길을 밝게 비추나이다.

주님의 말씀은 병사들의 무기고 같나이다.

그곳에서 그들은 평생의 싸움에 필요한

온갖 무기를 취하고 또 수리하나이다.

이 모든 것이 사실이다. 나는 이 찬송을 듣기 좋아하고 또 부르기를 좋아한다. 그러나 솔직히 말해서 '우리가 성경에 대해 이런 식으로만 생각하면 되는가?' 하는 두려움이 마음 한구석에서 있는 것도 사실이다. 물론 성경은 목이나 손가락을 장식하는 아름다운 보석 같은 것이요, 중요한 행사 때 옷에 달린 별 모양의 꽃 장식 같은 것이요, 지극히 향기로운 것이다. 모두 맞는 말이다. 하지만 성경은 그 이상의 것이다. 내가 볼 때, 우아한 자태로 점잔을 빼느라고 바쁜 우리는 성경의 일부분만을 받아들이고 있다.

교육자들이 무엇이라고 말하든 간에, 현재 종교적으로 유행하는 것이 무엇이든 간에 성경의 분명한 교훈이 있다. 이단들은 이 교리를 잘못 해석하여 스스로 멸망에 빠지기도 한다. 이단들은 자기들이 '남은 자'(the remnant)라고 말하며, 모일 때마다 "우리는 택함 받은 자들이다"라고 말한다. 그런데 이단들이 잘못 해석하여 멸망에 이른 교훈이라고 해서 우리가 그것을 거부해서는 안 된다. 내게는 당신을 감탄하게 할 장밋빛 희망도, 당신의 코를 즐겁게 해줄 향기로운 꽃다발도 없다. 내게 있는 것은 무서운 성경의 교훈이다. 이 교훈은 내 마음을 아프게 하고 귀찮게 하고 슬프게 한다. 이 교훈은 바로 '남은 자'의 교훈이다.

남은 자인가?

'남은 자'의 교훈이 무엇인가? 쉽게 말하면, 타락하고 죄 많고 앞을 못 보는 인류가 살아가는 이 세상에서 어떤 시대이든 간에 대다수의 사람들은 '잃어버린 자들'이라는 교훈이 '남은 자'의 교훈이다. 그렇다면 '잃어버린 자들'이라는 것은 구체적으로 무엇을 의미하는가? 이것은 길을 잃었다거나 기대에 미치지 못했다거나 자신의 목표나 꿈을 이루지 못했다는 뜻이 아니다. 여기서 말하는 '잃어버린 자들'은 "하나님과 원수가 되어 하나님과 단절되어 사죄(赦罪) 받았음에도 생명과 소망 없이 살아가는 사람들"이다.

'남은 자'의 교훈이 무엇을 의미하는가? '남은 자'로 번역된 영어 '렘넌트'(remnant)는 "작은 조각"이나 "남아 있는 흔적"을 의미한다. 다시 말해서, "더 큰 부분이 어디론가 사라졌을 때 남아 있는 부분"을 의미한다.

"또 이사야가 이스라엘에 관하여 외치되 이스라엘 자손들의 수가 비록 바다의 모래 같을지라도 남은 자만 구원을 받으리니"(롬 9:27).

이 성경구절은 이스라엘에 대해 다루지만, '남은 자'의 교훈을 교회뿐만 아니라 인류 전체에 적용시킨다. '남은 자'의 교훈은 아브라함 이전의 열국에 적용되었고, 아브라함 이후에 이스라엘에게 적용되었고, 오순절 성령강림 이후에 교회에 적용된다. 그런데 나를 놀라게 하는 것이 있다. 그것은 오순절 성령강림 이후 자신을 그리스도인이라고 부른 아주 많은 사람들, 즉 압도적인 수의 사람들이 사실은 명목상의 그리스도인이었고, 오직 '남은 자'만 구원받았다는 사실이다.

성경에 나오는 예를 살펴보자. 주님은 "노아의 때에 된 것과 같이 인자의 때에도 그러하리라"(눅 17:26)라고 말씀하셨다. 성경에 따르면, 노아는 하나님 보시기에 은혜를 입었는데, 전체 인구 중에서 그와 그의 일곱 식구만 구원을 받았다. 나는 당시 전체 인구가 몇 명이었는지 모른다. 하지만 분명한 것은 홍수가 났을 때 전체 인구 중에서 겨우 여덟 명만이 구원받았다는 사실이다. 또 분명한 것은 노아의 때와 같이 인자(人子)가 오실 때에도 그러할 것이라는 사실이다.

혹시 누군가 내게 이렇게 말할지도 모르겠다.

"토저 목사님, 너무 심각하게 생각하시는 것 같군요. 엘리야가 목사님처럼 너무 심각하게 생각해서 하나님께 '오, 하나님, 저만 홀로 남았습니다'라고 말씀드리자, 하나님께서 그에게 '엘리야야, 낙심하지 말라. 네게 좋은 소식이 있다. 바알과 그의 상(像)에 무릎 꿇지 아니한 사람이 이스라엘에 7천 명이 있느니라'라고 말씀하셨습니다."

매우 그럴듯하게 들린다. 이렇게 말하는 사람이 있다면 그의 말 속에는 "이스라엘에서 7천 명의 참된 유대인이 바알에게 무릎을 꿇지 않았다는 것을 알면 용기를 얻을 수 있습니다"라는 뜻이 들어 있는 것이다.

그렇다면 계산을 좀 해보자. 엘리야 당시에 이스라엘의 인구가 7백만 명이었다고 가정해보자. 내가 볼 때, 이 숫자는 매우 적게 잡은 숫자이다. 아무튼 7백만 중에 7천 명이라면 1000분의 1이다. 천 명 중 한 명이 바알에게 무릎을 꿇지 않았고, 나머지는 전부 무릎을 꿇었다는 이야기가 된다. 만일 당신이 엘리야 당시에 살아서 천 명의 사람들을 만났다면, 그들 중 999명이 화(禍)를 당하지 않으려고 바알에게 무릎을 꿇었고 오직 한 명만이 담대히 저항했다는 이야기가 된다.

논의의 공정성을 위해 엘리야 당시 이스라엘의 인구를 절반으로 줄여서 가정해보자. 다시 말해서, 당시 이스라엘의 인구가 350만 명이었다고 가정해보자. 350만 명 중 7천 명은 비율적으로 말해서 500명에 한 명 꼴이다. 당시 회당 같은 건물에서 500명의 유대인들이 율법서를 읽거나 제사장들의 찬송가를 듣고 있었다고 할 때, 그중 499명은 은밀히 바알을 섬기는 자들이었고 오직 한 명만이 구원받은 사람이었다는 이야기가 된다.

예수님이 이 땅에 오실 때, 그분을 믿은 사람들은 아주 소수였다. 메시아가 오시면 사람들이 그분을 당연히 믿을 것이라고 우리는 생각한다. 이스라엘 사람들도 우리처럼 생각했다.

이스라엘 사람들은 삼손이 들릴라의 무릎을 베고 잠들 때 믿었던 것을 믿었다. 그는 자기에게 생명의 길이 열려 있다고 믿었다. 그는 자기에게 어느 정도 종교적 체험이 있다고 믿었다. 그래서 그는 아무 걱정할 필요가 없다고 생각했다. 그러나 그는 잠에서 깨어나 자기가 생포당한 것을 알게 되었다. 두 눈이 뽑힌 그는 감옥에서 맷돌을 돌렸고, 사람들은 거짓 신(神)의 이름으로 그를 조롱했다. 그는 자기가 안전하다고 생각했지만, 결과는 비참했다. 자기가 안전하다고 믿는 것은 때로 매우 위험하고 나쁜 일이다.

우리에게는 두 가지 길이 있다. 하나는 우리 자신이 영적으로 안전하다고 믿고 거짓 평안을 누리는 것이고, 다른 하나는 불안을 느끼고 열심히 기도해서 참된 평안을 얻는 것이다. 오늘날 대부분의 신자들은 자신들이 영적으로 안전하다고 믿으며 거짓 평안 속에서 살아간다. 그러나 성경의 교훈을 따를 때, 우리는 불안을 느끼고 두려워하다가 하나님 앞에 나아가 성경을 펴놓고 말씀에 의해 깨어지고 다시 말씀에 의해 위로 받고 진정한 평안을 얻는다. 성령과 성령의 검(劍)으로 쪼개진 다음에 얻는 평안이 진짜 평안이다.

우리가 기억해야 할 것은 두 가지 평안이 있다는 사실이다. 아니, 지금은 세 가지 평안이 있다고 말해야 할 것이다.

첫째, 어떤 병(甁) 안에 들어 있는 평안을 돈으로 사는 것이다.

둘째, 자신이 영적으로 안전하다고 믿고 거짓 평안을 누리는 것이다. 물론 이런 것들도 평안은 평안이다. 비록 오래가지는 못하지만 말이다.

셋째, 영혼의 뿌리까지 흔들어놓는 불안을 겪은 후에 하나님께 달려가 성경을 펴놓고 "하나님이여 나를 살피사 내 마음을 아시며 나를 시험하사 내 뜻을 아옵소서"(시 139:23)라고 부르짖을 때 얻는 평안이다. 이렇게 기도할 때 하나님은 우리에게 반석 위에 기초를 세운 참된 평안을 주신다. 그러나 유감스럽게도, 오늘날 대부분의 교회 지도자들이 교회 밖에서 평안을 가져다가 교인들에게 나누어준다.

위험한 착각

주님이 먼저 제공하시는 것은 평안이 아니다. 주님이 먼저 제공하시는 것은 구원, 죄 사함, 새롭게 함 그리고 교정(矯正)이다. 그런 다음 주님은 우리에게 평안을 주신다. 그러나 지금 우리는 평안을 상품화해서 마치 비누를 팔듯이 판매한다. 우리는 요한복음 3장 16절의 이름으로 사람들에게 "여기에 와서 평안을 얻으십시오"라고 광고한다. 이렇게 해서 세워진 '평안한 교회'에서 우리는 각종 파티, 오락회, 커피 간담회, 교제의 모임 등을 갖고 그것을 마음껏 즐긴다. 그리고 "주여, 주님의 말씀은 동산과 같습니다"라는 찬송을 부른다.

내가 이런 이야기를 하는 이유는 단 하나이다. 그것은 우리가 하나님의 말씀을 평안을 얻는 수단으로 이용하려는 유혹에 넘어가기 쉽기 때문이다. 번화가에 있는 교회들 중에는 교회 건물을 하루 종일 열어놓는 교회들이 있다. 사람들은 이런 교회 안으로 들어가 조용히 앉아 있곤 한다. 그들이 이렇게 하는 이유는 (어느 시인의 표현을 빌려 말하자면) "조용히 자신의 영혼 속으로 들어가 고향 생각도 하고 외국 생각도 하면서 마음의 평안을 얻기 위함이다."

그런데 이런 것은 사업가도 하고 광고업자도 하고 인도나 미얀마에서 온 명상가도 한다. 이런 것은 기독교에만 고유한 것이 아니다. 이런 습관은 좋은 것이지만 이런 것만으로는 부족하다. 우리는 사람들의 마음을 안정시키고 그들을 멍하게 하기 위해 각종 프로그램들을 준비한다. 그러나 우리는 성경이 말하는 '남은 자'의 교훈을 듣고 두려움을 느껴야 한다. 우리는 영적으로 안전하다는 착각 속에 계속 머물러서는 안 된다. 두려움을 갖고 자기 자신을 살펴야 한다.

사도 바울도 두려움을 느끼고 "내가 내 몸을 쳐 복종하게 함은 내가 남에게 전파한 후에 자신이 도리어 버림을 당할까 두려워함이로다"(고전 9:27)라고 말했다. 내가 아는 몇몇 설교자들은 평생 말씀을 전했지만, 결국에는 음란한 말이나 하는 사람들로 전락해 버렸다. 그들 자신이 더럽고 음란한 늙은이로 변해버린 것이다. 성경학교 교사로서 가르치거나 각종 위원회의 위원으로 섬기거나 성가대에서 찬송을 부르거나 교회에서 다양한 봉사 활동을 한 사람들이 결국에는 '버림받은 자'가 되어 애당초 '남은 자'에 속하지 않았던 사람으로 드러나는 경우가 실제로 일어날 수 있다. 이것은 매우 두려운 일이다. 하지만 나는 당신에게 두려움을 주는 것을 전혀 미안하게 생각하지 않는다. 오히려 나는 우리가 두려움을 충분히 느끼지 못하는 것이 문제라고 생각한다. 우리는 두려움을 느껴야 한다. 왜냐하면 성경이 "또 이사야가 이스라엘에 관하여 외치되 이스라엘 자손들의 수가 비록 바다의 모래 같을지라도 남은 자만 구원을 받으리니"(롬 9:27)라고 경고하기 때문이다.

예수님이 이 땅에 계실 때 하나님을 아는 사람들은 매우 적었다. 유월절 때 예루살렘 사람들이 100만 명이었고, 오순절 성령 강림 때 그 도시의 인구 역시 100만 명이었는데, 그들 중 3천 명이 회심(回心)하였다. 이것에 대해 사람들은 "정말 놀라운 영적 수확이다!"라고 감탄하지만, 100만 명 중 3천 명은 매우 적은 수라고 나는 생각한다.

나는 역사상 놀라울 정도로 풍성한 영적 수확의 때가 있었을까하는 의문을 품지 않을 수 없다. 나는 "스코틀랜드 선교사 존 페이튼(John Gibson Paton)이 뉴 헤브리디즈에 갔을 때에는 그리스도인이 한 명도 없었지만, 그가 그곳을 떠날 때에는 이교도가 한 명도 없었다"라는 기록이 있다는 것을 잘 안다. 그러나 성경에 나오는 '남은 자'의 교훈을 잘 아는 나로서는 이 기록을 읽을 때마다 '이 기록이 과장된 표현이 아니었으면 참으로 좋겠다'라고 생각한다.

'남은 자'의 교훈을 다르게 표현하면 "기독교도의 숫자가 비록 바다의 모래 같을지라도 남은 자만 구원받을 것이다"라고 할 수 있다. 이것은 그들이 구원받을 수 없기 때문도 아니고 하나님께서 그들의 구원을 원하시지 않기 때문도 아니라 단지 그들이 구원을 받지 못하기 때문이다.

예수님이 이 땅에 오셨을 때, 목자들도 있었고 현인(賢人)들도 있었다. 하나님을 아는 이런 사람들이 있었다는 것에 대해 우리는 기뻐한다. 그런데 문제는 이런 사람들의 수가 매우 적었다는 것이다.

예수님이 이 땅에 다시 오실 때는 어떻겠는가? 그때의 형편에 대해 주님은 "불법이 성하므로 많은 사람의 사랑이 식어지리라" (마 24:12)라고 경고하셨다. 이 말씀은 단지 "많은 사람의 사랑"이 식어질 것에 대해서만 언급하신 것이 아니다. 헬라어를 공부한 사람들은 모두 동의하겠지만, "많은 사람의 사랑"(the love of many)이라는 표현에는 분명히 정관사 '더'(the)가 있다. 그러므로 예수님은 이 말씀을 통해 '사랑할 수 있는 능력' 자체가 식어질 것이라고 경고하신 것이다.

예수님은 "그러나 인자(人子)가 올 때에 세상에서 믿음을 보겠느냐"(눅 18:8)라고 말씀하셨다. 예수님은 자신이 믿음을 보지 못할 것이라고 말씀하신 것이 아니라 "세상에서 믿음을 보겠느냐"라고 말씀하신 것이다. 그러므로 예수님이 다시 오실 때의 상황은 노아 당시의 상황과 똑같을 것이다. 노아 당시 홍수가 났을 때, 노아를 포함해서 겨우 여덟 명만 방주를 통해 구원받았고 나머지는 수장(水葬)되었다.

만일 당신이 '남은 자'의 교훈에 대해 더 큰 확신을 가지기 원한다면 교회의 역사를 읽어보라. 많은 사람들이 자기들은 영적으로 안전하다는 착각에 빠져 있을 때, 소수의 사람들만이 믿음을 지켰다.

열매를 보면 안다

오늘날 교회의 문제가 무엇인가? 그것은 우리가 영적으로 안전하다는 착각에 빠져 있는 것이다. 우리는 사실이 아닌 것을 사실이라고 믿고 있다. 많은 경우에 우리는 성경적 경험보다는 자신의 희망에 근거한 것을 붙들고 있다. 우리는 아직 두려움을 충분히 경험하지 못했다.

우리는 하나님께서 우리의 등에 쟁기질로 고랑을 만드시도록 허락하지 않았다. 아직 우리는 하나님께 나아가 검사를 받지 않았다. 우리는 하나님께서 말씀하실 검사 결과를 두려워하기에 하나님께 나아가는 것을 뒤로 미루고 있다. 그래서 현재 우리는 제자리에 그냥 주저앉아 있다. '남은 자'의 적은 무리가 늘 존재해 왔는데, 그들은 자신들과는 다른 이들에게 둘러싸여 있었다. 무수한 사람들이 입술로 소원을 말하고 하나님을 경배할지라도 오직 소수의 '남은 자'만이 마음으로 경배하여 하나님께 영광과 기쁨을 드린다.

아마도 당신은 교회 문(門)이 열리고 무수한 사람들이 그곳을 나와 집으로 돌아가는 모습을 본 적이 있을 것이다. 교회에서 그토록 많은 사람들이 나온다고 해서 영성(靈性)과 거룩함의 진보가 이루어졌다고 착각하지 말라! 그들의 집까지 그들을 따라가 보라. 아니, 그들이 길모퉁이를 돌기 전까지만 따라가서 그들의 행동을 살펴보라. 그들의 행동은 그들이 어떤 사람들인지를 증명한다. 예수님은 "그들의 열매로 그들을 알리라"(마 7:20)라고 말씀하셨다.

그들에게 대표 기도를 하라고 말해보라. 기도회를 열 것이라고 광고하고 그들이 어떻게 반응하는지를 보라. 아마도 그들은 황급히 교회를 빠져나갈 것이다. 파티를 열 것이라고 광고하고 그들의 반응을 살펴보라. 아마도 그들은 신이 나서 달려올 것이다. 오늘날 하나님의 교회에서 분명히 나타나는 현상이 이것이다. '기도회'라고 외치면 사람들이 썰물처럼 빠져나가고 '파티'라고 외치면 밀물처럼 몰려든다. 하나님의 교회에서 이런 현상이 일어나는 것을 보고 우리는 씁쓸한 미소를 짓는다. 그런데 사실 이것은 무서운 현상이다. 장차 내가 주님 앞에 설 때, 교인들을 달래고 안심시켜서 그들로 하여금 거짓된 영적 평안을 누리게 한 목회자로서 서는 것을 결코 원하지 않는다.

헨델의 '메시아'(Messiah)에 담긴 의미를 전혀 알지 못하고 이 노래를 부활절에 부르는 사람들을 볼 때 나는 마음이 착잡해진다. 그들은 일어나 "주께 가시오! 주께 가시오!"라고 노래 부르지만 그 의미를 전혀 알지 못한다. '메시아'의 작곡을 마쳤을 때 헨델은 "이 곡을 다 썼을 때 나는 하늘이 열리고 하늘의 모든 천사가 모이는 것을 보았다"라고 말했다. 그는 이렇게 느꼈던 것이다! 그러나 많은 사람들이 '메시아'를 단지 하나의 음악으로 부르며 즐길 뿐이다. 그들은 교회에 모여 시끄러운 로큰롤보다 약간 교양 있는 음악을 즐기며 만족감을 느낄 뿐이다.

탄식하며 우는 사람

예수님이 태어나시기 600년 전에 살았던 '남은 자'의 무리에 대한 이야기를 에스겔서 9장 1-6절에서 읽어보라. 우리는 "오, 하나님! 공산권에서부터 심판을 시작하소서. 그곳의 불경스러운 악당들을 멸하소서"라고 기도하지만, 하나님은 "내 성소에서부터 심판을 시작할 것이다!"라고 대답하신다.

우리는 "하나님, 저 길모퉁이에 있는 술집의 희미한 불빛 아래서 맥주를 마시는 자들이 있사오니 그곳으로 가소서. 죽이는 무기로 그들을 멸하소서"라고 말씀드리지만, 하나님은 "나는 내 교회로 갈 것이다. 내 성소에서부터 심판을 시작할 것이다!"라고 말씀하신다.

우리는 "하나님, 성경을 부인하며 문학작품을 소재로 설교하는 목사의 교회로 가서 심판하소서"라고 말씀드리지만, 하나님은 "내 성소에서부터 심판을 시작할 것이다!"라고 말씀하신다.

그런데 하나님은 "조심하라! 이마에 표 있는 자들은 살려두라!"라고 말씀하신다. 하나님은 "가는 베옷을 입고 서기관의 먹그릇을 찬 사람"(겔 9:3)을 불러 그에게 "너는 가서 그들의 이마에 표를 그려라"라고 말씀하셨다. 누군가 하나님께 "어떤 사람의 이마에 표를 그려야 합니까? 자리에서 일어나 가장 길게 기도하는 사람입니까? 선교 기관에 헌금을 가장 많이 낸 사람입니까?"라고 질문한다면, 하나님은 이렇게 대답하실 것이다.

"아니다. 그런 것들은 기준이 될 수 없다. 부패가 만연한 이 시대가 판단 기준이 될 수는 없다. 너는 예루살렘에서 행해지는 모든 가증한 일로 말미암아 탄식하며 우는 자들의 이마에 표를 그려라."

그렇다! '이 세상에서 벌어지는 모든 가증한 일 때문에 울면서 탄식하는가?' 하는 것이 판단 기준이다. 세상의 가증한 일들 중 어떤 것은 바다의 파도처럼 거대하다. 사도 바울 같은 사람이 그것을 향해 고함을 친다 할지라도 그 소리가 그것에 묻혀버리고 말 것이다. 물론 당신이 '남은 자'의 표를 자신의 이마에 스스로 그릴 필요는 없다. 성공할 필요도 없다. 사람들에게 인기 있는 존재가 될 필요도 없다. 단지 오늘날 이 땅에서 일어나는 모든 가증한 일 때문에 탄식하며 울기만 하면 된다.

나는 사람들이 악을 행하는 것을 막을 수는 없지만, 적어도 그것 때문에 슬퍼할 수는 있다. 그렇다! 나는 슬퍼할 것이다. 나는 잘못된 길로 가는 사람들의 발자국을 내 눈물로 채울 것이다. 신약성경의 기준으로 돌아가서 하나님을 아름답고 거룩하게 예배하는 일이 교회에서 일어나지 않을 때, 내가 그들로 하여금 그렇게 하도록 설득할 수 없다 할지라도 나는 적어도 그들을 위해 울 수는 있다. 만일 우는 것조차 할 수 없다면 탄식이라도 할 것이다.

나는 장차 미래가 어떻게 될지 알지 못한다. 하지만 내 자신이 어떻게 할지는 분명히 안다. 나는 하나님의 양떼를 배반하지 않고 속이지 않고 그들에게 거짓말을 하지 않을 것이다. 나는 온갖 종류의 세상 이야기를 동원하여 그들의 관심을 끌고 그들을 몰아가는 짓은 하지 않을 것이다. 나는 「타임」지의 기사를 소재로 삼아 설교하지 않을 것이다. 대신 하나님의 말씀을 전할 것이다. 텅빈 교회에서라도 말씀을 전할 것이다. 그리고 이 땅에서 일어나는 가증한 일들 때문에 탄식하며 울 것이다.

하나님께서는 "내 성소에서 시작할지니라"(겔 9:6)라고 말씀하셨다. 하나님의 명령에 따라 일어난 일에 대해 성경은 "… 그들이 성전 앞에 있는 늙은 자들로부터 시작하더라"(6절)라고 기록했다. 우리는 젊은이들이 골칫거리라고 생각한다. 그들의 정욕과 황당한 생각이 문제라고 생각한다. 그러나 성경은 "그들이 성전 앞에 있는 늙은 자들로부터 시작하더라"(6절)라고 말한다. 턱수염이 길게 자란 늙은 교회의 기둥들부터 치는 것이 성령님의 뜻이었다. 이런 일에 대해 에스겔은 "그들이 칠 때에 내가 홀로 있었는지라 엎드려 부르짖어 이르되 아하 주 여호와여 예루살렘을 향하여 분노를 쏟으시오니 이스라엘의 남은 자를 모두 멸하려 하시나이까"(겔 9:8)라고 기록했다.

복음주의 교회, 즉 근본주의 교리를 믿는 교회가 성경의 경고를 받아들이지 않는다면, 나는 그들의 완고함 때문에 탄식하며 하나님께 부르짖을 것이다.

알프레드 스니드(Alfred C. Snead, 1884~1961)가 쓴 '온전히 복종하오니 …'라는 시(詩)를 읽어보자.

온전히 복종하오니 …

주여, 저는 주님의 것이니이다.

거룩하신 구주(救主)여, 제가 온전히 복종하나이다.

주님이 제 안에서 사소서.

온전한 충만이 주님 안에 거하나이다.

제가 사는 것이 아니라 제 안에 그리스도께서 사십니다.

오직 그리스도께서 사십니다!

9

세상을 버리고 주께 나아가
영적인 상태를 진단받으라

우리는 하나님 앞에 나아가 자신을 살피는 일을 하지 않는다.
우리는 하나님이 우리를 진단하시도록 허락하지 않는다.
우리는 누군가 우리의 문제를 찾아서 해결책을 제시하도록 허락하지 않는다.

"주께서 땅 위에서 그 말씀을 이루고 속히 시행하시리라 하셨느니라"

(롬 9:28).

'남은 자'는 어디에

있는가? 그들을 어디에서 발견할 수 있는가? 누군가 이 질문을 제기하면 많은 사람들이 벌떼처럼 달려들어 성경을 인용하기 시작할 것이다. 누군가 이렇게 물으면 '절반쯤 구원받은 자들'과 '1퍼센트의 구원받은 자들'이 모두 논쟁에 뛰어들 것이다. 다시 말해서, 신앙의 침체에 빠진 자들, 신앙이 있는지 없는지 아리송한 사람들, 교인들, 신학교 교수들 그리고 자신의 구속(救贖)에 대해 성령의 증거가 없는 자들이 모두 성경구절을 들고 나올 것이다. 그런데 그들이 인용하는 하나의 성경구절은 "비판을 받지 아니하려거든 비판하지 말라"(마 7:1)라는 말씀이다.

사람들은 이렇게 말한다.

"저 사람(토저)은 편견이 심한 늙은이다. 그는 다른 사람들의 신앙을 비판하고 또 나를 비판한다. 도대체 무슨 권리로 나를 비판하는 것일까? 성경은 '[사랑은] 악한 것을 생각하지 아니하며'(고전 13:5)라고 가르치지 않는가? 만일 저 사람에게 사랑이 있다면 다른 사람의 악한 것은 생각하지 않을 것이다. 만일 저 사람에게 사랑이 있다면 주님의 이름으로 이루어지는 모든 것을 받아들일 것이다. 만일 그에게 사랑이 있다면 '남은 자'들만 구원받을 것이라고 말하지는 않을 것이다. 만일 그에게 사랑이 있다면 어려운 중에도 남을 돕는 선한 사람들을 인정할 것이다. 그런데 그렇게 하지 않는 것을 볼 때 저 사람에게는 사랑이 없는 것이 분명하다. 그는 엄하고 모진 사람이다."

물론 예수님은 비판하지 말라고 가르치셨다. 물론 사도 바울은 "[사랑은] 악한 것을 생각하지 아니하며"(고전 13:5)라고 가르쳤다. 물론 예수님은 우리가 서로를 사랑하여 목숨까지도 바칠 수 있어야 한다고 가르치셨다. 그러나 이런 가르침이 문제 제기와 책망을 금하는 것은 아니다. 물론 예수님은 "비판을 받지 아니하려거든 비판하지 말라"(마 7:1)라고 말씀하셨다. 그런데 이것이 선지자들과 사도들과 목회자들로 하여금 교회를 향해 진리를 말하지 말라는 뜻으로 하신 말씀일까? 그들로 하여금 장식 선반 위에 있는 세 마리의 원숭이들처럼 악한 것을 보지도, 생각하지도, 듣지도 말고 죽을 때까지 얼굴에 미소만 지으며 살라는 뜻으로 하신 말씀일까? 그들로 하여금 무엇이든지 받아들이고 "주여! 주여!" 하는 사람들을 모두 믿어주고 하나님나라로 맞이하라는 뜻으로 하신 말씀일까?

구주(救主)의 입술을 통해 "비판하지 말라"라고 말씀하신 성령님이 "남은 자가 구원을 얻을 것이다"라고도 말씀하셨다는 사실을 그들이 망각해도 좋다는 뜻으로 말씀하신 것일까? 분명히 말하지만, 결코 그렇지 않다!

진단이 필요한 때

오늘날 교회에 필요한 것이 무엇인지 당신은 아는가? 그것은 '진단'이다. 이것이 무엇인가? '진단'이라는 뜻의 영어 '다이어그노우시스'(diagnosis)는 뜻이 분명한 헬라어 두 단어로 이루어진 단어로 "철저히 안다"라는 뜻을 가지고 있다. 지금 예수 그리스도의 교회에 필요한 것이 바로 이런 진단이다.

한 가지를 가정해보자. 몸 상태가 좋지 않은 어떤 사람이 의사에게 가서 이렇게 말한다.

"의사 선생님, 아침에 일어나면 입안에 무엇이 꽉 차 있는 느낌이 듭니다. 머리도 아프고 기운이 없습니다. 몸 상태가 좋지 않습니다."

그러자 의사가 "그렇습니까? 혀를 한번 내밀어보십시오"라고 말한다.

그는 놀란 표정으로 의사를 쳐다보며 "뭐라고요?"라고 묻는다.

"혀를 내밀어보십시오."

"왜 혀를 내밀라고 하는지 이해가 가지 않습니다."

"환자분을 철저히 알아야 하기 때문입니다. 진단을 해야 하기 때문이죠."

그는 "혀를 내미는 것은 점잖은 행동이 아니기 때문에 그렇게는 못하겠습니다"라고 말한다.

그러자 의사는 "좋습니다. 그러면 식욕은 어떻습니까?"라고 묻는다.

"내 식욕이 어떤지 선생님께서 알아야 할 이유가 있습니까?"

"좋습니다. 그러면 잠은 잘 주무십니까?"

"내가 잠을 잘 자든 말든 그것이 선생님과 무슨 상관이 있습니까? 나는 도움을 받기 위해 왔습니다. 내가 싫으십니까? 나는 선생님의 도움을 원하지만, 선생님은 나를 좋아하지 않으시는 것 같군요."

"나는 환자분을 좋아합니다. 그러나 진찰을 위해 묻는 것입니다. 밤에 잠은 잘 주무십니까?"

"의사 선생님, 내 일에 상관하지 않으셨으면 좋겠습니다. 선생님은 정말 이해하기 힘든 분이군요. '모든 사람을 사랑하라. 아무도 비판하지 말라. 사랑은 악한 것을 생각하지 않는다. 사랑은 허다한 허물을 덮어준다'라는 성경의 가르침을 모르십니까? 신약 성경을 안 읽으세요? 내가 잠을 잘 자든 말든 그것은 선생님이 상관할 일이 아닙니다."

"좋습니다. 그러면 환자분의 피를 조금 뽑아야겠습니다."

"내 피를요?"

"예."

"내 피를 어떻게 하실 것입니까?"

"나는 환자분을 철저히 알아야 합니다."

"나는 도움을 받기 위해 왔습니다. 내게는 격려와 감동이 필요합니다. 나는 내 피를 주고 싶지 않습니다."

"피를 검사하지 않고는 환자분의 상태를 알 수 없습니다."

"아, 정말 이해되지 않는군요. 선생님은 정말 말이 안 통하는 분이에요. 왜 내 피에 대해 알려고 하는 것입니까?"

"좋습니다. 그러면 적어도 혈압은 재봐야겠습니다."

"내 혈압은 알아서 무엇을 하시렵니까? 내 혈압에 대해 신경을 끄십시오. 성경은 '비판하지 말라'라고 가르칩니다. 만일 선생님이 내 혈압을 알면 나를 비판할 것입니다."

진단하는 설교가 없다

방금 가정한 일이 의사와 환자 사이에 벌어진다면 이것은 정말 황당하기 짝이 없는 일이다. 사탄이 지옥에서 배꼽을 잡고 웃을 것이다. 그런데 문제는 설교자를 대하는 우리의 태도가 바로 이 환자의 태도를 닮았다는 것이다.

우리는 부흥을 위해 악단을 동원해 소위 분위기를 고조시킨다. 많은 사람들을 모아서 밤을 새며 부흥을 위해 기도한다. 그러나 이렇게 하는 것은 바알의 제단에서 뛰며 "바알이여 우리에게 응답하소서"(왕상 18:26)라고 부르짖고 몸을 상하게 하는 것과 다를 바 없다. 왜냐하면 우리는 자신에 대한 영적 진단을 받아들이지 않기 때문이다. 우리는 하나님 앞에 나아가 자신을 살피는 일을 하지 않는다. 우리는 하나님이 우리를 진단하시도록 허락하지 않는다. 우리는 누군가 우리의 문제를 찾아서 해결책을 제시하도록 허락하지 않는다.

우리는 설교자가 우리를 격려하고 우리에게 감동을 주고 긍정적인 말을 해주면 우리가 침체된 상태에서 벗어날 수 있을 것이라는 기대 속에서 설교를 듣는다. 그러나 설교자가 밤을 새우며 기도하고 교인들을 위해 목숨을 내놓을 수도 있는 마음으로 사랑한다 할지라도, 우리는 그가 설교하기 위해 입을 열자마자 "아무도 비판하지 마십시오"라는 말로 그의 입을 막는다.

우리는 "나는 그리스도인입니다. 당신은 이 사실을 인정해야 합니다. 그렇지 않으면 성령을 근심하게 하는 것입니다"라고 말한다. 그리고 우리는 우리의 문제를 지적하고 문제 해결의 방법을 제시하려는 사람의 입을 틀어막는다.

만일 설교자가 오직 사랑만을 전하고 에베소서의 말씀을 인용하여 당신이 얼마나 귀한 존재인지에 대해서만 말해야 한다면, 창세 이래로 말씀을 선포한 모든 선지자는 잘못된 것이다. 다음과 같이 선포한 에녹도 잘못된 것이다.

"보라 주께서 그 수만의 거룩한 자와 함께 임하셨나니 이는 뭇사람을 심판하사 모든 경건하지 않은 자가 경건하지 않게 행한 모든 경건하지 않은 일과 또 경건하지 않은 죄인들이 주를 거슬러 한 모든 완악한 말로 말미암아 그들을 정죄하려 하심이라"(유 1:14,15).

내가 볼 때, 이것은 격려와 감동과 긍정적인 말처럼 들리지 않는다. 오히려 진단처럼 들린다. 누군가 문제의 원인을 찾으려고 하는 것처럼 들린다.

만일 내가 진단을 하려고 하지 않는다면, 당신이 내 이야기를 들으려고 하지 않는다면, 모든 선지자는 잘못된 것이며, 특히 그리스도께서는 그들보다 더 잘못되신 것이다. 왜냐하면 당신을 꿰뚫어보고 당신으로 하여금 과소평가되었다고 느끼게 할 수 있는 사람이 없기 때문이다. 우리 주 예수 그리스도만큼 잘 꿰뚫어보시는 분은 없다.

현실에 대한 모든 문제 제기를 틀어막고 모든 책망을 침묵에 빠뜨리는 것이 옳다면, 사도들도 큰 죄인이요 고집불통이요 이단일 것이다. 사도 바울이 고린도 교인들에게, 골로새 교인들에게,

갈라디아 교인들에게 쓴 것을 읽어보라. 베드로가 여러 지역에 흩어져 있던 많은 그리스도인들에게 쓴 것을 읽어보라. 유다가 교회 안으로 은밀히 침투한 사람들에 대해 쓴 것을 읽어보라. 요한이 자신의 서신에서 말한 것을 읽어보라. 야고보가 말한 것을 읽어보라. 그들이 "비판을 받지 아니하려거든 비판하지 말라"(마 7:1)라는 주님의 말씀을 몰라서 그렇게 말했겠는가?

그들은 주님의 이 말씀을 알았고, 또 그 의미를 알았다.

바울은 그 자신이 "[사랑은] 악한 것을 생각하지 아니하며"(고전 13:5)라고 말했지만, "유대교의 할례에 환장하는 너희여! 너희는 가위를 가지고 그리스도인들을 만들어내려고 하는구나. 나는 너희가 깨끗이 잘라지고, 너희 자신을 제거하고, 교회에서 나가기를 원한다"라는 식으로 말했다. 사랑은 악한 것을 생각하지 않으며 사랑이 세상에서 가장 위대한 것이라고 말한 바울은 갈라디아의 거짓 선생들에게 "너희 자신을 잘라버리고 나가라!"라고 말했다.

지금은 진단이 필요한 때이다. 문제의식을 가지고 조사하고 혈액을 분석하고 혈압을 재고 잘못된 것을 찾아내야 할 때이다.

하나님과 깊은 교제를 나눈 신비가(神秘家)들이나 종교개혁가들이 잘못되었는가? 마르틴 루터가 감옥에 가야 했는가? 찰스 피니가 한두 번 감옥에 들락거려야 했는가? 하나님의 말씀으로 세상을 흔들어놓은 모든 사람이 감옥에 가야 했는가?

만일 그들이 감옥에 가는 것이 옳은 일이었다면, 성경말씀에 순종하는 것이 무의미할 것이다. 만일 그들이 잘못된 것이라면, 우리는 영적인 판단을 내려서는 안 될 것이며 어떤 일도 하나님의 말씀에 비추어 옳고 그름을 논해서는 안 될 것이다. 주님이 우리에게 지킬 수도 없는 계명을 주신 셈이 될 것이다. 주님은 "거짓 선지자들을 삼가라 양(羊)의 옷을 입고 너희에게 나아오나 속에는 노략질하는 이리라"(마 7:15)라고 말씀하셨다. 그러나 현대 신학자들은 "누구도 비판하지 마십시오. 아무의 말도 의심하지 마십시오. 사랑의 주님을 본받아 모두를 사랑하십시오"라고 가르친다. 그들의 말에 무조건 따르다가 양의 옷을 입고 다가오는 이리를 만나면 어떻게 해야 하는가? "양 아저씨, 안녕하세요?"라고 인사해야 하는가? 침이 질질 흐르는 송곳니가 눈에 보이는 데도 스스로에게 '걱정하지 마. 저것은 틀림없이 이리가 아니야!'라고 말해야 하는가?

사실을 사실대로 말하기를 두려워하는 저 눈먼 사람들이 지극히 상냥하고 친절해 보이는가? 그들은 "형제여, 사랑합시다!"라고 말하며 접근한다. 그들은 "사랑하는 형제여!"라고 부르며 자신의 고운 손으로 당신을 어루만질 것이다. 그러나 당신은 그들이 어떤 사람들인지 정확히 보아야 한다. 만일 내가 양의 탈을 쓴 이리를 알아보지 못한다면, 양 무리에 접근하는 이리를 막지 못할 것이다. 양을 보호하는 것이 우리의 의무가 아닌? 이리를 식별하지 못하고 어떻게 그것을 경계하겠는가?

예수님은 "이러므로 그들의 열매로 그들을 알리라"(마 7:20)라고 말씀하셨다. 이런 상황을 가정해보자. 내가 낡고 황폐한 정원으로 간다. 그곳으로 가는 이유는 과거에 내가 저기 펜실베이니아 주(州)에서 기르곤 했던 양 코 사과(a sheep-nosed apple)를 찾기 위함이다. 그러나 거기서 나는 야생 능금, 산사나무 열매, 벌레가 우글거리는 말라빠진 신 사과만을 찾아볼 수 있을 뿐이다.

누군가 내게 "목사님, 거기서 무엇을 하십니까?"라고 묻는다.

나는 "열매를 찾기 위해 여기에 왔습니다. 여기서 열매를 판단하고 있습니다"라고 대답한다.

내 말을 듣고 그는 이렇게 말한다.

"그렇습니까. 하지만 목사님, 그렇게 하시면 안 됩니다. 성경은 판단(비판)하지 말라고 가르칩니다. 열매를 판단해서는 안 됩니다. 바울은 '사랑은 악한 것을 생각하지 않는다'라고 말했습니다. 예수님은 '비판을 받지 아니하려거든 비판하지 말라'라고 가르치셨습니다. 성경은 모든 사람을 사랑하라고 가르치지 않습니까? 저 불쌍한 야생 능금은 그것 나름대로 최선을 다하고 있습니다. 저 산사나무 열매도 사과처럼 보이려고 애쓰고 있습니다. 양 코 사과로 성장하고 있는 과정에 있는 것입니다. 그렇게 좋게 봐주십시오. 주님이 저 귀여운 것들을 사랑하시는데, 왜 목사님은 그토록 까다롭게 구십니까?"

그의 말이 옳다면 나는 그 자리에서 조용히 사라져야 할 것이다. 크고 탐스럽고 즙이 많은 양 코 사과와 야생 능금의 차이를 구별해서도 안 될 것이다. 왜냐하면 그렇게 할 경우에 판단(비판)하는 것이 되기 때문이다. 그러나 비판을 허용하지 않는다면 우리는 성경에 순종할 수도 없을 것이다. 주님의 명령에 복종할 수도 없을 것이다. 영적 판단력을 발휘하지 못하고 비판이나 분별을 원천 봉쇄한다면, 우리는 배운 것을 실천할 수 없다. 사도 요한은 "사랑하는 자들아 영(靈)을 다 믿지 말고 오직 영들이 하나님께 속하였나 분별하라 많은 거짓 선지자가 세상에 나왔음이라"(요일 4:1)라고 말했다. 만일 영들을 분별하는 것이 불가능하다면 그가 왜 이런 교훈을 말했을까? 만일 우리가 영들을 분별하는 용기를 내지 못한다면 그의 교훈은 무의미해진다.

전능하신 하나님께서 내게 판단의 사명을 주셨는데, 왜 내가 판단하기를 두려워해야 하는가? 하나님이 야생 능금과 양 코 사과를 구별하는 사명을 내게 주셨는데, 왜 내가 그것을 감당하기를 두려워해야 하는가? 하나님이 이리를 조심하라고 말씀하셨는데, 왜 내가 그것을 발견하고 "이리가 나타났다!"라고 소리치는 일을 포기해야 하는가? 하나님이 "영들이 내게 속하였는지 분별하라"라고 명하셨는데, 왜 내가 영 분별하기를 두려워해야 하는가? 내게 사명을 주신 하나님께서는 그것을 감당한 나를 결코 지옥에 보내지 않으신다. "가서 열매들을 판단하라"라고 명하신 하나님께서는 내가 열매들을 판단했다고 해서 나를 지옥에 보내지 않으신다.

성경은 범사에 헤아려 좋은 것을 취하라고 가르친다(살전 5:21 참조). 그런데 만일 내가 영적 판단력을 발휘하지 않는다면 어떻게 선과 악을 구별할 수 있겠는가? 성경은 '형제'라고 불리는 사람이 음란죄, 우상숭배의 죄 또는 그와 같은 죄들을 범하면 그와 함께 먹지도 말라고 명한다. 다시 말해서, 주님의 집에서 그와 교제를 나누지 말라는 뜻이다.

왜 우리는 전진하지 못하고 늘 같은 자리에 머물러 있는가? 그것은 우리가 우리의 문제가 무엇인지 찾아내려고 하는 설교자, '남은 자'가 어디에 있는지 알려고 하는 설교자, 심지어 '남은 자'가 있는지에 대해 알려고 하는 설교자의 입을 틀어막기 때문이다.

하나님 앞에서 자기 자신을 살펴라!

그렇다면 이런 문제에 대해 우리는 어떻게 해야 하는가? 우선 우리는 깨달을 필요가 있다. 우리는 착각과 자기의(自己義)를 경계해야 한다. 이 덫에 걸려든 사람들이 이단들, 분파주의자들 그리고 바리새인들이다. "나는 옳으니까 나를 기준으로 너 자신을 판단하라"라고 말하는 영(靈)을 경계하라.

올바른 사람은 자신의 올바름에 대해 이야기하지 않는데, 이것이 그의 훌륭한 점이다. 경건한 사람은 자기가 경건하다는 것을 모르는데, 이것이 그의 놀라운 점이다. 거룩한 사람은 자기가 거룩하다는 것을 혼자만 모르는데, 이것이 그의 아름다운 점이다.

우리가 스스로 거룩하다고 말하기 시작하는 순간, 우리는 (이제까지는 거룩했다 할지라도) 더 이상 거룩한 것이 아니다. 만일 어떤 사람이 다른 사람의 거룩함에 대해 말하면 나는 귀를 기울인다. 하지만 어떤 사람이 자기가 거룩하다고 말하기 시작하면 나는 즉시 귀를 틀어막는다. 왜냐하면 내 귀에 그의 말이 들리면 그것이 사실이 아니라는 것을 잘 아는 내 고막의 세포들이 스트레스를 받아 요동치기 때문이다. 선한 사람은 자기가 선하다는 것을 모르며, 거룩한 사람은 자기가 거룩하다고 생각하지 않으며, 의로운 사람은 자기가 비참하다고 생각한다. 그들은 "아, 나는 정말 비참한 존재이다. 나는 내 구주(救主)를 사랑하고 내 하나님 안에서 매우 행복하다. 그러나 내 자신을 생각하면 구역질이 난다"라고 말한다.

그렇다면 우리는 어떤 태도를 가져야 하는가? 우리 자신을 다른 사람과 비교하지 않는 것이 올바른 태도이다. 당신을 오직 예수님과만 비교하라. '남은 자'에 속한 사람은 "내가 남은 자에 속하는가?"라고 묻지 않는다. 그는 소망하고 신뢰하고 추구하고 갈망하면서 자기 자신을 구주와 비교한다. 다른 사람들과는 비교하지 않는다. 당신을 다른 사람과 비교하면 당신은 루시퍼(사탄)처럼 교만해질 것이다. 그러나 당신을 예수님과 비교하면 모세처럼 온유하고 겸손해질 것이다(민 12:3 참조).

그러므로 우리가 해야 할 일은 '남은 자'를 찾는 것이 아니라 착각과 자기의(自己義)를 경계하고 우리 자신을 오직 예수님과만 비교하는 것이다. 이렇게 한 후에는 예수께 "우리는 무익한 종입니다"라고 말씀드려라. 요컨대 우리는 겸손하고 온유한 마음으로 주께 나아가 "주님, 주님의 은혜와 영원한 언약인 보혈의 능력으로 말미암아 천국에서 상급을 받는다 할지라도 저는 무익한 종입니다"라고 말씀드려야 한다. 주께 "저는 거룩합니다. 주님도 저의 흠을 찾지는 못하실 것입니다"라고 말씀드려서는 안 된다.

내가 볼 때, 현재 우리의 복음주의 기독교는 자유주의 기독교만큼이나 하나님에게서 멀리 떨어져 있다. 이것은 단지 내 의견이 아니라 통찰이다. 복음주의 기독교는 명목상 성경적 가르침을 붙들고 있지만, 행위는 세상을 향하고 있다. 현대의 복음주의자들, 성경을 사랑하는 사람들, 즉 복음적이고 전통적인 기독교 신앙이 있다고 주장하는 우리 같은 사람들은 돈 많이 버는 사업가를 닮고 싶어 한다. 우리가 잘 알듯이, 예수님은 이 땅에 계실 때 돈 많이 버는 사람들과 어울리지 않으셨다. 그런데 유감스럽게도, 우리는 그런 사람들을 동경한다. 또한 우리의 관심은 파티장을 향한다.

오늘날 복음주의 교회는 쇼맨십(showmanship)이라면 사족을 못 쓴다. 나는 설교단에 서서 이런저런 순서를 진행하는 사람들이 어떤 사람들인지 잘 안다. 그들을 볼 때 나는 혼자 웃으며 하나님께서 그들에게 깨달음을 주시기를 기도한다. 어떤 젊은이가 순서를 진행하기 위해 설교단에 뛰어오르는 것을 보면 나는 그가 어디에 있었는지, 어디서 성장했는지를 알 수 있다. 그는 거의 부르르 떨면서 설교단 위로 올라가 소위 '엠시'(MC) 노릇을 한다. 이런 것을 어디서 배웠을까? 물론 텔레비전에서 배웠을 것이다. 엠시들이 흔히 사용하는 카드를 손에 들고 느끼한 미소를 짓는 것도 척척 해낸다. 그리고 텔레비전에서 수없이 본 저 지긋지긋한 것들을 교회에서 반복한다. 설교단으로 펄쩍 뛰어올라 "여러분, 이제 메이벌 퍼스니키티와 해리 존즈가 노래하겠습니다. 박수 부탁해요!"라고 말하는 솜씨도 아주 일품이다.

나는 이 젊은이가 어디에 있었는지를 안다. 코를 킁킁거려보지만 그에게서 몰약이나 알로에나 계피 냄새가 나지 않는다. 하늘나라의 냄새가 나지 않는다. 그에게서 훅 풍기는 냄새를 맡아보면 그가 어디에 있었는지 빤하다. 그의 관심은 텔레비전과 연예계에 가 있다. 그러면서도 그는 삼나무로 만든 장롱만큼 큰 성경을 팔에 끼고 다닌다. 이렇게 큰 성경을 들고 걸어가면서 "나는 이렇게 무거운 성경을 다섯 블록이나 더 들고 가서 설교해야 한다"라고 말한다. 그리고 그 교회에 가서는 속물처럼 행동하는데, 이것은 그 자신의 설교와 모순된 결과를 낳는다. 이처럼 우리의 마음은 놀이에 가 있다.

우리는 교계의 거물을 보면 사족을 못 쓴다. 우리는 생각이 짧고 소심하다. 젊은 목사들은 교계의 거물이 어깨에 힘을 주고 교회 안으로 들어오면 황급히 차려 자세를 취하고 깍듯이 인사한다.

그러나 나는 그 누구 앞에서도 내 작고 늙은 입을 닫지 않겠다. 그가 아무리 사회적으로 높은 신분이라 할지라도, 아무리 재산이 많다 할지라도, 아무리 은행 잔고가 많다 할지라도, 아무리 고액의 수표를 발행할 수 있다 할지라도 나는 그 앞에서 내 입을 닫지 않을 것이다. 그가 이 성당의 사제이거나 저 성당의 추기경이거나 또 다른 성당의 주교라 할지라도 말이다. 누군가 근본주의 교회에서 무관(無冠)의 유력 인사이거나 현대 복음주의 교회에서 자칭 무임소(無任所) 대사(大使)라 할지라도 나는 하나님께서 원하시는 메시지를 전할 것이다.

성경으로 돌아가라!

그렇다면 우리는 어떻게 해야 하는가? 우리는 가장 먼저 신약성경의 삶으로 돌아가야 한다. 우리는 성경으로 돌아가 그리스도를 믿는 참된 신자의 특징이라고 할 수 있는 영적 수준이 어떤 것인지를 배워야 한다. 우리는 가능한 모든 면에서 자신을 부인하고 세상을 버려야 한다. 그리고 기독교와 세상이 조화를 이룰 수 없다는 사실을 늘 명심해야 한다. '기독교적 세상'이라는 것은 있을 수 없다. 그런데 유감스럽게도 현재 우리 눈에는 '세상적 그리스도인'이 많이 보인다.

끝으로 우리는 다수의 영향력에 저항해야 한다. 다수의 영향력에 이끌려 하나님 말씀의 분명한 가르침을 저버려서는 안 된다. 그러므로 우리는 예수 그리스도께 돌아가 그분을 주님으로 모시고 그분께 충성하면서 그분의 제자들과 협력해야 한다.

다음은 제임스 로우(James Rowe, 1865~1933)가 지은 '예수님 닮기 원하네'라는 찬송가이다.

세상 쾌락 헛되이 나를 부르네.

예수님 닮기 원하네.

세상 즐거움 나를 유혹하지 못하네.

예수님 닮기 원하네.

예수님이 내 모든 사슬을 끊으셨네.

예수님 닮기 원하네.

내 영혼이 예수님을 섬기게 되었네.

예수님 닮기 원하네.

이 땅에서 영광의 하늘에 이르기까지

예수님 닮기 원하네.

끝없이 예수님을 이야기하면서

예수님 닮기 원하네.

하늘에서 예수님이 나를 영접하시리니
예수님 닮기 원하네.
예수님이 "잘했다!" 칭찬하시리니
예수님 닮기 원하네.

(합창)
이것이 나의 노래일세.
집에서나 밖에서나
예수님 닮기 원하네.
아침부터 밤까지
예수님 닮기 원하네.

10

신학적 언어의
유령을 경계하라

신학적 언어의 유령, 즉 신학적 무덤에서 나온 망령이 현세대를 지배한다.
지나간 세대에게는 의미가 있었지만 현재 우리에게는 의미가 없는 말을 지금도 사용하다보니
우리의 영적 혈관이 막혀버리는 것이다.

"내가 주께 범죄하지 아니하려 하여 주의 말씀을 내 마음에 두었나이
다"(시 119:11).

역사상 시대를 막론하고
사람들의 사상과 행동을 지배하는 말이 있기 마련이다. 이런 말
은 그 시대에 사람들의 전문 분야들에서 그들의 사고(思考)와 행
동에 큰 영향을 미친다. 철학 분야에서도 그렇고, 문학이나 정치
나 종교 분야에서도 마찬가지이다. 시대와 세대와 역사적 시기를
막론하고 특정한 말이 사람들의 마음을 지배하는 경향이 있다.
이런 말은 특정 시대 사람들의 행동의 방향을 결정짓는다. 이런
말은 사람들을 지배하는 사상을 구현하고 표현하기 때문에 막강
한 힘을 발휘한다.

우리는 '사상'(idea)의 힘을 과소평가해서는 안 된다. 사도 요한은 "태초에 말씀이 계시니라 이 말씀이 하나님과 함께 계셨으니 이 말씀은 곧 하나님이시니라 그가 태초에 하나님과 함께 계셨고 만물이 그로 말미암아 지은 바 되었으니 지은 것이 하나도 그가 없이는 된 것이 없느니라"(요 1:1-3)라고 말했다. 여기서 "태초에 말씀이 계시니라"라는 구절에서 "말씀"을 표현하기 위해 사도 요한이 사용한 단어는 '로고스'(logos)이다. 태초에 적극적 '아이디어'(생각, 개념, 사상, 계획)가 표현되었다. 그러므로 태초에 적극적 아이디어가 있었던 것인데, 모든 것이 이것으로부터 창조되었고 하나님의 아들 예수 그리스도의 마음에서 비롯되었다.

인간들이 사는 곳 어디에서나 발견되는 모든 것은 사실 하나의 아이디어 또는 여러 개의 아이디어에서 생겨났다. 예를 들어, '문명'을 보라. 문명이란 것을 정확히 규정하는 것은 쉬운 일이 아니다. 때로 나도 문명을 정의(定義)하려면 매우 아리송하다. 그럼에도 불구하고 분명한 것은 문명이 정글보다는 낫다는 것이다. 진흙으로 지어진 오두막에 살면서 맨바닥에서 잠을 자는 것보다는 제퍼슨 호텔(미국의 유명 호텔)에서 지내는 것이 더 좋을 것이다. 그런데 문명은 나름대로의 목적의식 때문에 생겨났다. 다시 말해서, 저 먼 옛날 자연적인 것에 불만을 가진 어떤 사람이 나름대로 자연에 무엇인가를 가미하고 고치는 과정에서 문명이 시작된 것이다. 그러므로 문명은 그의 아이디어에서 생겨난 것이다.

'자유'라는 개념을 또 예로 들어보자. 미국에는 아직도 어느 정도의 자유가 남아 있다. 그런데 우리가 여러 세대에 걸쳐 누려왔고, 또 현재 목격하고 소유한 모든 것은 '자유'라는 원대한 꿈을 꾸며 고민한 사람들의 아이디어에서 나왔다. 그들 가운데는 심지어 감옥에 갇혀서도 자유의 꿈을 꾼 이들이 있다. 벤자민 프랭클린이나 토머스 제퍼슨 같은 미국 건국(建國)의 아버지들은 자유의 개념을 헌법에 명시했다. 윌리엄 글래드스턴(William Ewart Gladstone, 1809~1898. 영국의 정치가)은 미국의 헌법이야말로 인간의 머리에서 나온 가장 훌륭하고 강력한 문서라고 칭송했다. 아무튼 자유라는 개념도 결국은 인간의 아이디어에서 나온 것이다.

'수송'이라는 개념도 마찬가지이다. 아주 먼 옛날 표범 가죽을 입고 있던 어떤 사람이 바퀴라는 것을 발명했을 것이다. 그는 둥근 물체의 한가운데에 구멍을 뚫고 그것에 막대기를 끼워서 굴리면 그 물체가 잘 돌아간다는 것을 알게 되었다. 바퀴가 발명된 후에 자동차, 기차, 비행기 등이 만들어짐으로써 우리는 한 장소에서 다른 장소로 쉽게 이동할 수 있게 되었다.

또 한 예로 '통신'을 들어보자. 이용 가능한 상업적 무선(無線) 통신을 발전시킨 최초의 사람들 중에는 구글리엘모 마르코니(Guglielmo Marconi, 1874~1937. 이탈리아의 전기기술자이자 사업가)라는 발명가가 있다. 전해지는 말에 따르면, 그가 1895년 이탈리아에서 최초로 무선 신호를 주고받았다고 한다. 이런 아이디어에서 라디오, 텔레비전 그리고 영국인들이 '무선'(無線)이라고 부르는 것이 생겨났다.

'종교개혁'도 또 하나의 예가 된다. 다윗은 성령의 감동을 받아 "마음에 간사함이 없고 여호와께 정죄를 당하지 아니하는 자는 복이 있도다"(시 32:2)라고 말했다. 그러나 이 아이디어는 오랜 세월 동안 잠들어버렸다. 그러다가 사도 바울이라는 사람의 마음에서 다시 깨어났고, 그는 우리에게 로마서와 갈라디아서를 남겨주었다. '이신칭의'(以信稱義)라는 아이디어는 초대교회의 사고(思考)를 움직이다가 다시 오랜 세월 동안 잠들었다. 그러다가 마르틴 루터라는 독일 사람과 그의 몇몇 협력자들의 마음에서 다시 깨어나 종교개혁을 일으켰다.

'기독교선교연합'(Christian and Missionary Alliance, 토저가 속했던 교단)이라는 교단은 A. B. 심슨 박사가 괴로워하면서 몸부림치는 가운데 탄생했다. 이 교단이 생기기 전에 그것에 대한 아이디어가 있어야 했다. 그러므로 심슨이라는 캐나다 사람의 마음속에 싹튼 아이디어가 교단을 꽃피웠고, 이것을 통해 전 세계에 선교사들도 보낼 수 있게 되었다. 이 아이디어는 도토리보다도 작았을 것이다. 눈에 보일까 말까 할 정도로 작았을 것이다. 하지만 이것은 심슨의 마음속에 분명히 존재했다.

아이디어에는 강력한 힘이 있다. 아이디어를 결코 과소평가하지 말라. 그런데 여기서 우리가 주목해야 할 분명한 사실이 있다.

그것은 아이디어나 말(言)이 한 세대 동안 살아 있다가 그 다음 세대에는 죽는다는 것이다. 그런데 어떤 아이디어는 죽은 후에도 사라지지 않는다. 다시 말해서, 죽은 후에도 사람들에게 영향을 미친다.

죽은 언어의 망령

죽은 언어가 다음 세대에서 영향력을 발휘하는 현상은 인간의 사고와 행동의 어떤 다른 영역에서보다 신앙의 영역에서 더 분명히 나타난다. 하나님께서는 한 세대에 찾아오시어 그 세대에게 유익한 아이디어, 즉 살아 있는 진리를 주신다. 이 살아 있는 진리는 이런저런 말이나 표현의 옷을 입고 우리에게 나타난다. 이런 말은 도서 목록에도 들어간다. 이런 말과 관련해서 책이 만들어지고 잡지가 발행된다. 각처에서 설교자들은 이 말에 대해 설교한다. 이 말이 생긴 세대에 이 말을 중심으로 학교와 학파들이 생겨난다. 이것은 살아 있는 아이디어이고 하나님의 마음에서 나온 것이기 때문에 창조적이고 강력하다. 또한 이것에서부터 위대한 것들이 생겨난다. 그러나 그런 다음 이것은 죽는다. 이것이 어떤 한 세대가 출현하도록 도움을 주는 것은 사실이지만, 그 세대의 마음속에서 죽는다.

그런데 그런 다음에도 이것은 영향력을 계속 발휘한다. 한때 살아 있는 아이디어를 담아냈던 죽은 언어가 우리의 교리를 규정하고, 설교자들의 메시지와 학교 강의와 잡지 기고와 저술에 영향을 주고, 심지어 찬송가에도 영향을 미친다. 그런데 이 말이 한 세대 전에 죽었다는 것을 아무도 모른다. 모든 사람이 이 말을 서로 주고받으며 퍼뜨린다. 이 말은 이런저런 집단들에서, 심지어 교단들에서 표어나 유행어가 되어 돌아다닌다. 그러나 사실 이 말은 오래전에 죽어서 그 안에 생명이 없다. 이 말은 그것이 본래 의도한 것, 또는 그것이 실제 이루려고 했던 것을 더 이상 이루지 못한다. 이 말은 처음에 이 말을 사용한 세대를 위해 이루었던 것을 더 이상 이루지 못한다.

그럼에도 불구하고 신학적 언어의 유령, 즉 신학적 무덤에서 나온 망령(亡靈)이 현세대를 지배한다. 우리는 신학의 무덤에서 흘러나오는 유령의 목소리를 들으며 살아간다. 죽은 자가 누워 있는 쾨쾨한 냄새가 나는 무덤에서 흘러나오는 목소리가 늘 우리 주변에서 들린다. 그러나 안타깝게도, 용기 있게 일어나 이 목소리에 대항하여 "이것은 죽은 언어입니다"라고 말하며 하나님께 살아 있는 아이디어를 구하는 사람이 없다. 그러다보니 신학적 언어라는 죽은 자의 큰 손이 우리의 목을 조르고 있다. 지나간 세대에게는 의미가 있었지만 현재 우리에게는 의미가 없는 말을 지금도 사용하다보니 우리의 영적 혈관이 막혀버리는 것이다.

오늘날 교회에서 발견되는 죽은 언어

나는 많은 죽은 언어 가운데 두 가지만 언급하겠다. 하나는 '영접하다'(accept)라는 말인데, 이것은 '영적 수동성의 교리'를 가르친다. 또 다른 하나는 '받다'(receive)라는 말인데, 이것은 '영적 무활동(無活動)의 교리'를 가르친다.

1. '영접하다'

'영접하다'(accept)라는 말이 한때는 좋은 단어였다. 사실 "예수님을 영접하다"라는 뜻으로 사용되는 '영접하다'는 성경에 나오지 않는다. 아무튼 한때 이 말은 살아 있는 아이디어를 담고 있었다. 이 말은 과거 어떤 특정 세대에 존재한 사람들의 영적 체험과 상태로 인해 탄생했다. 그때 살아 있는 음성이 일어나 "당신은 행위로 구원받지 않고 그리스도를 영접함으로써 구원받는다"라고 말했는데, 거기에는 생명이 있었다. 선행(善行)이라는 야곱의 사다리를 타고 천국까지 오르려고 발버둥을 치던 사람들이 갑자기 깨달음을 얻었는데, 그것은 그들이 그리스도를 마음속에 영접하여 변할 수 있다는 것이었다. 당시에는 '영접하다'라는 말이 좋은 말이었다.

지난 세대의 큰 싸움들에서 '영접하다'는 복음주의, 근본주의, 순복음주의 그리고 다양한 선교 단체들의 핵심 단어로 사용되었다. 그런데 이 말에 담긴 강력한 진리가 오래전에 죽었음에도 불구하고 이 말은 여전히 사용되고 있다. 이 말은 여러 신학적 분야에서 여전히 통용되면서, 소위 그리스도인을 만들어낸다. 좀 더 정확히 말하면, 마음에 뉘우침이 없고 생각이 경박하고 행동이 세속적인 그리스도인을 만들어낸다.

믿음을 갖겠다고 찾아온 사람들에게 우리가 "예수님을 영접하십시오"라고 말하면, 그들은 "좋습니다. 그렇게 하겠습니다"라고 대답한다. 그리고 그들은 예수님을 영접한다. 그런데 이것으로 끝이다! 그들에게 아무런 변화가 없다. 회개하지 않았던 그들의 존재의 뿌리가 고침을 받았다는 증거가 나타나지 않는다. 그들의 교만이 십자가에 못 박히지 않았고, 그들의 세속성이 처리되지 않았고, 그들의 경박한 생각은 상상을 초월한다. 한 세대가 '영접하다'라는 말을 중심으로 돌아가고 있지만, 사실 그 세대 사람들은 죽은 신학적 언어의 희생자들인 것이다.

이 이야기를 쉽게 설명하기 위해 실례(實例)를 하나 들어보자. 어떤 기독교 기관이 있다. 이 기관은 해외에 나가 봉사할 젊은이들을 찾아서 그들에게 복음을 증거하고 있다. 따라서 이 기관에서 일하는 사람들의 사명은 해외로 나가려는 젊은이들에게 그리스도를 증거하는 것이다. 그러나 그들이 정말 그런 사명을 제대로 감당하고 있는지에 대해서는 의문을 품을 수밖에 없는데, 다음과 같은 사건이 내게 일어났다.

어느 날, 그 기관의 사역자들 중 한 사람인 침례교 목사가 내 서재로 찾아왔다. 그는 낡은 소파 위에 몸을 던지며 이렇게 말했다.

"토저 형제, 나는 참으로 괴롭습니다. 나는 모 단체에서 일합니다. 혹시 이 단체의 문제점에 대해 아십니까? 거기 사람들은 내가 회개에 대해 말하지 못하게 합니다. 목숨을 걸고 해외 선교를 하러 나가는 젊은이들에게 내가 감히 말할 수 있는 것은 그리스도를 영접하라는 것입니다. 내가 이렇게 말하면 그들은 고개를 숙인 채 '예, 나는 예수님을 영접합니다'라고 말하고 미소를 지으면서 나와 악수합니다. 그들 중 일부는 두려워하는 마음을 가지고 해외로 나갑니다. 그들 중 일부는 다시 돌아오지 못할 수도 있습니다. 그럼에도 불구하고 나는 생명 얻는 회개, 죄(罪) 또는 죄를 뉘우침에 대해 그들에게 감히 말하지 못합니다. 나는 그들에게 예수님을 영접하라는 말밖에 할 수 없습니다."

앞으로 이런 문제가 나타날 것이다. 다시 말해서, 교회가 모든 면에서 무기력해지고 세속적으로 변할 때 이런 문제가 나타날 것이다. 그리스도를 영접하라고 말만 하고 변화를 요구하지 않는 것은 신약성경이 증거하는 그리스도를 사실상 거부하는 것이다. 전문적 복음전도자들은 전국을 돌면서 "그리스도를 영접하십시오!"라고 외친다. 그러나 이런 외침은 신학적 무덤에서 흘러나오는 망령(亡靈)의 음성에 불과한 것으로 사실상 이 세대에 아무 의미 없는 말이다.

2. '받다'

내가 언급하고자 하는 두 번째 단어는 '받다'(receive)라는 말이다. 이 말은 '영적 무활동(無活動)의 교리'를 가르친다. '영접하다'와 '받다'는 모두 수동적 단어인데, 이 '영적 무활동의 교리'가 여러 곳에서 비극적인 열매를 맺고 있다.

젊었을 때 우연히 나는 한 초로(初老)의 여자가 주관하는 모임에 가게 되었다(하나님이시여, 제가 그녀를 잊지 않게 하소서!). 그녀는 신학을 많이 아는 사람이 아니었다. 그렇지만 그녀는 무릎을 꿇고 자신을 부인하고 마음을 여는 것이 성령으로 충만해지는 방법이라고 믿었다. 그 당시 신학을 많이 알지 못한 나 역시 그녀의 가르침에 따랐다. 그리하여 성령께서 내 마음에 찾아와 나를 사로잡으셨다. 성령세례를 받은 사람으로서 나는 성령과 성령세례에 대한 언급 없이는 설교할 수 없게 되었다.

내가 성령충만을 체험한 후, 얼마 안 되어 교회들은 "성령을 받으라"라고 가르치기 시작했다. 그러자 성령 받기를 갈망하며 애쓰는 사람들이 생겨났다. 갈급한 마음의 젊은이들이 수심에 찬 얼굴로 각자의 선생들을 찾아가 "어떻게 하면 성령을 받을 수 있습니까?"라고 물었고, 그들은 대개 "성령을 못 받았다고요? 그냥 받으면 됩니다. 받으세요!"라고 말했다. 그러면 그들은 "아, 예! 받겠습니다!"라고 말했다.

그런데 문제는 이런 젊은이들이 성령을 받지 못했다는 것이다.

그럼에도 불구하고 우리는 이런 사람들을 사역지로 파송했고, 심지어 해외 선교의 현장으로 보냈다. 그러나 그들에게 있는 것은 '영적 무활동의 교리'가 전부였다.

'영접하다'라는 말과 '받다'라는 말은 죽은 언어이다. 물론 다른 세대와 다른 상황 속에서 이 말들이 다시 살아나 그 세대를 위한 하나님의 말씀이 될 가능성이 있기는 하지만 말이다.

죽은 언어의 위험성

사람들은 '영접하다'라는 말과 '받다'라는 말을 남용했고, 또 그것들이 죽게 내버려두었다. 이 말들은 친구들의 집에서 죽었다. 그 결과, 우리는 성령을 받지 않았으며, 우리가 무엇을 믿든 간에 우리의 삶은 변하지 않는다.

언젠가 보스턴에 사는 한 여성에게서 장거리전화가 왔다. 그녀는 "조금 전에 나는 토저 목사님의 책을 다 읽었습니다. 나와 내 남편은 시카고로 가서 성령충만을 받고 싶습니다"라고 말했다.

나는 그녀에게 "그렇습니까? 그런데 말이죠. 이 도시에서 성령충만을 받는 법을 내게 말해줄 사람이 누구인지 나는 알지 못합니다"라고 말했다. 나는 그녀에게 어디로 가라고 말해야 할지 몰랐다. 물론 그녀에게 도움을 줄 수 있는 사람들이 이 도시에 있었을 것이다. 그러나 장거리전화로 너무 오래 이야기할 수는 없었기에 나는 "자매님, 나는 자매님을 이곳으로 오게 할 수 없습니다"라고 말했다.

그리고 나는 "자매님과 자매님 남편이 적당한 장소를 찾아 무릎을 꿇고 나의 그 책을 다시 한 번 꼼꼼히 읽으십시오. 성령의 불이 임할 때까지 계속 읽으십시오"라고 말했다.

그녀는 "그렇게 하면 성령충만을 받을 수 있을까요?"라고 물었다.

나는 "그럴 것입니다"라고 대답했다.

나는 그 후 그녀에게 어떤 일이 일어났는지 확인하지는 못했지만, 그녀가 성령충만을 받았을 것이라고 믿는다.

지금 이 세대의 그리스도인들은 아무 의미 없는 죽은 언어들을 너무 많이 사용하고 있다. 그런데 그것들 중에서도 특히 '영접하다'와 '받다'라는 말이 교회의 본질을 파괴하고 있다. 이런 현상을 종식시키기 위한 조치를 취하지 않으면, 다음 세대의 그리스도인들은 깊은 영적 질병에 시달리게 될 것이다. 그렇게 되면 그들은 하나님께서 원하시는 사명을 충분히 감당하지 못할 것이다.

다음은 필립 블리스(Philip P. Bliss, 1838~1876)가 쓴 찬송가 '달고 오묘한 그 말씀'(새찬송가 200장)이다.

달고 오묘한 그 말씀 생명의 말씀은
귀한 그 말씀 진실로 생명의 말씀이
나의 길과 믿음 밝히 보여주니

아름다고 귀한 말씀, 생명 샘이로다!
아름답고 귀한 말씀, 생명 샘이로다!

귀한 주님의 말씀은 내 노래 되도다.
모든 사람을 살리는 생명의 말씀을
값도 없이 받아 생명 길을 가니

아름다고 귀한 말씀, 생명 샘이로다!
아름답고 귀한 말씀, 생명 샘이로다!

널리 울리어 퍼지는 생명의 말씀은
맘에 용서와 평안을 골고루 주나니
다만 예수 말씀 듣고 복을 받네.

아름다고 귀한 말씀, 생명 샘이로다!
아름답고 귀한 말씀, 생명 샘이로다!

11

살아 있고 성령충만한
언어를 사용하라

의미를 상실한 언어의 사용을 거부하는 용기를 내자.
누군가 일어나 우리 귀에 못이 박히도록 들은 상투적인 말을 외칠 때마다 기계적으로 "아멘"이라고
화답하던 짓을 더 이상 하지 말자. 그의 외침이 정말 살아 있는 것인지, 죽어 있는 것인지 분별하자.

"그것이 네가 다닐 때에 너를 인도하며 네가 잘 때에 너를 보호하며 네

가 깰 때에 너와 더불어 말하리니 대저 명령은 등불이요 법은 빛이요

훈계의 책망은 곧 생명의 길이라"(잠 6:22,23).

말(言)의 힘을

부정할 사람은 아무도 없을 것이다. 하나님나라에서 우리는 우리

앞에 있는 말들이 살아 있는 말이 되어 그것들 본래의 목적을 우

리 안에서 이루도록 힘써야 한다. 친구들의 집에서 죽어버린 말

들이 많은 것은 사실이지만, 위로부터 임한 능력으로 충만한 말들

이 살아 있는 것도 사실이다. 이제 나는 이런 살아 있는 말들을 몇

가지 소개하려고 한다. 이것들은 무덤에서 흘러나오는 망령(亡靈)

의 소리가 아니라 현재 살아 있는 언어이다.

우리가 주목해야 할 살아 있는 언어

1. '정결케 하다'

우선 우리가 살펴볼 살아 있는 말은 '정결케 하다'(purgation)이다. 이 단어는 성경에 나오는데, 구체적으로 말하면 "우슬초로 나를 '정결하게 하소서' 내가 정하리이다 나의 죄를 씻어주소서 내가 눈보다 희리이다"(시 51:7)라는 다윗의 기도에 나온다. 자신의 옛 죄(罪)로부터 정결케 되기를 갈망하는 다윗의 심정이 이 기도에서 잘 드러난다. '정결케 하다'라는 단어는 오늘날 우리에게 유익한 단어이다.

전쟁터에 나가는 병사에게 "존스 이병, 당신의 죄가 정결케 되었습니까? 당신은 피와 불로 깨끗하게 되었습니까?"라고 묻는다면 어떻게 될까? 이런 질문은 단순히 "당신은 그리스도를 영접했습니까?"라고 묻는 것보다 훨씬 더 깊이 그의 마음에 박힐 것이다.

"당신은 그리스도를 영접했습니까?"라고 묻는다면, 그는 고개를 숙이고 "영접하겠습니다"라고 대답할 것이다. 그러나 그것으로 끝이다. 그것에 뒤따르는 결과가 없다. 그러나 우리가 살아 있는 성경말씀을 가지고 "예수 그리스도께서 사람들을 죄에서 깨끗하게 하려고 오셨습니다"라고 전할 때, 완전히 다른 결과가 나타날 것이다.

오늘날의 풍조는 죄를 정결케 하는 것이 아니라 죄를 쉽게 용서해주는 것이다. 교회 안에서 죄를 합리화하는 사상을 중심으로 하나의 학파가 발전하여 왔는데, 이 학파는 이것이 완전히 정상이고 용납될 만한 것임을 증명하기 위해 노력한다. 약간의 문제를 일으킨다고 해서 선한 그리스도인이 못 되는 것은 아니라고 주장하는 책들이 쏟아져 나오고 있다. 이런 현상은 참으로 끔찍한 것이기 때문에 우리는 준엄한 성경말씀을 사람들에게 다시 상기시켜야 한다.

어떤 사람들은 "사람들에게 가서 그들이 죄로부터 정결케 되어야 한다고 말하면, 그들은 당신이 미쳤다고 생각할 것입니다"라고 말한다. 이런 사람들에게 나는 "약간 미쳤다는 소리를 듣지 않고 제대로 일할 수 없습니다"라고 말하고 싶다. 너무 고상하고 점잖으면 아무 열매도 맺을 수 없다. 노새가 새끼를 낳을 수 없듯이 말이다. 너무 예의 바르고 교과서적이기 때문에 별로 되는 일이 없는 것이 오늘날 우리의 문제이다.

이단들은 미친 사람처럼 열심히 일하기 때문에 우리보다 앞선다. 그러나 우리는 '미친 사람'이라는 소리를 듣기보다는 "저 사람은 아주 균형 잡힌 사람이다. 정신이 똑바로 박힌 사람이다"라는 소리를 듣기 원한다. 나는 사람들이 내게 "정신이 똑바로 박힌 사람이다"라고 말해주기를 원하지 않는다. 어차피 이 세상에는 똑바로 박힌 것이 하나도 없지 않은가? 사람들이 내게 광신자니

급진적인 사람이니 하면서 입방아를 찧어도 나는 상관하지 않는다. 옛날에 사람들은 예수님과 사도 바울과 존 웨슬리와 A. B. 심슨에 대해서도 이와 비슷한 소리를 했다.

이런 소리를 들은 사람들이 또 있다. 그들은 하나님께서 주신 아이디어를 가지고 자신들의 세대에 도전했던 사람들이다. 그들은 죽은 언어, 즉 한때는 의미 있었지만 능력을 잃었기에 다음 세대에게는 아무 의미가 없게 된 말을 과감히 떨쳐버린 사람들이다.

사람들은 '분리' 또는 '저세상' 같은 말을 사용하는데, 과거에 이런 말들에는 그리스도의 교회 전체를 움직일 뿐만 아니라 살아 숨 쉬는 아이디어가 담겨 있었다. 하지만 오늘날 이런 말들은 더 이상 살아 숨 쉬지 않는다. 그럼에도 불구하고 우리는 죽어버린 아이디어의 수의(壽衣)를 계속 붙들고 또 그것을 확산시키고 있다. 그러나 '정결케 하다'라는 단어는 우리가 계속 붙들고 또 널리 알려야 하는 단어이다.

나는 당신에게 묻고 싶다. 당신의 죄에서 정결케 되었는가?

2. '내적 조명'

내가 또 권장하고 싶은 단어는 '조명'(illumination)이다. 오늘날 진리의 빛으로 조명 받기를 기대하는 사람은 거의 없는 것 같다. 그러나 나는 '성령의 내적 조명'을 믿는다. 죄에서 정결케 된 사람은 성령의 내적 조명을 받는다.

오늘날 사람들은 사소한 것들까지 따지고 들거나 복잡한 신학적 이론에 대해 논쟁하거나 미묘한 신학적 의미의 차이를 묻고 늘어지면서 수많은 질문을 쏟아내는 경향을 보인다. 내가 볼 때, 이런 현상은 그들에게 성령의 내적 조명이 없다는 반증이다. 이 조명을 받은 사람은 질문하지 않고 오히려 질문에 대답한다. 오늘날 수많은 사람들이 도처에서 질문을 던지기 때문에 당신은 어디를 가든 질문 공세에 시달릴 것이다. 성령의 내적 조명을 받지 못한 사람은 질문이 많은 법이다.

몇 년 전만 해도 시골 청년들이 지금의 그 누구보다도 신학을 더 많이 알았다. 이사야 선지자는 "웃시야 왕이 죽던 해에 내가 본즉 주께서 높이 들린 보좌에 앉으셨는데 그의 옷자락은 성전에 가득하였고"(사 6:1)라고 말했다. 또 에스겔 선지자는 "서른째 해 넷째 달 초닷새에 내가 그발 강가 사로잡힌 자 중에 있을 때에 하늘이 열리며 하나님의 모습이 내게 보이니"(겔 1:1)라고 말했다.

오늘날 우리가 애타게 기다리고 찾는 사람들은 성령의 내적 조명을 받은 소수의 사람들이다. 이런 사람들은 누군가에게 찾아가 "내 생각이 옳습니까?"라고 물을 필요가 없다. 그들이 받은 조명은 인간의 본성으로는 알 수 없는 것이기 때문이다. 그것은 하늘로부터 임하여 인간의 내면에 빛을 비춘다.

성령의 내적 조명을 받은 사람은 처음에는 사람들에게 따돌림을 당한다. 왜냐하면 사람들이 그를 두려워하기 때문이다. 사람들은 그가 너무 뜨거워서 감당하기 힘들다고 생각한다. 사람들은 그에 대해 "저 불쌍한 사람은 조만간 어려움을 당할 것 같다"라고 말한다. 사실 그는 어느 정도의 기간 동안 좌충우돌하면서 어려움을 겪기도 한다. 그러나 결국 그는 자기의 길을 제대로 찾아간다. 그리고 사람들은 그를 이상한 사람으로 취급했던 것에 부끄러움을 느낀다. 오늘날 우리에게 필요한 것은 성령의 내적 조명을 받은 사람이다. 나는 우리에게 이 조명이 있어야 한다고 확신한다.

3. '자기부정'

내가 또 권하는 단어는 '자기부정'(Renunciation)이다. 예수님은 "누구든지 나를 따라오려거든 자기를 부인하고 자기 십자가를 지고 나를 따를 것이니라"(마 16:24)라고 말씀하셨다. 현재 우리는 자기부정을 더 이상 가르치지 않는 시대에 살고 있다. 대부분의 현대인들은 그리스도인이 되기 위해 포기해야 할 것이 아무것도 없다고 생각한다. "그리스도인이 되기 위해서는 이런저런 것들을 포기해야 한다"라고 말하는 사람도 없고, 그렇게 믿는 사람도 없다. 우리는 단지 어떤 것을 믿고, 도덕적 무활동(無活動) 가운데 어떤 것을 수동적으로 받아들인 다음 다시 예전에 행하던 것들로 돌아간다. 그리스도의 십자가와 세상을 적당히 타협하여 출세 가도를 달리는 사람들이 우리 주변에 있다. 그들이 하는 행동을 보면 세상과 십자가가 섞여 있어서 어느 것인지 분간하기 어렵다. 그런데 그들뿐만이 아니다. 사실 현재 너나 할 것 없이 세상과 타협하며 살고 있다.

어떤 사람이 회심(回心)했다면 그는 자신의 옛 생활을 포기해야 한다. 회심한 사람은 새로운 피조물에 속한다. 그는 위로부터 태어난 자요, 하나님 아버지의 자녀요, 하나님의 아들과 함께 유업을 얻을 자이다. 하늘나라가 그의 고향이요, 할렐루야가 그의 언어이다. 그렇지만 그는 수많은 사람들에게 멸시당하고 거부당하는 적은 무리에 속한다.

그러나 현재의 기독교는 어떤가? 기독교는 인기 있는 것이 되었다. 복음주의가 인기 있는 것이 되면서 점점 죽어가고 있다. 언젠가 나는 '기도회가 이교(異敎)의 집회와 다를 바 없다면 차라리 없애는 편이 낫다'라는 짧은 글을 쓴 적이 있다.

누군가 세속적 즐거움을 누릴 권리를 주장하는 말을 한다면, 그는 자기 마음속에 있는 근본적 불신앙을 은폐하고 있는 것이다. 그러나 죄가 정결케 되고 성령의 내적 조명을 받은 사람은 세상을 포기하고, 세상을 떠나고, 세상에서 나올 것이다.

만일 하나님께서 도박꾼을 회심시키셨다면, 그에게 카드를 버리고 (할 수 있다면) 빚을 다 갚으라고 요구할 권리가 우리 그리스도인들에게 있다. 만일 하나님께서 경마광(狂)인 사람을 회심시키셨다면, 그에게 모든 말(馬)을 다 팔고 꼬리를 짧게 자른 오래된 말을 다시는 쳐다보지 말라고 요구할 권리가 우리 그리스도인들에게 있다. 그러나 유감스럽게도, '자기부정'이라는 단어는 더 이상 사용되지 않고 있다.

4. '자기희생'

내가 또 권하고 싶은 단어는 '자기희생'(immolation)이다. 자기희생은 어린 양처럼 자신을 제단 위에 드리는 것이다. 구약시대에 제사장은 어린 양을 취하여 제단 위에 올려놓고 줄로 묶은 다음 그 목을 잘랐다. 사도 바울은 로마서 12장에서 자기희생에 대해 언급했다. 그러나 현재 우리는 죽을 곳을 찾지 않고 반대로 안전한 곳을 찾는다. 그러나 하나님의 사람은 안전한 곳(숨을 곳)을 찾지 말고 죽을 곳(하나님께 자신을 제물로 바칠 곳)을 찾아야 한다.

이 시대의 하나님의 백성은 예수님을 구명보트로 이용하여 어려움에서 빠져나오려고 한다. 그들은 예수님을 다리로 이용하여 불구덩이를 건넌 다음, 옛 생활로 돌아간다. 자기가 희생할 곳은 결코 찾지 않는다.

그러나 이제 우리는 배부르고 등 따스운 피난처를 그만 찾아야 한다. 낮아지신 나사렛 예수의 제자로서 편한 길을 버리고 제단을 찾아 우리 자신을 희생해야 할 때가 왔다.

몇 년 전, 나는 결정을 내려야 했다. 그때 나는 하나님의 은혜로 결정을 내렸다. 당시 내가 직면한 문제는 다음과 같은 것이었다.

"그냥 이렇게 나이 먹으며 약하고 쉰 목소리로 설교할 것인가? 은퇴한 다음, 호숫가 옆에 있는 오두막에 살면서 편히 쉴 것인가? 아니면 결과야 어떻게 되든 이 세대를 향해 외칠 것인가? 죽을 곳을 찾아낸 다음, 하나님께 '아버지의 말씀을 이 세대에게 전할 수 있는 특권을 제게 허락하소서!'라고 기도할 것인가?"

5. '경배'

내가 또 권하고 싶은 단어는 '경배'(Adoration)이다. 우리는 이 제 이 말을 듣는 것이 결코 쉽지 않다. 왜냐하면 우리가 더 이상 하나님을 예배하지 않기 때문이다. 나는 옛 찬송가를 부르기 좋아한다(특히 눈을 뜨고 부르는 것을 아주 좋아한다). 왜냐하면 그것들은 내 창조주의 영광을 드러내기 때문이다. 경배는 마음의 음악이요, 천국의 노래이다. 천국에 가서 우리는 하프 연주자들이 오직 하나님만 경배하는 모습을 볼 것이다. 그들은 경박한 댄스 곡이나 유행가를 연주하지 않는다. 그들은 하나님을 경배한다. 성령세례 받은 사람은 하나님을 경배한다.

나는 옛 복음주의자들이 어떤 사람들이었는지에 대해 이야기하는 것을 별로 좋아하지 않는다. 그런 이야기는 과거에나 통했던 것인데, 나는 그런 것을 좋아하지 않는다. 하지만 나는 한 가지 비결을 발견했다. 그것은 옛 복음주의자들이 당시에 발휘했던 능력의 비결이다. 예수님을 향한 그들의 사랑을 기쁨으로 노래하지 않으면 견딜 수 없을 정도로 하나님을 사랑한 것이 그들의 능력의 비결이다. 그들은 하나님을 경배했다. 그들은 하프를 연주하며 하나님을 찬양했다. 특별히 노랫말이 탁월하지도 않았고 음정이 정확하지도 않았지만, 그들은 하나님을 찬양했다.

나는 불타는 가슴으로 노래하는 사람들과 어울리고 싶다. 나는 감리교 신자들과 침례교 신자들을 형제자매라고 부른다. 예수 그리스도를 사랑하는 모든 사람은 내 형제자매이다. 그렇지만 나는 특히 불타는 가슴을 가진 사람들과 어울리고 싶다. 시대와 장소를 초월하여 구주(救主)를 사랑하고 그분을 경배하지 않으면 견딜 수 없는 사람들이라면 모두 불타는 가슴의 소유자들이다. 이런 사람들은 세상의 것들로 위로받지 않고 그런 것들에서 기쁨을 얻지 않는다. 그들에게는 그리스도가 전부이고, 주께서 그들의 모든 것이 되신다.

우리가 하나님을 경배할 때, 하나님께서는 우리를 높여주실 것이다. 우리는 하나님을 경배해야 한다. 그런데 우리가 죄(罪)에서 정결케 되고, 불세례를 통해 성령의 내적 조명을 얻고, 세상을 포기하고, 세상의 온갖 유혹을 거부하고, 우리 자신을 제단 위에 희생제물로 드릴 때에야 비로소 우리는 하나님을 경배할 수 있다. 우리가 세상으로 돌아가는 다리를 불태워버리고 세상을 완전히 포기할 때, 주 예수 그리스도를 경배하는 숭모의 마음이 우리 마음속에 싹틀 것이다.

때때로 우리는 아이작 왓츠(Isaac Watts, 1674~1748. 영국의 비국교 회파 목사이자 찬송시 작가)의 찬송가를 부르는데, 그중에는 다음과 같은 노랫말이 있다.

숨 쉬는 동안 내 창조주를 찬양하리라.
숨이 끊겨져 목소리가 사라지면
더 큰 능력으로 그분을 찬양하리라.

1714년에 이 노랫말을 지은 아이작 왓츠는 잉글랜드 사람으로서 칼빈주의(종교개혁가 존 칼빈의 사상을 따르는 신학 사상으로서 만물을 다스리시는 하나님의 절대주권을 강조하고 예정론을 믿는다)를 믿었다. 내가 이렇게 말하니까 당신은 "그렇습니까? 그렇다면 하나님을 숭모하며 경배하려면 칼빈주의자가 되어야겠군요"라고 말할지 모르겠다. 그러나 내 말을 더 들어보라.

존 웨슬리는 아르미니우스주의(네덜란드의 신학자 야코부스 아르미니우스와 그의 추종자들의 신학사상으로서 인간의 자유의지가 하나님의 구원을 거부할 수 있다고 본다. 구원은 오직 하나님의 은혜를 통해 언지만, 이미 구원을 얻은 자도 믿음을 버리면 구원을 잃어버릴 수 있다고 주장한다)를 철저히 신봉한 사람이었다. 그는 칼빈주의가 잘못된 것이라고 여겨 거부했다. 그는 아르미니우스 신학을 믿는다고 말했다. 그는 끼끽 소리가 나는, 뼈만 앙상한 말을 타고 전도 여행을 했는데, 80세가 될 때까지 무려 4만 킬로미터를 여행했다고 한다. 또한 평생 그는 교회들을 세웠고, 잉글랜드에 복음의 불이 타오르게 했다. 늙어서 찬송을 부를 힘조차 없을 때, 그는 차라리 죽기를 원했지만 아직 죽음은 찾아오지 않았다. 죽음의 시간을 기다리는 동안 그는 찬송을 부르려고 애썼다.

어느 날, 죽어가고 있던 이 아르미니우스주의자의 입에서 찬송이 희미하게 흘러나왔다. 그의 주위에 둘러서 있던 친구들이 그 소리를 들으려고 허리를 굽혔다. 웨슬리의 입에서 어떤 찬송이 흘러나왔을 것 같은가? 놀랍게도 그것은 옛 칼빈주의자의 찬송가였다!

숨 쉬는 동안 내 창조주를 찬양하리라.
숨이 끊어져 목소리가 사라지면
더 큰 능력으로 그분을 찬양하리라.

신학적 입장을 뛰어넘어 아이작 왓츠와 존 웨슬리는 팔을 뻗어 서로를 끌어안고 함께 찬송했던 것이다!

나는 신학적 논쟁에 뛰어들기는 거부하지만, 불타는 가슴의 소유자들과 함께 어울려 찬송하기를 원한다. 나는 하나님을 경배하는 일에 흠뻑 빠진 사람을 찾는다. 온 영혼을 다 바쳐 하나님을 사랑하는 사람 말이다.

분별의 용기를 내라!

의미를 상실한 언어의 사용을 거부하는 용기를 내자. 누군가 일어나 우리 귀에 못이 박히도록 들은 상투적인 말을 외칠 때마다 기계적으로 "아멘"이라고 화답하던 짓을 더 이상 하지 말자. 그의 외침이 정말 살아 있는 것인지, 죽어 있는 것인지 분별하자. 잠시 분별의 시간을 가지며 "잠깐만요. 이것이 정말 살아 있는 것입니까?"라고 묻자. 그것이 살아 있다면 "아멘" 이라고 화답하고, 죽어 있다면 던져버리자.

하찮은 것들을 물고 늘어지는 교리적 논쟁과 머리만 아프게 만드는 복잡한 신학 이론들에 빠지지 않은 것에 대해 나는 하나님께 감사한다. 감사하게도, 나는 물불을 안 가리는 사람이 되었기에 눈을 감고 뛰어내린다. 나머지는 하나님께서 다 맡아주실 것이다.

이제는 살아 있고 성령충만한 언어를 사용하자! 용기 있게 일어나 "우리는 불과 보혈로 죄에서 정결케 될 수 있습니다. 성령께서 우리 안에 조명을 주실 수 있습니다. 우리는 온갖 세상적인 것들을 포기해야 합니다. 그리고 우리의 목숨을 제단 위에 제물로 바쳐야 합니다"라고 외치자. 그런데도 경배의 불길이 타오르지 않는다면 나의 모든 이야기가 엉터리인 것이다.

정직하고 성실한 자세로 이 일에 임하자. 그러면 우리 하늘 아버지께서 옛날처럼 지금도 우리에게 찾아오실 것이고, 우리는 성령의 불을 체험할 것이고, 꺼져가던 부흥의 불씨가 다시 타오를 것이다.

다음은 아이작 왓츠(Isaac Watts)가 지은 찬송시 '숨 쉬는 동안 내 창조주를 찬양하리라'이다.

숨 쉬는 동안 내 창조주를 찬양하리라.

숨이 끊어져 목소리가 사라지면

더 큰 능력으로 그분을 찬양하리라.

내 찬양의 날은 끝나지 않으리.

생명이 있을 동안, 생각이 있을 동안 계속되리.

그 후에도 영원한 시간 동안 계속되리.

왜 사람들을 의지하는가?

왕도 죽어서 흙으로 돌아가고

혈육의 도움도 헛되도다.

그들의 호흡이 떠나고

영화(榮華)와 권세와 사상도 한순간에 사라질 것이니

그들의 약속은 헛되도다.

이스라엘의 하나님께 소망을 두는 자는 복이 있나니

하나님이 하늘과 땅과 바다와

그 안에 충만한 모든 것을 지으셨음이라.

하나님의 진리가 영원히 견고히 설 것이며,

하나님이 압제당하는 자를 구하시고 가난한 자를 먹이시니

하나님의 약속은 결코 헛되지 않도다.

주님은 눈먼 자를 보게 하시고

낙심한 자를 일으켜 세우시고

괴로워하는 자에게 평안을 주시고

고난당하는 나그네를 도우시고

고아와 과부를 돌보시고

갇힌 자를 풀어주시도다.

주님은 자신의 성도들을 사랑하고 보살피시나

악인들은 지옥에 보내시도다.

오, 시온아! 네 하나님께서 항상 다스리시도다.

모든 혀와 모든 시대는 이 숭고한 일에 참여할지라.

영원한 노래로 하나님을 찬양할지라.

하나님이 내게 호흡을 허락하시는 한 나는 찬양하리라.

숨이 끊어져 목소리가 사라지면

더 큰 능력으로 그분을 찬양하리라.

내 찬양의 날은 끝나지 않으리.

생명이 있을 동안, 생각이 있을 동안 계속되리.

그 후에도 영원한 시간 동안 계속되리.

12

이미 모든 것을 알고 계시는
하나님을 믿는다

아무것도 존재하지 않을 때 하나님은 이미 모든 것을 알고 계셨다.
그때 하나님은 자신이 어떤 것들을 만드실 것인지 아셨다. 언제 일을 시작할 것인지,
무엇이라고 말할 것인지를 아셨다. 하나님은 자신의 일에서 결코 손을 떼지 않으신다.

"예수께서 그들에게 이르시되 내 아버지께서 이제까지 일하시니 나도

일한다 하시매"(요 5:17).

"너희 안에서 행하시는 이는 하나님이시니 자기의 기쁘신 뜻을 위하여

너희에게 소원을 두고 행하게 하시나니"(빌 2:13).

"은사는 여러 가지나 성령은 같고 직분은 여러 가지나 주는 같으며 또

사역은 여러 가지나 모든 것을 모든 사람 가운데서 이루시는 하나님은

같으니"(고전 12:4~6).

하나님께서 교회 안에서

어떻게 일하시는지에 대해 묵상할 때, 나는 놀위치의 줄리안

(Julian of Norwich, 1342~1416, 하나님과의 신비적 연합을 추구한 영국

의 여성도) 여사에게 큰 도움을 받았다. 줄리안 여사가 이 세상의

삶을 끝내고 더 좋은 다른 세상으로 간 지 600년이 흐른 다음에야 나는 그녀를 알았다. 내가 종종 언급하는 그녀의 책은 「하나님의 사랑의 계시들」(The Revelations of Divine Love)이다. 나는 이 책의 내용을 몇 번 인용할 것인데, 그것은 하나님께서 교회 안에서 행하시는 방법을 설명하는 데 이 책이 도움을 주기 때문이다.

하나님께서 교회 안에서 일하시는 원리

줄리안 여사의 책을 인용하면서 나는 다섯 가지 영적 원리에 대해 언급할 것인데, 우리는 이것들을 통해 하나님께서 오늘날 교회 안에서 일하시는 방법을 볼 수 있다. 이 원리를 이해하면 당신은 하나님께서 교회 안에서뿐만 아니라 그리스도인 각자의 삶 속에서 어떻게 일하시는지를 알 수 있다.

1. 우리 스스로 할 수 있는 것은 아무것도 없다

우선 내가 언급하고 싶은 원리는 하나님께서 창조적이고 건설적인 모든 것을 행하신다는 것이다. 하나님께서는 악(惡)을 행하지 않으신다. 죄(罪)는 하나님께 대한 일시적인 반역인데, 이것이 어떻게 가능한지 우리는 아직 이해할 수 없다. 죄는 설명되지 않는 것이다. 다시 말해서, 크신 하나님께서 분명히 일하고 계심에도 불구하고 어떻게 죄가 여전히 이 세상에 있는지 설명되지 않는다는 말이다. 우리가 이것을 아직 이해하지 못하는 것은 이것이 '신비'에 속하기 때문이다.

많은 사람들은 '신비'라는 말을 좋아하지 않지만, 이것은 분명히 성경에 나오는 좋은 단어이다. 우리는 이 단어를 깊이 이해해야 한다. 우리가 잘 알듯이 세상, 즉 우리 주변의 모든 것은 신비의 옷에 가려져 있다. 감추어진 것들에 대해 줄리안 여사는 "피조물이 행하는 것이 아니라 하나님께서 피조물 안에서 행하시는 것이다"라고 말했다.

이것은 구약과 신약이 공통적으로 말하는 것이다. 하나님께서 기드온을 통해 일하려고 하실 때 하나님의 영(靈)이 기드온에게 임하셨는데(삿 6:34 참조), 이 구절이 어떤 역본들에는 "여호와께서 기드온을 입으셨다"(clothed himself with Gideon)라고 번역되어 있다. 하나님께서는 기드온을 취하여 입고 그를 통해 일하셨는데, 결국 기드온 안에서 능력의 일을 행하셨다. 다시 말해서, 기드온이 일한 것이 아니라 기드온이라는 사람 안에서 하나님께서 일하신 것이다.

구약에 나오는 또 다른 예는 다윗과 골리앗의 대결이다. 이 사건에서도 우리는 하나님께서 창조적이고 건설적인 모든 것을 행하신다는 원리를 확인할 수 있다. 건설적인 것을 행하시는 분은 어떤 한 사람이나 여러 사람들 또는 어떤 피조물이 아니라 하나님이시다. 따라서 다윗에게는 갑옷이 필요 없었다.

물론 다윗과 함께 일하면서 그에게 "당신에게는 갑옷조차 없지만 베 짜는 사람의 실을 감는 기계만큼이나 큰 칼을 가진 저 거인과 맞서 싸우도록 허락한다"라고 말해주는 위원회 같은 것이 이스라엘에 있었던 것이 아니다. 그가 갑옷도 없이 골리앗에게 맞서겠다고 주장하기 위해 논쟁을 벌이고 간청하고 글을 쓸 수도 있었겠지만, 사실 그의 말을 들어줄 위원회 같은 것은 없었다.

아무튼 다윗이 사울 왕의 갑옷을 잠깐 입어본 것은 사실이다. 하지만 그는 그것이 자기에게 너무 크다는 사실을 알고 그것을 벗었다. 그러나 그 갑옷을 벗기 위해 위원회의 허락을 받아야 했다면, 그는 그것을 결코 벗지 못했을 것이다. 그리고 그토록 무거운 철물의 무게에 짓눌려 몸을 마음대로 가누지 못했을 것이다. 그럴 경우, 결국 골리앗이 그를 가볍게 밀쳐 넘어뜨리고 발로 밟았을 것이다. 그러나 실제로 다윗은 갑옷 없이 나아가 골리앗에게 맞섰다.

왜 하나님께서는 갑옷조차 입지 않은 사람을 내보내 갑옷으로 철저히 무장한 사람과 맞서게 하셨을까? 그것은 하나님께서 "내가 모든 것을 이루었다!"라고 말씀하기를 원하셨기 때문이다. 하나님께서는 "너희 안에서 행하시는 이는 하나님이시니 자기의 기쁘신 뜻을 위하여 너희에게 소원을 두고 행하게 하시나니"(빌 2:13)라고 가르쳐주기를 원하셨던 것이다.

왜 하나님께서는 골리앗에 비해 힘과 체구에서 열세인 다윗을 내보내셨는가? 골리앗은 거인이었고 다윗은 보통 체구의 사람이었다. 어쩌면 다윗은 상당히 작은 체구의 사람이었을지도 모른다. 그럼에도 불구하고 하나님은 다윗과 골리앗이 서로 맞서 싸우게 하셨다. 그 이유는 무엇인가? 그것은 다윗으로 하여금 자신의 승리에 대해 어디서도 자랑하지 못하게 하시기 위함이었다. 그의 아내들 중 어느 누가 그에게 대든다 할지라도 그는 아내에게 "내가 골리앗을 이긴 것을 기억하시오!"라고 말하지 않았다. 그는 자기가 승리를 쟁취한 것이 아니라 하나님께서 승리를 거두셨다는 것을 잘 알았다.

다윗과 골리앗은 그들의 무기에서도 엄청난 차이를 보였다. 다윗에게는 매끄러운 돌 5개가 있었다. 그것들은 오랜 세월 동안 시냇물에 쓸려 둥그렇게 된 구슬 크기의 조약돌이었다. 그리고 그에게 있는 것은 새총이었다. 그것은 요즘 아이들이 가지고 노는 고무줄 달린 새총이 아니라(당시에는 고무줄이 발명되지 않았다) 가죽끈으로 만들어진 새총이었다.

놀랄 정도로 강력한 힘이 입증된 거인 골리앗에 맞서도록 하나님께서 내보내신 사람은 갑옷이나 적당한 무기가 없는 왜소한 젊은이였다. 인간의 판단으로는 터무니없는 일처럼 보였지만, 하나님께서는 그렇게 하셨다. 왜냐하면 하나님께서는 "너희 안에서 행하시는 이는 하나님이시니 …"(빌 2:13)라는 진리를 가르치기 원하셨기 때문이다.

"은사는 여러 가지나 성령은 같고 직분은 여러 가지나 주(主)는 같으며 또 사역은 여러 가지나 모든 것을 모든 사람 가운데서 이루시는 하나님은 같으니"(고전 12:4-6)라는 말씀을 상기하라. 이 구절에서 우리는 성령께서 어떻게 사람들 안에서, 사람들을 통해 일하시는지를 알 수 있다. 하나님께는 그분이 이루셔야 할 일이 있다. 하나님께서는 하나님의 사람들에게 성령의 은사를 주시어 그들 안에서, 그들을 통해 그 일을 이루신다.

여기서 우리가 주목해야 할 사실은 '죽을 수밖에 없는'(mortal) 인간이 '죽을 수 없는'(immortal) 것을 생각하지 못한다는 것이다. 이 사실을 알 때, 우리는 교회 위원회의 각종 회의에서 우리에게 모든 해결책이 있다는 착각에 빠지지 않고 오히려 몸을 낮추게 된다. 다시 말해서, 온갖 질문에 척척 대답하지 않고 오히려 겸손한 자세로 질문을 던질 것이다. '죽을 수밖에 없는' 인간은 '죽을 수 없는' 것을 생각하지 못한다. 하나님께서는 우리를 통해 '죽을 수 없는' 것을 생각하시고 행하신다. 그러나 그렇게 되지 못할 때, 우리의 생각은 '죽을 수밖에 없는' 것이 되고, '죽을 수밖에 없는' 인간은 '죽을 수 없는' 것을 이룰 수 없다. 절대로 이룰 수 없다! 하나님께서는 우리의 손을 통해 자신의 영원한 일을 이루신다. 이것은 하나님께서 우리 안에서 행하시기 때문이다.

대부분의 사람들이 미처 깨닫지 못하는 한 가지 사실이 있다. 아니, 좀 더 정확히 말해서 깨달았다가 다시 잊어버리고 마는 사실이 한 가지 있다. 그것은 하나님께서 우리에게 지혜와 능력의 저수지를 주지 않으신다는 것이다. 하나님께서 그렇게 하실 때, 그곳에 즉시 물이 고여 썩게 된다. 하나님께서는 우리가 바라는 대로 일하시는 분이 아니다. 하나님께서는 어떤 사람에게 찾아가 그에게 지혜를 가득 채워주시며 "네가 고난에 빠지면 나를 찾아와 부르짖어라. 그러나 평상시에는 내게 찾아올 필요 없다. 내가 네게 준 지혜와 능력의 저수지가 있으니 거기서 그것들을 길어서 사용해라"라고 말씀하시는 분이 아니다.

하나님은 사람들에게 지혜의 말씀을 주시지 않는다. 그들에게 능력을 주시지 않는다. 하나님께서 그들 안에서 능력이 되시며, 그들 안에서 지혜의 말씀이 되신다. 하나님께서 그들 안에서 일하신다. 그들이 일하는 것이 아니다. 나는 우리가 이 진리를 깊이 깨닫기를 간절히 바란다. 하나님께서 우리의 지혜가 되시며 능력이 되신다. 이 진리를 망각할 때, 그리스도인은 실수할 수밖에 없다.

어느 체격 좋은 야구 선수가 빅 리그(big league)에서 12년 동안 선수 생활을 할 때, 우리는 "저 선수는 기술이 좋고 경험이 풍부하고 노련하다"라고 말한다. 이것은 어떤 분야에서나 마찬가지이다. 사람들은 경험을 통해 배운다. 어떤 일을 반복함으로써 능숙하고 노련해진다. 그러나 하나님나라에서는 전혀 다르다. 75년 동안 살면서 일평생 하나님을 섬긴 사람도 큰 실수를 범하고 무지(無知)하고 추한 모습을 보일 수 있는데, 그것은 하나님께서 그 사람 안에서 또는 그 사람을 통해 일하지 않으시기 때문이다.

이럴 경우, 그는 주님을 처음 믿었을 때의 초보적 수준으로 돌아가 있는 것이다. 다시 말하지만, 우리 안에서 행하는 분은 하나님이시다.

하나님께서는 나를 결혼 상담사로 이 땅에 보내지 않으셨다. 하나님은 복음을 전하라고 나를 이 땅에 보내셨다. 하나님께서 어떤 사람을 위한 말씀을 내게 주실 때, 나는 그 말씀으로 그에게 도움을 줄 수 있다. 그러나 내가 "여러 해 경험을 쌓았기에 그에게 지혜의 말을 해줄 수 있다"라고 말할 때, 이것은 완전히 잘못된 것이다. 그런데 이렇게 어리석고 잘못된 일이 기독교라는 이름으로 그리스도의 교회 안에서 많이 일어나고 있다. 하나님께서 적절한 때에 우리에게 어떤 사람을 위한 지혜의 말씀을 주시지 않는다면, 우리에게는 그를 위한 지혜의 말이 없는 것이다. 주님은 "너희를 넘겨줄 때에 어떻게 또는 무엇을 말할까 염려하지 말라 그때에 너희에게 할 말을 주시리니"(마 10:19)라고 말씀하셨다.

어떤 창조적이고 건설적인 일이 일어났다면 그것은 하나님께서 그 일을 이루셨기 때문이다. 어떤 영원한 것이 있다면 그것은 하나님께서 그것을 만드셨기 때문이다. 인간이 그렇게 한 것이 아니라 하나님께서 하신 것이다. 하나님께서 교회에서 그분이 이루시거나 이루고 계신 것만을 남기고 우리가 이룬 것을 모두 제거하신다면 어떻게 될까? 대개의 경우, 교회에는 남아 있는 것이 별로 없을 것이다. 경건한 예배를 드리는 데 필요한 것들이 남아 있을지 나는 의문스럽다.

이렇게 된 원인이 무엇인가? 그것은 우리가 교회를 인간적인 것에 의지하여 이끌어 왔기 때문이다. 우리는 교회가 잘 돌아가게 하는 방법만 배웠을 뿐이다. 우리는 신학교에 가서 요령을 배웠다. 목회 심리학과 목회 신학을 배웠다. '손쉬운 10단계 방법' 같은 것을 열심히 배웠다. 이런 것들을 열심히 배운 결과, 이제 우리는 하나님께서 우리 안에서 행하시는 분이라는 사실을 까맣게 잊어버렸다. 주님을 의지하지 않고 우리의 능력의 저수지에서 물을 길어 올리느라 정신없이 바쁘다.

만일 당신이 크리스천 사이언스(Christian Science, 물질은 환상이고 정신만이 실재한다고 주장하는 기독교의 한 유파. 물질, 죄, 고통이 실재하지 않는다는 그들의 주장은 창조, 타락 및 구속을 가르치는 성경의 교훈과 충돌한다) 신봉자나 로마가톨릭 신자를 수요일에 전도하여 놀라운 성공을 거두었다 할지라도 (심지어 그들 중 한 명을 그리스도께 인도했다 할지라도) 금요일에 똑같은 방법을 사용하면 처참하게 패배할 것이다. 왜냐하면 하나님께서 수요일에 당신 안에서 일하셨으므로 금요일에도 똑같은 방법으로 일하실 것이라고 당신이 기대했기 때문이다.

어쩌면 당신은 크리스천 사이언스 신봉자들이나 로마가톨릭 신자들을 전도하는 법에 대한 책을 쓸 수도 있을 것이다. 실제로 나는 로마가톨릭 신자를 어떻게 그리스도께 인도할지, 크리스천

사이언스 신봉자에게 무엇이라고 말해야 할지 그리고 여호와의 증인에게 어떻게 대답해야 할지에 대해 쓴 책들을 보았다. 그러나 당신이 월요일에 그들에게 아주 잘 대답하고 수요일에도 똑같이 대답할 경우, 그들이 당신의 목을 조른 후 바닥에 쓰러뜨릴 수도 있다. 왜냐하면 우리 안에서 일하는 분은 성령님이신데, 성령님이 일하지 않으시면 우리가 패배할 수밖에 없기 때문이다. 우리는 이것을 늘 명심해야 한다.

하나님께서 모든 것을 하시고 인간은 아무것도 하지 않는다. 일하는 분은 오직 하나님이시다. 새로운 세대를 만들고 새로운 피조물을 만드는 분은 영원한 주님이시다. 아담이 자기 자신을 창조하지 않았고 천사들이 그들 자신을 창조하지 않았고, 하나님께서 그들을 창조하셨다. 이와 마찬가지로 하나님께서 그리스도의 교회를 세우신다. 인간이 교회를 세우는 것이 아니다. 하나님께서 그리스도의 교회를 세우지 않으실 때, 우리에게는 교회가 아닌 하나의 종교적 조직만 남는다.

2. 하나님은 자신이 행하실 것을 모두 아신다

두 번째 원리는 하나님께서 자신의 지혜 가운데 모든 것을 이루신다는 것이다. 하나님께서 이루신 것과 이루고 계신 것은 모두 하나님의 지혜 가운데 이루어졌고 또 이루어지고 있다. 그러므로 우연히 또는 모험에 의해 이루어지는 것은 하나도 없다. 다시 말하지만, 하나님은 자신의 지혜 가운데 모든 것을 이루신다. 하나님은 우리의 내일을 아시고 우리의 모레를 아시고 우리의 미래를 다 아신다. 이 모든 것은 우리의 시간이 존재하기도 전에 계획되었다.

지금 일어나고 있는 모든 일은 별들이 창조되기도 전에 정해진 하나님의 계획 가운데 있었다. 물질이나 운동이나 법칙이 생기기 전에 하나님은 그것들을 미리 보셨다. 당신은 이것을 믿든지 아니면 항상 좌절감 속에서 비참하게 살든지 둘 중의 하나를 결정해야 한다. 성경은 하나님께서 자신의 지혜 가운데 모든 일을 이루신다고 가르친다. 하나님은 모든 것을 미리 보신다. 하나님은 자신의 지혜를 벗어난 어떤 것이 일어나도록 허락하지 않으신다. 이 세상은 운전대에 앉은 운전사가 심장마비를 일으킨 가운데 언덕 아래로 마구 달려가는 트럭과 같다. 이 세상은 미리 정해진 목적을 향해 가고 있는데, 은밀한 곳에 서 계신 전능하신 하나님께서는 세상이 가는 것을 지켜보시고 또 그것을 인도하신다.

하나님께서는 이스라엘과 세상 나라들, 기독교 국가들 그리고 하나님이 마음에 품고 계신 참된 교회가 어디에 있는지 항상 알고 계신다. 하나님의 무한하고 완전한 지혜 가운데 다 알고 계신다. 하나님은 아담이 이 땅에 두 발로 서기 전에 이미 자신이 세우신 계획에 따라 모든 것을 이끌어 가신다. 아브라함이나 다윗이나 이사야 선지자나 사도 바울이 있기 전에, 예수께서 베들레

헴의 말구유에서 태어나시기 전에 하나님은 모든 것에 대한 계획을 세우셨다.

그러나 하나님께서 책상에 앉아 연필을 손에 쥐고 계획을 세우셨다고 생각하지는 말라. 우리는 그런 식으로 계획을 세우지만, 하나님께서는 그렇게 하지 않으셨다. 하나님이 어떤 것을 생각하실 때 그것이 이루어진다. 하나님이 어떤 것을 원하실 때 그것이 이루어진다. 건축가와 시공자는 연필, 계산자, 나침반 그리고 직각자가 있어야 일을 하지만, 우리 하나님은 그런 것들이 없어도 일하신다. 사도 요한은 "태초에 말씀이 계시니라 이 말씀이 하나님과 함께 계셨으니 이 말씀은 곧 하나님이시니라 그가 태초에 하나님과 함께 계셨고 만물이 그로 말미암아 지은 바 되었으니 지은 것이 하나도 그가 없이는 된 것이 없느니라"(요 1:1-3)라고 말했다. 어떻게 이런 일이 일어났는가? 주님은 말씀이신데, 주께서 말씀하시면 그것이 이루어졌다.

야곱은 자신에게 분노하는 형 에서를 피해 도망치다가 바람이 세차게 부는 광야에서 사다리 하나를 보았다. 그 사다리는 땅에서 위로 솟아 있는 사다리였다. 지금도 나는 야곱이 도망 길에 오르지 않았다면 그 사다리를 보는 경험을 했을까 하고 생각한다. 만일 그가 집에 머물며 가족과 사이좋게 지내면서 어머니를 도와드렸다면 그 사다리를 보지 못했을 것이다.

죄는 언제나 잘못된 것이다. 우리가 하나님께 반역할 때, 우리는 아주 심각한 문제를 일으키는 것이다. 그러나 다른 관점에서 생각해보자. 당신이 하나님의 소유라면 당신은 하나님께 속한 것이다. 당신이 죄를 범한 다음 진정으로 회개한다면, 하나님께서는 당신의 패배조차 승리로 바꾸어주실 것이다. 야곱이 도망칠 때 사다리를 보았다는 사실을 기억하라.

사울은 그리스도인들을 죽이려고 살기가 등등했다. 그러던 그가 갑자기 스데반의 죽음을 목격하게 되었다. 그럼에도 불구하고 여전히 그는 그리스도인들을 향한 적의(敵意)에 사로잡혀 날뛰었다. 그러던 그가 다메섹으로 가던 중에 승천하신 주 예수님을 만났다. 그는 주님의 음성을 듣고 회심했다. 만일 바울이 가말리엘의 학교에서 조용히 교수 생활을 하면서 "나사렛 이단에 대해 흥분할 필요 없습니다. 흥분하면 뭐합니까? 모든 것이 다 잘 될 것입니다"라는 말이나 늘어놓았다면, 그는 회심할 수 있었을까? 그랬다면 우리가 아는 바울이라는 사람은 없었을 것이다. 하나님의 능력의 종 바울 말이다.

사울이라는 사람이 있었고 그에게서 문제가 발생했지만, 하나님께서는 그의 악행을 보시고 그를 올바른 방향으로 돌이키시어 그의 삶에서 하나님의 놀라운 일을 시작하셨다.

3. 하나님은 인간의 이해를 초월하여 일하신다

세 번째 영적 원리는 하나님께서 행하고 계신 많은 것들이 우리 눈에는 우연이나 실수로 보인다는 것이다. 우리는 맹목과 무지(無知)로 하나님께서 행하시는 일을 이해하지 못한다. 그리하여 우리는 안달복달하면서 "하나님께서 지금 내 상황을 알고 계신 것인가?"라고 묻는다. 그러나 하나님은 내일을 알고 계신다. 우리는 오늘만을 알 뿐이다. 하나님은 우리가 알지 못한다는 것을 아신다. 하나님은 퍼즐의 모든 조각을 다 갖고 계시지만, 우리는 단지 몇 개만을 갖고 있을 뿐이다.

우리의 모습이 어떤가? 우리는 모든 조각이 제자리에 있어서 전체적으로 아름다운 그림이 완성되기를 원한다. 하지만 조각들은 사방에 흩어져 있고 우리는 그것들을 어떻게 맞추어야 할지 잘 모른다. 조각들은 서로 잘 맞지 않는다. 당신은 퍼즐을 맞추어본 경험이 있을 것이다. 서로 맞을 것처럼 보이는 두 조각을 억지로 맞추기 위해 시도해본 적이 있는가? 그러다가 조각의 귀퉁이가 꺾여 상황이 오히려 악화된 적이 있을 것이다.

우리는 하나님께서 행하시는 일의 조각들을 서로 맞추어보려고 애쓰지만, 그 노력이 헛수고로 끝날 때가 많다. 나의 경우만 보더라도, 나는 서로 맞지 않는 조각들을 맞추려고 애쓰거나 서로 맞는 조각들을 떼어 놓으려고 많은 시간을 허비하곤 했다. 내가 무지하기에 그랬던 것이다. 우리는 하나님께서 우리에게 지혜를 주신다는 사실을 망각하고 살아간다. 그러나 우리가 하나님께서 우리 안에서 역사하시도록 한다면 하나님이 그렇게 하실 것이다. 그래서 나는 성령의 은사가 지금도 계속 주어진다고 믿는다. 이런 믿음을 표현할 때, 복음주의 교파의 일부 고위 성직자들이 나를 별로 좋아하지 않는다는 것은 사실이다. 하지만 성령의 모든 은사가 오순절 성령강림 때처럼 오늘날 교회 안에서도 나타나야 한다는 것이 나의 일관된 믿음이다.

하나님께서는 하나님의 사람들을 통해 일하시는데, 하나님이 이루시는 것은 영원히 지속된다. 하나님이 이루시는 것이 아닌 것은 영원히 지속되지 못한다. 아무리 탁월한 사람이라 해도 영원한 것을 이룰 수는 없다. 왜냐하면 그는 '죽을 수밖에 없는' 인간이기 때문이다. 아무리 훌륭한 사람이라 해도 그는 '죽을 수 없는' 것을 생각할 수 없는데, 그것은 그의 영혼이 '죽을 수밖에 없는' 것이기 때문이다. 그러나 성령께서 그 사람 안에서, 그를 통해 일하시면 이야기는 달라진다. 왜냐하면 성령님은 자신의 뜻에 따라 각 사람에게 다양한 은사를 나누어주시기 때문이다. 동일한 아버지께서 우리 안에서, 우리를 통해 일하시는 것이다.

당신과 내가 지금 겪고 있는 우연한 일은 사실 우연이 아니다. 과거에 나는 어떤 일이 우연이라고 생각했지만, 그것은 하나님께서 나로 하여금 고난을 끝까지 견디고 승리하도록 마련하신 장치였다. 당시 내가 하나님께서 나를 돕고 계시다는 사실을 알지 못했을 뿐이다.

4. 하나님은 결코 변하지 않으신다

내가 줄리안 여사에게 배운 또 다른 영적 원리는 하나님께서 결코 변하지 않는 분이시요, 완전한 분이시라는 것이다. 줄리안 여사는 "하나님은 결코 변하지 않으신다. 영원히! 하나님은 자신의 목적을 결코 바꾸지 않으신다. 앞으로도 바꾸지 않으실 것이다. 영원히!"라고 말했다. 그녀의 이 말이 600년 전에 한 말이라고 믿어지지는 않지만, 600년 전에 한 말이 맞다. 그런데 그녀의 말에 나는 "하나님의 말씀 그리고 성령님의 은사와 부르심에는 후회하심이 없다"라고 덧붙이고 싶다.

하나님은 결코 낙심하지 않으신다. 당신이 이 사실을 꼭 알았으면 좋겠다. 신앙인들도 낙심한다. 나는 선하고 경건한 성도가 낙심의 구렁텅이에 빠져 말로 다 표현할 수 없는 침체의 늪에서 허우적거리는 모습을 본 적이 있다. 그러나 하나님은 침체에 빠지지 않으신다. 왜냐하면 처음부터 이미 끝을 다 보셨기 때문이다.

지금 일어나는 일들이 하나님께는 이미 과거에 일어났던 것이다. 만일 당신이 내일 죽을 것이라고 생각하면 낙심에 빠질 것이다. 그러다가 내일 죽지 않을 것임을 알게 된다면 다시 용기를 얻을 것이다. 그러나 하나님께서는 낙심과 용기의 사다리를 오르락내리락하지 않으신다. 왜냐하면 하나님께는 모든 것이 이미 일어난 일이기 때문이다. 하나님은 이리저리 다니며 눈금판이나 측정기를 들여다보시지 않는다. 당신이 제대로 하고 있는지 일일이 확인하실 필요가 없기 때문이다. 하나님께는 이런 확인이 필요 없다. 하나님께서 자신의 목적을 바꾸시는 일은 결코 없다. 앞으로도 없다. 영원무궁토록 없다! 하나님은 창세전에 예수 그리스도 안에서 정하신 목적을 향해 나아가고 계신다.

천사들이 베들레헴의 구유를 내려다보며 찬양할 때, 그들은 어떤 새로운 것을 알린 것이 아니다. 그들이 알린 것은 에덴동산에서 이미 알려졌던 것이다. 그것은 에덴동산이나 아담이나 하와가 있기 전에 하나님께서 이미 아신 것이었다. 그러므로 하나님은 마음을 바꾸지 않으신다. 그런 일은 앞으로도 일어나지 않을 것이다.

하나님은 요나에게 "니느웨로 가서 말씀을 전하라"라고 말씀하셨다. 그러나 요나는 다른 곳으로 가는 배에 올랐다. 그러나 하나님은 자신의 계획을 바꾸지 않으셨고, 요나는 결국 니느웨에 가서 말씀을 전했다.

사정이나 상황을 볼 때, 우리는 종종 무력감을 느낀다. 일전에 어떤 사람이 내게 "왜 하나님께서는 저 오래되고 재미없는 이야기로 가득한 성경을 우리에게 요약해주시지 않습니까?"라고 물었다. 당신은 저 오래되고 재미없는 이야기가 무엇을 가르치는지 아는가? 그것은 하나님께서 자신의 섭리 가운데 인간을 통해 일하신다는 것을 가르친다. 그것은 역사를 주관하시는 하나님의 발자국이다. 그것은 하나님께서 태초부터 현재 우리 세대에 이르기까지 아벨, 노아, 아브라함 그리고 롯 같은 사람들과 함께 어떻게 일하셨는지를 가르쳐준다. 그들을 통해 하나님께서 일하시는 방법을 배울 수 있기 때문에 그들에 대해 우리가 그토록 많이 말하는 것이다. 하나님께서는 누구와 함께 일하든 간에 마음을 바꾸지 않으신다.

5. 하나님은 시작하신 것을 결코 포기하지 않으신다

우리가 마지막으로 살펴볼 영적 원리는 하나님께서 자신의 일에서 결코 손을 떼지 않으신다는 것이다. 하나님은 자신이 정한 목적을 향해 모든 것을 끌고 나가신다. 하나님은 자신의 일에서 결코 손을 떼지 않으신다.

미켈란젤로가 죽었을 때, 그의 집 뒤뜰에서는 미완성의 조각상들이 아주 많이 발견되었다. 이탈리아 사람이었던 그는 라틴계 특유의 불같은 성격의 소유자였을 뿐만 아니라 5개의 월계관을 받아도 될 만큼 탁월한 천재성의 소유자였다. 하지만 그는 작품을 만들다가 마음에 들지 않으면 그것을 끝까지 마무리하지 않았다. 그래서 그의 집 뒤뜰에는 그가 시작했다가 중도에 포기한 조각상들이 가득했다. 그가 놀랄 만큼 많은 작품을 남긴 것은 사실이지만, 끝까지 인내하지 못하고 중도에 포기한 작품도 많았다. 그가 인내심을 갖고 작업을 계속했다면, 그가 원하는 작품이 탄생되었을지도 모른다. 그러나 그는 그렇게 하지 않고 미완성의 조각상들을 뒤뜰에 버려두었다.

그러나 하나님께서는 자신의 일에서 결코 손을 떼지 않으신다. 그런 일은 결코 없다! 나는 확실히 그렇게 믿는다. 어떤 불이익을 당한다 해도 이 믿음은 변하지 않는다. 다시 말하지만, 하나님은 자신의 일에서 결코 손을 떼지 않으신다. 하나님께서 당신에게 "그 일을 하라!"라고 말씀하실 때, 그 말씀 속에는 "가서 그 일을 하라. 내가 너를 통해 일할 것이다. 나는 낙심하지 않는다. 너는 낙심할지 몰라도 나는 결코 낙심하지 않는다"라는 뜻이 들어 있다.

"원숭이가 나무로 높이 올라갈수록 꼬리가 더 많이 보인다"라는 속담이 있다. 이 속담은 사탄에게 잘 들어맞는 것 같다. 사탄이 하나님의 사람들을 힘껏 때릴수록 그들은 정신을 번쩍 차린다 (사탄이 이것을 알았으면 좋겠다!). 사탄의 공격은 오히려 하나님의 사람들로 하여금 정신 차리고 반격에 나서도록 만들 뿐이다.

모든 일이 아주 잘 돌아갈 때, 나는 지극히 게으르고 안이해진다. 그러나 일이 자꾸 꼬이고 어려워질 때, 나는 몇 걸음 뒤로 물러나다가 갑자기 걸음을 멈추고 "여기서 싸워 이기자!"라고 소리친다. 이럴 때 나를 후퇴시키려던 사탄의 의도가 오히려 역효과를 내는 것이다.

이런 나의 이야기는 모든 그리스도인에게도 들어맞는다. 하나님은 자신의 일에서 결코 손을 떼지 않으신다. 하나님은 이미 정해놓은 계획에 따라 전진하신다. 우리가 하나님의 계획 안에서 하나님과 함께 일할 때, 사탄이 아무리 우리를 가로막으려고 해도 우리는 어금니를 꽉 깨물며 하나님의 능력과 예수 그리스도의 이름으로 "우리는 전진한다"라고 단호히 선포할 수 있다.

하나님은 자신의 일에서 결코 손을 떼지 않으신다. 하나님은 미리 정하신 목적을 선포하셨다. 태초에 하나님께서 만물을 창조하실 때 사용한 능력과 지혜와 사랑을 통해 그 목적을 선포하셨다. 당신은 우연히 생긴 존재가 아니다. 당신이 그런 존재라고 생각하지 말라. 하나님께서는 미리 정하신 목적과 자신의 예지(豫知)에 따라 모든 것을 창조하셨다. 당신이 하나님나라에 들어온 것은 우연이 아니다.

새사람의 능력으로 살기 위해서

아무것도 존재하지 않을 때 하나님은 이미 모든 것을 알고 계셨다. 그때 하나님은 자신이 어떤 것들을 만드실 것인지 아셨다. 언제 일을 시작할 것인지, 무엇이라고 말할 것인지를 아셨다. 하나님은 자신의 일에서 결코 손을 떼지 않으신다. 하나님께서는 지혜와 사랑과 능력으로 자신의 일을 이루신다. 하나님의 지혜와 사랑과 능력은 과거보다 결코 줄어들지 않았다.

이것은 우리가 이해하기 어려운 것이다. 왜냐하면 우리의 이해력이 부족하기 때문이다. 그러므로 우리는 믿어야 한다. 믿는 것이 보는 것이다. 물론 이때 우리가 보는 것은 인간적인 수준에서 보는 것이 아니다. 인간적인 수준으로 내려오면 문제가 발생한다.

몇 년 전, 나는 어떤 목회자의 설교를 들었다. 그는 이렇게 말했다.

"인간 안에는 세 사람이 있다. 그것은 옛 사람, 새사람 그리고 '당신이라는 사람'(the you-man)이다. 회심하기 전에는 이 세 사람이 모두 존재하지만, 회심한 후에는 새사람이 주도권을 쥔다."

나는 이 말에 동의한다. 우리 안에는 인간의 본성이 있는데, 이것 때문에 많은 문제가 발생한다. 옛 사람에 대항하여 승리를 거둔 후 오랜 세월이 지나갔어도 새사람이 낙심하고 침체에 빠질 수 있다. 그래서 우리는 우울해지고, 작은 성공에 교만한 마음이 들고, 세상의 유혹에 넘어가 육신적으로 변한다. 새사람의 능력으로 살기 위해서는 옛 사람이 죽어야 한다. 새사람은 인간적인 것들을 통제한다.

하나님은 자신의 지혜 가운데 모든 것을 행하신다. 우리의 이해력이 부족하기에 하나님의 많은 일들이 우연처럼 보인다. 그러나 하나님께서는 자신의 계획을 바꾸지 않으신다. 하나님은 자신의 일에서 손을 떼시지 않고 당신과 나 같은 사람들까지 사용하여 자신의 미리 정하신 목적을 향해 전진하신다.

다음은 찰스 웨슬리가 지은 찬송시 '깨어라, 내 영혼아!'이다.

깨어라, 내 영혼아!

죄의식에 찌든 두려움을 모두 떨쳐버려라.

너를 위한 희생의 보혈이 흐르도다.

보좌 앞에 네 대언자(代言者)가 서 계시도다.

보좌 앞에 네 대언자가 서 계시도다.

네 이름이 주님의 손에 기록되었도다.

주께서 저 위에서 너를 위해 항상 간구하시도다.

구속(救贖)의 사랑과 보혈에 근거하여 너를 위해 간구하시도다.

주님의 보혈이 온 인류의 죄를 속하였도다.

주님의 보혈이 온 인류의 죄를 속하였도다.

주님의 보혈이 은혜의 보좌에 뿌려졌도다.

피 흘린 상처 다섯이 주께 있도다.

모두 갈보리 언덕에서 생긴 것이로다.

다섯 상처가 능력 있는 기도를 쏟아내고

너를 위해 뜨겁게 기도하는도다.

"그를 용서하소서, 오, 용서하소서!"라고 외친다.

"그를 용서하소서, 오, 용서하소서!"라고 외친다.

"구속받은 자들을 죽게 하지 마소서!"라고 외친다.

아버지께서 자신이 사랑하는

'기름부음을 받은 자'의 기도를 들으시도다.

아버지께서는 눈앞에 있는 아들을 외면할 수 없으시도다.

하나님의 영(靈)이 보혈에 응답하시도다.

하나님의 영이 보혈에 응답하시도다.

그리고 네가 하나님으로부터 났다고 네게 말씀하시는도다.

네 하나님께서 진노를 푸셨도다.

사죄(赦罪)를 선포하는 하나님의 음성이 네 귀에 들리는도다.

하나님께서 너를 하나님의 자녀로 삼으셨으니

이제 두려워할 것 없도다.

이제 너는 확신 가운데 하나님께 나아갈 수 있도다.

이제 너는 확신 가운데 하나님께 나아갈 수 있도다.

그리고 "아버지, 아바 아버지!"라고 부를 수 있도다.

13

신자는 감정에 따라 살지 않고 믿음에 따라 산다

우리는 감정에 따라 살지 않고 믿음에 따라 살아야 한다.
우리는 스스로 행하지 않으면 안 된다고 믿는 것을 행한다. 우리가 차갑든 뜨겁든 관계없이 말이다.
물론 뜨거운 것이 좋은 것이다. 하지만 시편에서 볼 수 있듯이, 다윗 같은 사람도 차가워진 적이 많이 있었다.

"낮도 주의 것이요 밤도 주의 것이라 주께서 빛과 해를 마련하셨으며"

(시 74:16).

성령의 감동을 받지 못한
시인도 때로는 밤에 대해 멋진 말을 할 수 있다. 한 가지 예를 들
자면, 로버트 사우디(Robert Southey, 1774~1843. 영국의 시인 겸 전기
작가)의 다음과 같은 시(詩)이다.

아, 밤이 얼마나 아름다운가!
이슬에 젖은 신선함이
말 없는 공기 속에 충만하도다!

그렇지만 왠지 우리의 본능은 밤을 피하여 낮으로 가고 싶어 한다. 지금 나는 영적 의미의 밤과 낮에 대해 말하는 것이 아니라 자연적 의미의 밤과 낮에 대해 말하는 것이다. 사실 우리는 낮에 활동하기에 적합하도록 창조되었다. 다시 말해서, 야행성(夜行性) 피조물이 아니라 주행성(晝行性) 피조물로 만들어졌다. 우리는 낮에 속한다. 그런데 성경은 낮과 밤을 소재로 삼아 많은 이야기를 전한다. 낮은 하나님의 나라, 의(義) 그리고 영원한 평안을 상징하고, 밤은 죄의 지배, 멸망 그리고 지옥을 상징한다.

빛이 필요한 이유

성령의 감동으로 기록된 성경 이외의 다른 곳에서 내가 알게 된 하나님에 대한 가장 순수한 개념은 파르시 교도(the Parsees, 인도에 있는 조로아스터교 공동체들 중 하나)의 개념이다. 파르시 교도는 말하자면 하나님을 더듬어 찾았다. 그런 다음 '불의 숭배'라는 교리를 만들어냈는데, 우리가 잘 알듯이 파르시 교도 같은 조로아스터교[예언자 조로아스터의 가르침에 종교적 및 철학적 기반을 두고 있으며, 주신(主神) 아후라 마즈다를 믿는 고대 페르시아 종교] 신자들은 불을 숭배한다. 그들은 신(神)이 빛이라고 믿기 때문에 태양을 숭배하며 자신들의 제단 위에서 늘 불이 타오르게 한다.

칠흑 같은 어둠 속에서는 불가능하던 것들이 낮의 도움을 받으면 가능해지는 경우가 있다. 예를 들면, 인식(認識)이 가능해진다.

칠흑 같은 어둠 속에서는 바로 옆에 낭떠러지가 있어도 알지 못한다. 어둠 속에서는 한 걸음만 잘못 내디디면 천 길 낭떠러지 아래로 떨어져 사망할 수도 있다. 또 어둠 속에 서 있는 사람은 자기가 열기를 원하는 문(門)이 바로 옆에 있어도 그것을 알지 못한다. 이처럼 우리가 인식하기 위해서는 빛이 있어야 한다.

사물들의 상호 관계를 지각(知覺)하려면 역시 빛이 있어야 한다. 밤에는 빛이 없기 때문에 이런 관계에 대한 지각이 불가능하다. 인간은 길을 가는 존재이기 때문에 어딘가에 빛이 있어야 한다. 나침반이 있다 할지라도 빛이 없으면 그것을 볼 수 없다. 우리는 길을 가야 하기 때문에 빛이 있어야 한다. 태양이 인식과 지각과 정보 획득을 가능하게 하는 낮의 주인인 것처럼 하나님은 빛의 나라의 주인이시다. 하나님은 거룩함과 공의와 지혜와 사랑과 평안의 나라의 주인이시다.

어둠도 하나님의 손안에 있다

사도 요한은 "하나님은 빛이시라"(요일 1:5)라고 말했다. 하나님은 우리를 불러 빛 가운데로 들어가게 하신다. 이 말은 영적인 차원에서 하는 이야기이다. 그러므로 회심(回心)이라는 것을 가장 간단히 설명하라면 이렇게 말할 수 있다.

회심은 하나님께서 우리를 부정직(不正直)에서 불러내어 정직함으로, 사악함에서 불러내어 깨끗함으로, 증오에서 불러내어 사랑으로, 시기심에서 불러내어 너그러움으로, 거짓에서 불러내어 진실로, 악(惡)에서 불러내어 선(善)으로 들어가게 하시는 것이다. 물론 이런 정의(定義)는 기본적인 이야기이기 때문에 필요한 만큼 충분한 것은 아니다. 그럼에도 불구하고 맞는 말이다. 우리는 악한 어둠에서 나와 진리와 거룩함의 빛으로 들어오라고 부르시는 하나님의 음성을 들어야 한다.

어둠 속에 거하던 사람이 빛으로 들어올 때, 처음 보는 그 빛의 광채는 말로 표현할 수 없을 정도로 아름다운 것이다! 빛을 보는 순간, 그의 모든 걱정이 사라질 것이며, 두려움이 물러갈 것이며, 마음속에서 위로의 샘물이 솟아오를 것이며, 결국 하나님의 아들을 볼 것이다! 이것이 바로 회심이다.

그런데 안타깝게도, 오랜 세월 동안 그리스도인으로 살아온 우리는 자신의 회심 때 일어난 일을 잊고 사는 경향이 있다. 우리는 우리 자신이 얼마나 놀라운 존재인지를 잊어버린 채 살아가고 있다. 결혼 후 몇 년이 지난 부부가 서로에 대한 경이감 없이 살아가듯이 말이다. 어느 정도 결혼 생활을 한 부부는 처음 가정을 꾸릴 때 느꼈던 경이감을 잃어버리고 상대방에 대한 특별한 감정 없이 살아간다. 그러나 내가 볼 때, 우리 그리스도인들은 자신이 회심할 때 무슨 일이 일어났는지를 다시금 회상해야 한다. 그래야 우리의 영혼에 신선한 활력이 공급된다.

성경은 낮이 하나님께 속한다고 말한다. 그리고 낮이 상징하는 영적 의미들, 즉 빛, 거룩함, 덕(德), 순수함 그리고 기쁨이 하나님께 속한다고 말한다. 그런데 성경은 밤도 하나님께 속한다고 말한다. 물론 지금 내가 말하는 밤은 다른 의미에서 하는 말이다. 이 다른 의미를 이해하기 위해서는 구약에 나타난 이스라엘 민족의 역사를 어느 정도 이해해야 한다.

이스라엘 민족이 애굽에 있을 때 그들 사방에는 밤이 있었다. 그 밤은 하나님의 밤이었고, 그분께 속한 것이었다. 그런데 그들이 거하는 곳에는 빛이 있었다. 그러나 안타깝게도 오늘날 하나님의 자녀들 가운데 많은 이들이 '밤의 빛'을 견디지 못한다.

다시 말하지만, 지금 내가 말하는 '밤'은 악(惡)을 의미하지 않는다. 내가 말하는 밤은 악 때문에 이 세상에 생긴 것, 우리를 둘러싸고 있는 것, 그러나 결코 우리의 일부가 아닌 것을 의미한다. 이 세상에 있는 모든 악은 여기에 있다. 즉, 어둠 속에 있다. 그러나 주권적 하나님께서는 어둠을 자신의 손에 쥐고 계신다. 만일 세상의 어떤 부분이 하나님의 통제 아래 있지 않다면, 그것은 반역이 일어나 하늘 보좌를 흔들기 때문이다. 그러나 하나님은 주권적 하나님이시며, 밤도 하나님의 것이다. 하나님께서 세상의 악과 아무 연관이 없는 것은 사실이지만, 하나님께서 세상을 통제하시는 것도 사실이다. 그러므로 우리 주변에 찾아오는 어둠도 하나님의 손안에 있고, 우리도 하나님의 손안에 있다.

그런데 하나님의 자녀들 가운데 이 진리를 알지 못하는 사람들이 있다. 그들은 밤을 두려워하고 어둠 속에서 시들어버린다. 그들은 낮의 자녀일 뿐이며, 영혼의 어두운 밤의 사역을 알지 못한다. 하나님께서는 그들을 위해 계속 빛을 비추어주셔야 한다. 마치 두려움에 떠는 아이가 잠들 때까지 그를 위해 전등을 켜놓아야 하는 것처럼 말이다. 그들이 어려움을 헤쳐나갈 수 있을 정도로 영적으로 강하지 않기 때문에 하나님께서는 그들을 계속 밖에 두셔야 한다. 그런데 문제는 그들이 어려움을 경험하려고 하지 않기 때문에 더 이상 성장하지 못한다는 것이다. 이럴 때 그들은 악순환에 빠지게 된다. 하나님은 그들에게 밤의 체험을 허락하실 수 없는데, 밤의 차가운 이슬을 맞아보지 못한 그들은 성장이 불가능해진다.

그러나 또 어떤 사람들은 어둠 속에서 사는 법을 배운다. 물론 그들이 영적 어둠 속에서 산다는 말은 아니다. 그들은 어두운 세상에 살면서 베드로가 말했듯이 진리의 말씀을 드러내는 삶을 산다(벧전 2:9-12 참조).

우리가 지금 살펴보는 '밤'은 영적인 악을 상징하는 밤이 아니라, 어두운 세상에 살면서 어쩔 수 없이 부딪혀야 할 불편과 방해 세력과 환난을 상징한다. 주권적 하나님께서는 어둠까지도 자신의 뜻을 이루는 데 도움이 되도록 사용하신다. 하나님은 음침한 밤을 통해 하나님의 자녀를 연단하신다. 비바람이 몰아치는 궂은 날씨를 좋아하는 사람은 거의 없을 것이다. 대부분의 사람들은 햇빛이 환하게 비치는 날을 좋아할 것이다. 그러나 화창한 날만 계속되고 비 한 방울 내리지 않는다면, 농부가 삽질조차 할 수 없을 정도로 땅이 굳어져버릴 것이다. 따스한 햇볕과 차가운 비가 골고루 제공될 때 식물과 동물이 왕성하게 생장하여 하나님께서 주신 복을 우리가 충만히 누릴 것이다.

고린도후서에는 내가 좋아하는 말씀이 나온다. 그것은 "우리가 잠시 받는 환난의 경한 것이 지극히 크고 영원한 영광의 중한 것을 우리에게 이루게 함이니"(고후 4:17)라는 말씀이다. 이 말씀에 나타난 극명한 대조를 보라.

우리에게 환난이 있지만 그것은 경한 것, 즉 가벼운 것이다. 영광은 미래에 나타날 것이지만 중한 것, 즉 무거운 것이다. 우리에게 환난이 있지만, 그것은 일시적인 것이다. 영광은 장차 주어질 것이지만, 영원한 것이다. 이 진리를 항상 명심하자! 그러면 밤을 두려워하지 않게 될 것이다. 그러면 하나님께서 우리를 위해 불을 켜놓지 않으셔도 우리가 훌쩍거리지 않을 것이다.

잠시 받는 환난의 경한 것

'밤'은 당신과 나를 위해 나름대로 사역을 감당한다. 지금 내가 말하는 '밤'은 이 타락한 세상의 온갖 어려움을 상징하는 말이다. 우리는 질병에 걸려 고생하거나, 사랑하는 사람과 사별하거나, 사람들에게 실망하여 절망의 구렁텅이에 빠질 수 있다. 뿐만 아니라 우리는 우리 영혼의 원수 사탄의 공격에 시달린다. 이런 모든 것은 어떤 의미에서 어둠의 사역이다. 우리는 어둠의 한복판에 있기 때문에 여기서 벗어날 수 없다. 이것은 성경이 가르치는 것이요, 우리가 종종 즐겨 부르는 찬송가들이 전하는 것이다.

찬송가들 중에는 우리의 믿음과 들어맞지 않는 것들이 있다. 이것은 놀라운 사실이다. 우리는 찬송가를 전반적으로 검토하여 우리의 믿음과 맞지 않는 것들을 모두 찾아내 버려야 한다. 그런 것들에게 찬송가책의 지면을 할애할 필요가 없다. 반면, 우리의 믿음과 맞는 찬송가들은 우리가 굳게 붙들어야 한다. 하나님은 솔직한 사람을 사랑하신다. 하나님께서는 전통이라는 미명하에 어떤 것들을 무조건 붙들고 있는 사람을 별로 좋아하지 않으신다.

십자가를 지는 것이 아름답고 즐거운 일인가? 통곡의 밤이 지난 후 기쁨의 아침이 찾아오는가? 이것이 사실이 아니라면, 우리는 그렇게 살지 말아야 한다. 그러나 이것이 사실이라면, 우리는 그렇게 살아야 한다.

때때로 하나님께서는 믿을 만한 사람들을 찾으신다. 하나님께서는 신비로운 표적을 통해 그들이 하나님께 선택되었다는 것을 보여주신다. 하나님은 그들의 어깨에 손을 얹으시고, 그들이 특별한 존재라고 표시하신다. 그들은 위대한 신앙인들이 될 것이다.

세상의 모든 사람이 똑같을 것이라고 생각하지 말라. 아담의 나라에서 사람들은 모두 똑같은 것이 아니다. 무지(無知)한 사람도 있고, 교육을 많이 받은 사람도 있고, 통이 큰 사람도 있고, 생각이 단순한 사람도 있고, 체구가 큰 사람도 있고 작은 사람도 있다. 여러 가지 재능이 있는 사람도 있고, 재능이 거의 없는 사람도 있고, 재능이 전혀 없는 사람도 있다. 이 세상 사람들은 제각기 서로 다르다. 이와 마찬가지로 빛의 나라에서도 사람들은 서로 똑같지 않다. 빛의 나라의 어떤 사람은 하나님나라의 위대한 인물로 추천될 것이다. 하지만 또 어떤 사람은 단순히 황금 의자에 앉아 하나님나라의 한자리를 차지하고 있을 것이다. 내가 볼 때, 이런 사람들이 할 일은 이것밖에 없다.

나는 신자(信者)들을 많이 만나보았다. 그들은 하나님의 은혜로 천국에 갈 것이다. 그러나 그들은 이 땅에서 별로 한 일이 없다. 만일 하나님께서 성경에 계시하지 않으신 어떤 새로운 방법을 통해 그들에게 새로운 기회를 주시지 않는다면, 그들은 하나님나라에서도 별로 도움이 안 될 것이다. 그런데 이런 사람들과는 달리 하나님께서 손을 얹으신 사람들이 있다. 그들은 하나님 안에서 큰 자들이다. 그들이 유명하게 된다는 말이 아니라, 하나님 안에서 큰 자가 된다는 말이다. 어쩌면 그들 중 일부는 상상을 초월할 정도로 부자가 될지도 모른다. 그런데 하나님께서는 온갖 수단을 총동원하여 그들을 영적으로 큰 자가 되게 하신다.

하나님은 밝은 해가 떠오르는 낮도 사용하시고, 칠흑같이 어두운 밤도 사용하신다. 하나님은 소망과 용기로 충만한 사람들도 사용하시고, 남들을 박해하는 악한 사람들도 사용하신다. 구제(救濟)가 긍정적인 효과를 낼 수도 있고 부정적인 효과를 낼 수도 있지만, 어떤 경우든 간에 하나님은 구제를 이용하여 자신의 뜻을 이루기도 하신다.

나는 이런저런 책들에서 읽고 발견한 것을 믿기보다 성경말씀을 믿는다. 성경을 보면, 병에 걸렸을 때 주님을 의지한 사람이 나온다. 그는 "고난당하기 전에는 내가 그릇 행하였더니 이제는 주의 말씀을 지키나이다"(시 119:67)라고 고백했다. 수 세기 동안 교회는 하나님께서 때때로 하나님의 사람들에게 병을 주어 그들을 징계하신다고 믿어왔다. 고린도전서 11장 27-34절이 이것을 가르친다. 물론 성경의 다른 부분들도 이것을 가르친다. 그러므로 당신에게 고통이 닥쳤다 할지라도 당신이 하나님께 쓸모없는 존재로 판명되었기 때문에 그렇게 되었다고 생각하지 말라. 이런 어리석은 생각을 하는 사람들이 우리 주변에 많이 있지만, 그들에게 속지 말라. 하나님께서는 당신의 고통을 영광으로 바꾸어주실 수 있다.

전능하신 하나님께서 낮과 밤 그리고 선한 것과 악한 것이 당신에게 임하게 하셨는가? 그렇다면 걱정하지 말라. 하나님께서 당신 영혼의 유익을 위해 사탄을 사용하시는 것이다. 하나님께서는 벙어리 나귀 같은 사탄에게 마구(馬具)를 얹어서 그로 하여금 하나님의 성도들을 위해 마차를 끌게 하신다(사실, 사탄은 벙어리

나귀이다). 하나님께서는 이제까지 늘 그렇게 하셨고, 지금도 그렇게 하고 계신다. 사탄이 삼킬 자를 찾으려고 포효할 때, 하나님께서는 그 포효를 병 안에 집어넣으시고 그로 하여금 지극히 높으신 분의 나라와 그분의 성도들을 위해 일하도록 하신다. 하나님께서는 자신이 높이기를 기뻐하는 사람들에게 순풍을 보내시고, 하늘의 별들도 그들을 위해 싸우게 하신다.

빛의 하나님, 밤의 하나님

이제까지 정신적 고통에 시달렸고, 또 지금도 시달리고 있는가? 그렇다면 당신은 밤의 한복판에 있는 것이다. 욥은 신체적 고통에만 시달린 것이 아니었다. 그는 주변 사람들에게 의심을 받았고, 비난의 대상이 되는 최악의 고통까지 감수해야 했다. 그의 아내는 조롱하듯이 그에게 "당신이 그래도 자기의 온전함을 굳게 지키느냐 하나님을 욕하고 죽으라"(욥 2:9)라고 말했고, 그는 "우리가 하나님께 복을 받았은즉 화도 받지 아니하겠느냐"(10절)라고 대답했다.

욥의 아내는 그의 곁을 떠났는데, 그 후 그녀에 관한 이야기는 더 이상 들리지 않는다. 아무튼 욥은 아내 때문에 정신적인 고통을 겪었다. 욥의 아내가 떠난 후, 하나님께서는 그의 친구 세 명이 그를 찾아오게 하셨다. 그와 함께 상(床)에서 먹고 마신 적이 있는 이 세 명의 친구들은 욥이 그동안 위선자의 삶을 살아왔다는 것을 증명하기 위해 유창한 말들을 쏟아냈다. 당신은 욥이 당한 고난이 별것 아니라고 생각하는가? 그렇게 생각한다면 당신도 그처럼 당해봐야 그의 고통을 이해할 수 있을 것이다. 아무튼 욥은 온갖 고통을 다 겪었다. 그리고 오랜 시간이 흐른 후에 그는 "내가 가는 길을 그가 아시나니 그가 나를 단련하신 후에는 내가 순금같이 되어 나오리라"(욥 23:10)라고 고백했다.

예수님은 '슬픔의 사람'이라고 불리셨다. 그러므로 나는 '슬픔의 사람을 따른다는 그리스도인들이 항상 낄낄거리며 즐거워할 수 있느냐?'를 생각하지 않을 수 없다. 주님은 슬픔의 사람이요, 질고(疾苦)를 아는 분이셨다. 주님을 따르는 사람들에게는 슬픔의 밤들이 많이 따를 것이다.

자신의 외아들을 죽이기 위해 칼을 빼어든 믿음의 조상 아브라함을 생각해보자(창 22:1-19 참조). 그가 자신의 아들을 죽이려고 할 때, 하나님께서 즉시 개입하시어 그로 하여금 멈추게 하셨다. 그러나 이 일이 일어나기 전에 아마도 그는 심적으로 말할 수 없는 고통을 겪었을 것이다. 자기 아들을 제물로 바치라는 하나님의 명령에 순종하겠다고 마음먹을 때부터 그의 고통이 시작되었던 것이다. 아마도 그는 정신적으로 죽음의 고통을 맛보았을 것이다. 이미 그는 상처를 받아 천천히 피를 흘리며 죽어가고 있었다. 그때 하나님께서 그의 출혈을 멈추게 하셨고, 그를 치료하셨고, 그의 아들을 돌려주셨다. 그에게 다른 모든 것을 돌려주시고,

복을 주시고, 그를 큰 자로 만들어주셨다. 그리하여 이 땅의 모든 나라가 그를 통해 복을 받게 되었다. 그러나 이런 복된 일이 일어나기 위해서는 그가 먼저 어두운 밤을 통과해야 했다. 그의 어두운 밤은 대낮에 찾아왔다!

또한 예레미야 선지자를 생각해보자. 그를 생각하니까 떠오르는 것이 하나 있다. 이곳저곳을 돌아다니며 설교하지만, 사람들에게 도움을 못 주는 사람들이 많다. 반면, 하나님의 사자(使者)요, 성도이지만 초빙을 받지 못하는 사람들도 많다. 그러므로 어떤 설교자가 강사로서 초빙을 얼마나 자주 받느냐 하는 것을 보고 그가 하나님께 귀하게 쓰임을 받느냐 아니냐를 판단해서는 안 된다. 여기저기서 초빙을 받지만, 알고 보면 엉망인 사람들이 많다. 그들이 어떤 사람들인지 알려질 경우, 그들을 부를 곳은 딱 한 군데이다. 그곳은 바로 법정(法廷)이다! 물론 이런 사람들과 정반대되는 사람들도 있다. 그들은 하나님의 성도이지만, 유감스럽게도 초빙은 별로 받지 못한다.

이런 이야기를 하니까 지금 내게 기억나는 사람이 있는데, 그는 로버트 커닝햄(Robert J. Cunningham)이다. 그는 내가 좋아하는 나의 옛 친구이다. 언제나 그는 "내 나이는 25세에서 80세 사이입니다"라고 말하곤 했는데, 지금 나를 만나도 이 말만을 되풀이할 것 같다. 사실 나는 그가 몇 살인지 알지 못했다. 그는 매우 건조하게 말했다. 너무 무미건조하게 말했기 때문에 그의 입김에

습기가 전혀 없다고 느껴질 정도였다. 그렇지만 그는 성도였다.

그는 천장을 쳐다보며 설교하곤 했다. 사람들은 그가 너무 많이 기도한다고 비난했다. 언젠가 그는 "내 친구들은 내가 너무 많이 기도한다고 비난하지만, 나로서는 문제될 것이 전혀 없습니다. 듣기 좋은 비난입니다"라고 말했다. 물론 어떤 면에서는 그가 실패했다고도 말할 수 있을 것이다. 그에게 "커닝햄 형제, 여기 500명의 목사들이 모여 있으니 와서 설교를 해주십시오"라고 부탁하는 사람이 없었다. 왜냐하면 그는 설교단에 서서 천장을 쳐다보며 무미건조하게 설교하는 사람이었기 때문이다. 그러나 하나님께서는 그와 함께 계셨다. 그는 성도였고 하나님과 동행했다. 그리고 나는 그를 더 이상 볼 수 없었는데, 하나님께서 그를 데려가셨기 때문이다.

실패라는 것이 때로는 하나님께서 당신과 함께 계시다는 것을 나타내는 증거가 된다. 그리스도인은 실패할 수 있는 여유가 있는 사람인데, 그것은 예수님이 실패할 여유가 있는 분이셨기 때문이다. 주님은 십자가에서 돌아가셨는데, 그것은 선한 의도를 가졌으나 자기 자신조차 주체하지 못한 사람의 어리석고 비극적인 최후로 보일 수도 있는 사건이었다. 그러나 하나님께서는 사흘 만에 주님을 다시 살리셨다. 그리고 주님을 자기 우편에 앉히시고, 교회의 머리로 삼으시고, 모든 통치와 권세와 능력과 주권과 이 세상뿐 아니라 오는 세상에 일컫는 모든 이름 위에 뛰어나게 하시고, 만물을 그의 발 아래 복종하게 하셨다(엡 1:19-23 참조).

그러므로 십자가에서의 주님의 죽음은 겉으로 보기에만 실패였다. 본질적으로 주님은 실패자가 될 수 없는 분이시다. 주님은 성공을 당당히 거머쥘 수 있는 분이시다. 창세전에도 그랬고, 지금도 그렇고, 장차 오는 모든 세상에서도 그럴 것이다. 그러나 주님도 실패처럼 보이는 밤을 통과하셔야 했다.

세례 요한은 어떤 평을 들었는가? 사람들은 그가 비참한 삶을 살았다고 말했다. 그들이 보기에 그는 가련하고 비참한 실패자였다. 나는 세례 요한의 죽음에 대해 어떤 사람이 이렇게 말하는 것을 들었다.

"세례 요한이 죽임을 당할 때, 이 땅에서는 누군가 '오, 저 불쌍한 세례 요한이 죽었다고 합니다!'라고 말했지만, 하늘에서는 누군가 '오, 세례 요한이 이리로 올라옵니다!'라고 말했다."

한 사람에 대한 평가는 어떤 관점에서 보느냐에 따라 달라진다.

믿음에 따라 살라!

일전에 나는 '활력을 잃지 않는 법'이라는 짧은 에세이를 쓴 적이 있다. 나는 하나님의 자녀들에게도 무기력이 찾아온다고 생각한다. 하나님의 자녀들 가운데 아주 뛰어난 사람들도 예외는 아니다. 그들도 침체에 빠지고 심령이 차가워진다. 다윗도 그런 경험을 했는데, 그는 그것에 대해 하나님을 원망했다. 그는 하나님

께 나아가 "하나님께서 이렇게 하셨으니 이제는 내게 은혜를 베
푸시어 여기서 빠져나가게 하소서!"라고 말씀드렸다. 그는 자기
아내에게 가서 그녀를 탓하지 않았다. 다만 하나님께 "오, 하나
님! 저를 피하셨으니 이제는 제게 복을 주소서!"라고 말씀드렸
다. 하나님께서는 그의 기도를 들으시고 다시 그에게 뜨거운 심
령을 주셨다.

당신 스스로의 힘으로는 빠져나올 수 없는 차가운 밤을 체험한
적이 있는가? 뜨거웠던 기간이 길지 않기 때문에 차가워진 것도
의식하지 못하는 사람들이 있다. 뜨거웠던 적이 없는 사람은 자
신이 차갑다는 것을 느끼지 못할 것이다. 그러나 오랜 기간 동안
뜨거웠던 사람은 자기가 차가워진 것을 금세 느낀다.

아침에 일어날 때, 종종 나의 감정은 나에게 다시 침대에 누우
라고 말한다. 좀 더 정확히 말하면, 나의 감정은 나에게 침대에
완전히 뻗어서 다시는 일어날 생각조차 하지 말라고 말한다. 그
러나 사람이 감정에 따라 살 수는 없지 않은가? 세금 고지서가 날
아올 때, 기분이 좋으면 세금을 내고 기분이 나쁘면 내지 않는가?
감정이 무엇이라고 말하든 간에 우리는 세금을 낸다. 출근할 시
간이 되었을 때, 당신은 아내에게 "오늘은 기분이 영 좋지 않으니
출근하지 않겠소"라고 말하지 않는다. 당신의 감정과 관계없이
당신은 일어나 출근한다.

우리는 감정에 따라 살지 않고 믿음에 따라 살아야 한다. 우리

는 스스로 행하지 않으면 안 된다고 믿는 것을 행한다. 우리가 차갑든 뜨겁든 관계없이 말이다. 물론 뜨거운 것이 좋은 것이다. 하지만 시편에서 볼 수 있듯이, 다윗 같은 사람도 차가워진 적이 많이 있었다. 차가워진 때가 그에게는 밤이었다.

이사야 선지자는 "화로다 나여 망하게 되었도다 나는 입술이 부정한 사람이요"(사 6:5)라고 말했다. 갑자기 슬프고 불안해져서 기쁨이 싹 달아나는 경우가 우리에게 종종 생긴다. 우리가 아무 기쁨 없이 살아갈 수도 있다는 것을 나는 알게 되었다. 하나님의 마음속에 있으면서도 잠깐 동안 아무 기쁨 없이 살아갈 수도 있다는 것을 나는 알게 되었다. 그러나 고난, 슬픔, 상실, 실패, 차가운 밤, 회개 그리고 환난 같은 것들을 통해 하나님께서는 밖으로 향하는 것들을 안으로 향하게 하신다. 그리고 하나님께서는 자신의 자녀들 각각의 마음속에서 '동방의 에덴동산', 즉 '기쁨'을 온전케 하신다.

놀위치의 줄리안 여사는 자신의 책 「하나님의 사랑의 계시들」에서 이렇게 말했다.

"우리의 선하신 주님은 구원받을 모든 성도를 지극히 사랑하시기 때문에 그들을 즉시 부드럽게 위로하신다. 죄가 이 모든 고통의 원인인 것은 사실이지만, 모든 것이 다 잘 될 것이다. 모든 것이 다 잘 될 것이다. 온갖 것들이 다 잘 될 것이다."

밤이 우리에게 무엇을 의미하는지 빨리 배워라. 그러면 밤 때문에 생기는 온갖 두려움과 불안에서 그만큼 빨리 벗어날 것이다.

　다음은 메리 보울리 피터즈(Mary Bowley Peters, 1813~1856)의 '모든 것이 평탄하지 않을 수 없도다'라는 찬송가이다.

　우리 구주(救主)의 사랑으로 모든 것이 평탄할 것이라.

　값없이 주시는 하나님의 은혜가 변하지 않으므로

　모든 것이, 모든 것이 평탄하도다.

　우리를 치료한 보혈이 귀하므로

　우리를 인(印) 친 은혜가 완전하므로

　우리를 지키기 위해 뻗은 손이 강하므로

　모든 것이 평탄하지 않을 수 없도다.

　우리가 환난을 겪으나 모든 것이 평탄할 것이라.

　우리의 구원이 완전하므로

　모든 것이, 모든 것이 평탄하도다.

　항상 하나님을 신뢰하므로

　그리스도 안에 거하면 열매를 맺을 수 있으므로

　성령님의 인도하심 가운데 흔들림이 없으므로

　모든 것이 평탄하지 않을 수 없도다.

우리는 밝은 내일을 믿노니 모든 것이 평탄할 것이라.

슬픔의 날에도 믿음으로 찬송할 것이니

모든 것이, 모든 것이 평탄하도다.

아버지의 사랑을 믿으므로

예수께서 모든 것을 채워주시므로

살든지 죽든지 모든 것이 평탄하지 않을 수 없도다.

14

거짓과 진리를 구별하여
하늘의 풍성한 복을 구하라

누군가 경건하게 들리는 메시지를 유창한 말로 전한다고 해서 그의 메시지가 더 옳은 것은 아니다.
사탄도 광명의 천사로 위장하고 우리에게 다가온다.
그러므로 우리는 광명의 천사로 위장한 사탄과 하나님의 천사를 구별할 줄 알아야 한다.

"범사에 헤아려 좋은 것을 취하고"(살전 5:21).

"사랑하는 자들아 영을 다 믿지 말고 오직 영들이 하나님께 속하였나

분별하라 많은 거짓 선지자가 세상에 나왔음이라"(요일 4:1).

몇 년 전 하나님께서는

내게 작은 영적 보물을 주셨는데, 그것은 어떤 교리가 하나님으로부터 나왔는지 아닌지를 분별할 수 있는 능력이다. 내가 누리고 있는 어떤 복이나 내가 느끼는 어떤 감정이나 내가 체험했다고 느끼는 어떤 기적이 정말 하나님으로부터 온 것인지를 분별할 수 있는 능력을 성령께서 내게 주셨다. 물론 일부 그리스도인들은 나의 이런 이야기에서 별로 유익을 얻지 못할 것이다. 그것은 그들이 정체 상태에 빠져 있기 때문이다. 그들에게는 새로운 체

험이 없다. 새로운 체험을 하기 원하는 마음이 없다면 앞으로도 새로운 체험을 할 수 없을 것이다. 그들은 윙윙 소리를 내며 낮게 날아다니는 것에 만족한다. 그러나 갈급한 마음으로 하나님을 찾는 사람들, 자신의 영적 생활에 관심을 가지고 고민하며 노력하는 사람들에게는 나의 이 이야기가 큰 도움이 될 것이다.

어떤 사람은 자신의 영적 생활에 대해 고민한다. 성경을 읽지만, 그것에서 도움을 얻지 못한다. 내가 볼 때, 그는 어떤 방향으로 나아가야 할지 모르는 것 같다. 그는 다른 사람들의 말에 귀를 기울일 준비가 되어 있지만, 사실 그것은 위험한 일이다. 남의 말을 너무 쉽게 받아들이는 것은 별로 좋은 일이 아니기 때문이다. 오히려 베뢰아 사람들처럼 성경을 상고하는 것이 좋다. 베뢰아 사람들에 대해 성경은 "베뢰아에 있는 사람들은 … 간절한 마음으로 말씀을 받고 이것이 그러한가 하여 날마다 성경을 상고하므로"(행 17:11)라고 증거한다.

거짓과 진리를 구별하는 방법

어떤 사람들은 새로운 것을 갈망하고 찾는다. 우리는 곳곳에서 강의나 설교를 들을 수 있다. 심지어는 텔레비전과 라디오에서도 메시지를 들을 수 있다. 좋은 현상이다. 하지만 우리는 우리의 머리와 생각을 사용해야 한다. 누군가 경건하게 들리는 메시지를 유창한 말로 전한다고 해서 그의 메시지가 다 옳은 것은 아니다.

사탄도 광명(光明)의 천사로 위장하고 우리에게 다가온다. 그러므로 우리는 광명의 천사로 위장한 사탄과 하나님의 천사를 구별할 줄 알아야 한다. 진리처럼 보이는 거짓과 진리를 구별할 줄 알아야 한다.

누군가 다가와 새로운 교리와 새로운 체험을 전하면 그의 말에 쉽게 넘어가는 사람들이 있다. 기적을 보면 너무 쉽게 마음을 여는 사람들이 있다. 나는 하나님께서 기적을 베푸시는 것을 몇 번 보았지만, 기적이라고 해서 무조건 마음의 문을 열지는 않는다. 모세와 선지자들과 사도들 그리고 주님을 믿지 않는 사람들은 죽은 자가 다시 살아난다 해도 믿지 않는 법이다. 기적은 기껏해야 보조적인 것에 불과한데, 일부 사람들은 기적을 보면 너무 쉽게 마음이 움직인다. 그들은 누군가 와서 기적을 일으키면 그의 말을 전부 다 믿는다.

그렇다면 우리는 어떻게 해야 하는가? 내가 제시하고 싶은 기준은 어떤 새로운 것이 나타날 때 이렇게 물어보는 것이다. 이것이 하나님, 그리스도, 성경, 자기 자신, 다른 그리스도인, 세상 그리고 죄에 대한 나의 태도에 어떤 영향을 미치는가?

1. 하나님에 대한 태도에 어떤 영향을 미치는가?

한 가지 경우를 가정해보자. 누군가 당신에게 다가와 새로운 교리에 대해 땀을 흘리며 장황하게 설명한다. 그가 그 교리에 그토록 열광하는 것은 괜찮다. 그런데 그 교리가 하나님께는 어떤 의미를 지니는가? 그 교리가 하나님을 높이는가, 아니면 낮추는가? 그 교리 때문에 하나님께서 우리에게 더욱 필요한 분으로 보이는가, 아니면 별로 필요 없는 분으로 보이는가? 그것이 하나님과 우리의 관계를 제대로 보여주는가? 다시 말해서, 하나님께 영광을 돌리고 나를 겸손케 하는가, 또 하나님께서 얼마나 크신 분이고 내가 얼마나 작은 존재인지를 드러내는가? 아니면 하나님의 얼굴을 베일로 가리어 하나님의 모습을 희미하게 만드는가?

하나님의 크고 위대하심과 영광과 능력을 더 작게 보이도록 하는 것은 하나님에게서 나온 것이 아니다. 하나님께서 그리스도를 통해 구속(救贖)을 이루시고 우리에게 성경을 주시고 우리를 구원하신 것은 오로지 사람들 가운데서 영광을 받으시기 위함이다. 하나님께서 온전히 영광을 받으시면 우주 전체가 건강한 것이다. 만일 우주의 어떤 부분에서 하나님께서 영광을 받지 못하신다면, 그 부분은 병든 것이다.

지옥은 병든 곳인데, 그것은 그곳에서는 하나님께서 영광을 못 받으시기 때문이다. 천국은 활력이 넘치는 곳인데, 그것은 하나님께서 그곳에서 온전한 영광을 받으시기 때문이다. 반면, 이 세상은 부분적으로는 건강하고 부분적으로는 병들었다. 왜냐하면 일부 사람들만이 하나님께 영광을 돌리고 나머지는 그렇지 않기 때문이다. 다시 말하지만, 하나님께서 우주에서 영광을 받으실 때, 우주는 건강하다. 하나님을 찬양하는 소리가 어떤 영역에서 울려 퍼질 때, 그 영역은 건강하다.

누군가 어떤 새로운 교리를 전하는가? 교리의 어떤 부분을 강조하면서 열변을 토하는가? 당신이 어떤 체험을 한 것 같은가? 당신에게 어떤 기적이 일어난 것 같은가? 이 모든 것을 판단할 수 있는 기준은 그것들이 하나님께 어떤 의미를 지니는지 살펴보는 것이다. 그것들이 하나님을 높이지 않고, 하나님을 필요 없는 분으로 만들고, 하나님의 영광과 위대하심을 감소시킨다면, 그것들에게 "하나님의 모습을 점점 희미하게 만드는 것은 어떤 것이라도 받아들이지 않겠다"라고 말하라.

2. 그리스도를 향한 태도에 어떤 영향을 미치는가?

새로운 것이 우리에게 찾아올 때, 우리는 "이것이 그리스도에 대한 나의 태도, 나와 그리스도의 관계에 어떤 영향을 미치는가?"라고 물어야 한다. 왜냐하면 주님은 우리에게 절대적으로 필요한 분이시기 때문이다. 현재나 미래에 주님은 우리에게 없어서는 안 될 분이시다. 그러므로 주님을 필요 없는 분으로 만드는 교리나 체험이나 교제나 활동은 하나님에게서 나온 것이 아니다.

당신이 어떤 집회에 가서 기도하고 누군가의 설교를 듣고 감동을 받았다고 해서 그의 설교가 하나님에게서 나온 것인가? 그 설교를 전한 사람은 콧구멍으로 숨을 쉬지 않으면 살 수 없는 인간일 뿐이다. 박사라는 사람이 메시지를 전했다고 해서 그의 말이 전부 맞는 것은 아니다. 내가 설교를 했다고 해서 내 말이 전부 맞는 것은 아니다. 당신의 성경교사가 무슨 말을 했다고 해서 그 말이 다 옳은 것은 아니다. 당신이 잘못된 길로 인도받을 가능성은 언제나 있는 것이다. 그러므로 당신은 인간의 말을 무조건 믿지 말고 성경을 기준으로 삼아 그것을 판단해야 한다.

어떤 메시지를 들은 후에 그리스도께서 전보다 더 크고 위대하고 아름답고 필요한 분으로 보이는가? 그렇다면 당신은 하나님에게서 온 메시지를 들은 것이다. 누군가의 메시지를 들은 후에 하나님께 영광을 돌리기는커녕 오히려 그 사람에게 더 집착하게 되었는가? 그렇다면 그의 가르침이 잘못되었거나 전달 방법이 잘못된 것이다. 예수 그리스도는 우리에게 절대적으로 필요한 분이시다. 하나님께서 우리에게 주셔야 하는 것이 전부 그분 안에 있다. 그리스도 없이 우리는 한순간도 살 수 없다. 우리에게는 그리스도께서 계셔야 한다. 우리가 그리스도 안에 있어야 하고, 그리스도께서 우리 안에 계셔야 한다. 하나님에게서 온 메시지를 들었다면, 당신은 하나님과 그리스도를 더욱 의지하게 될 것이고, 당신의 눈에 그리스도께서 더욱 아름답고 위대하신 분으로 보일 것이다.

그런데 나는 사람들이 아무 생각 없이 "세월이 흐를수록 그리스도께서 더 아름다우신 분으로 보입니다"라고 말하는 것에 동의하지 않는다. 종종 그들은 이런 내용이 담긴 찬송가를 부른다. 그러나 내가 볼 때, 그들의 마음과 이 찬송가의 가사에는 거리가 있다. 20년 동안 2주에 한 번꼴로 주일에 이 찬송가를 부르는 저 늙은 집사는 20년 전이나 지금이나 여전히 시큰둥하고 부루퉁하고 완고하다. 그가 변한 것은 나이 먹은 것밖에 없다.

그러므로 마음에도 없는 찬송가를 부르지 말라. 나는 하나님과 사람들 앞에서 마음에도 없는 찬송가를 부르며 쉰 목소리로 "아멘!"이라고 말할 바에야 차라리 조용히 앉아서 침묵하겠다. 그러나 그리스도께서 날마다 더 아름다우신 분으로 보인다면 이런 찬송가를 부르는 것은 전혀 잘못된 것이 아니다. 그럴 경우에는 마땅히 이런 찬송가를 불러야 한다.

우리 주 예수 그리스도는 우리에게 절대적으로 필요한 분이시다. 주님은 다른 모든 것보다 높으신 분이다. 어떤 체험이나 어떤 성경해석이 주님의 위대하심과 높으심과 아름다우심을 드러내지 못한다면, 그것은 하나님에게서 나온 것이 아니다. 왜냐하면 하나님은 자신의 아들을 영화롭게 하기 원하시고, 아들은 아버지를 영화롭게 하기 원하시고, 성령님은 아버지와 아들을 영화롭게 하기 원하시기 때문이다.

그러므로 날개의 폭이 10미터가 넘는 천사장이 네온사인처럼 밝은 빛을 발하며 내게 날아와 "내가 방금 놀라운 기적으로 보았으니 나와 함께 가서 보자"라고 말한다 할지라도, 나는 먼저 성경을 찾아서 읽어볼 것이다. 왜냐하면 그가 하나님에게서 왔는지 아닌지를 먼저 확인해야 하기 때문이다. 그가 하나님에게서 왔다는 확신이 안 생기면, 나는 결코 그의 화려한 빛을 따라가지 않을 것이다.

많은 사람들이 내게 불만을 가지고 있는 것 같다. 왜냐하면 그들이 흥분된 상태로 나를 찾아와 열변을 토해도 내가 그들에게 장단을 맞춰주지 않기 때문이다. 그러나 나는 콧구멍의 호흡에 의지해서 사는 인간의 말에 좌우되는 사람이 아니다. 나의 기준은 성경이다. 나는 무릎 꿇고 기도하면 된다. 무릎 꿇지 못할 만큼 내 무릎이 망가지지는 않았다. 내가 더 늙어서 류머티즘에 걸려 무릎을 구부리지 못한다면, 나는 서서 기도할 것이다. 전능하신 하나님은 성도의 기도를 들으신다.

하나님과 통화가 가능한 기도 전화가 내게는 항상 열려 있다. 사람들이 나에게 찾아와 "주님이 목사님에게 이런 이야기를 전하라고 내게 말씀하셨습니다"라고 말하면, 나는 그들에게 "하나님과 나는 언제나 통화가 가능합니다. 그런데 하나님께서는 왜 내게 직접 그렇게 말씀하지 않으셨을까요?"라고 대답한다. 그들이 전하는 이야기가 하나님의 위대하심과 그리스도의 아름다우심을 드러내지 않을 경우, 나는 그들의 말을 받아들이지 않는다. 그 반대의 경우라면 나는 받아들인다. 그러나 후자의 경우는 별로 없다.

3. 성경에 대한 태도에 어떤 영향을 미치는가?

어떤 새로운 체험이나 성경해석이나 설교자나 사상이 우리 앞에 나타났을 때, 우리는 "이것이 성경에 대한 나의 태도 및 성경과 나 사이의 관계에 어떤 영향을 미치는가? 이것 때문에 내가 성경을 더욱 소중히 여기게 되는가, 아니면 그 반대인가?"라고 물어야 한다.

언젠가 어떤 여자가 나를 찾아와 "토저 목사님, 저는 지금 고민에 빠져 있는데, 한 가지 질문을 드려도 될까요?"라고 물었다.

나는 "무엇 때문에 고민하십니까?"라고 되물었다.

그녀는 이렇게 말했다.

"우리 교회의 목사님은 영성이 깊은 분입니다. 그런데 그 분은 너무 앞서 가는 것 같습니다. 왜냐하면 하나님께서 성경에 없는 새로운 계시를 자기에게 주셨다고 말하기 때문입니다. 그 분은 우리에게 우리가 이제까지 배운 것들을 전부 무시하고 자기 말을 따르라고 합니다. 그렇지 않으면 죄를 짓는 것이라고 합니다."

나는 그녀에게 "자매님, 자매님 교회의 목사님에게 가서 그 분이 잘못된 길로 가고 있는 것이라고 말씀하십시오. 그리고 자매님은 하나님의 말씀 위에 다시 굳게 서십시오"라고 말했다. 성경을 따르지 않는 사람이 나에게 자신을 따르라고 말한다면 나는 결코 그의 말을 듣지 않을 것이다. 우리에게는 성경, 즉 율법과 증거의 말씀이 있다. 어떤 사람들이 성경대로 말하지 않는다면,

그것은 그들 안에 진리가 없기 때문이다. 자기가 본 환상에 집착하는 사람들은 자신들의 환상에 대해 이야기할 것이다. 그러나 하나님의 말씀을 가진 사람들은 그분의 말씀을 성실히 전할 것이다. 우리가 사용할 판단 기준은 언제나 하나님의 말씀뿐이다.

만일 어떤 체험 때문에 성경 읽기를 게을리하게 된다면, 그 체험은 하나님에게서 온 것이 아니다. 말씀 묵상을 중단하게 만드는 체험은 하나님에게서 온 것이 아니다. 어떤 체험이 당신을 기분 좋게 해준다 할지라도 그것에 현혹되지 말라. 부흥회 때 찬양을 부르며 완전히 새로워진 것 같은 기분이 든다 할지라도 그것 때문에 말씀 묵상을 중단하게 된다면, 하나님에게서 온 감동을 받은 것이 아니다.

혹자는 "깊은 감동을 받았는데 그것이 하나님에게서 온 것이 아닐 수 있습니까?"라고 물을지도 모르겠다. 그럴 수도 있다. 하나님에게서 오지 않은 감동에 사로잡히는 일은 얼마든지 가능하다. 물론 나는 참된 체험이 감동을 준다는 것을 부인하지는 않는다. 나는 감동 자체를 반대하지는 않는다. 나는 하나님의 사람들이 이 세상 어느 누구보다 더 큰 감동 속에 살아가야 한다고 생각한다. 나는 그들이 "아멘!"이라고 외치고 싶을 때에는 주저 없이 그렇게 해야 한다고 생각한다. 사람들이 "아멘!"이라고 외치는 것을 단순히 타성에 젖은 습관이라고 매도해서는 안 될 것이다. 그럼에도 불구하고 하나님에게서 오지 않은 감동에 사로잡히는 일이 실제로 일어날 수 있는 것도 사실이다. 그러므로 다시 말하지만, 어떤 체험이 찾아오면 당신 자신에게 "이 체험 때문에 내가 성경에 대해 어떤 태도를 가지게 되었는가?"라고 물어보라.

4. 자기 자신에 대한 태도에 어떤 영향을 미치는가?

어떤 새로운 것이 우리에게 찾아오면 우리는 "이것이 나 자신에 대한 나의 태도에 어떤 영향을 미치는가?"라고 물어야 한다. 하나님께로부터 온 것은 무엇이든지 나 자신을 낮추고 그분을 높인다. 하나님에게서 온 것은 나를 겸손하게 만든다. 하나님에게서 온 것은 나로 하여금 육신을 거부하게 만든다. 그러나 반대로 육신에게서 온 것은 우리를 교만하게 만들고, 우월감에 사로잡히게 하며, 다른 그리스도인들을 멸시하게 만든다.

당신은 고개를 45도 쳐들고 다니는 그리스도인들을 본 적이 있는가? 그들은 도도한 표정으로 미소를 지으며 당신을 내려다본다. 그리고 "당신은 나를 이해하지 못할 것입니다. 깨달으려면 기도를 열심히 하십시오"라고 말한다. 그리고 아시시의 프랜시스처럼 보이려고 애쓰면서 저쪽으로 가버린다. 그러나 그들이 어떤 사람들인지에 대해 길게 말할 것 없다. 그들은 교만의 극치를 달리는 사람들이다. 그들의 교만은 곪아 터져서 악취를 풍기고, 불치(不治)의 단계까지 발전한다. 하나님에게서 온 것은 우리를 겸손하게 만든다. 하나님이 주신 영적인 복을 받은 사람은 다른 그리스도인들을 그만큼 더욱 존중하게 된다. 하나님이 허락하신 복을 체험한 사람은, 교회에서 지극히 미약하고 가난한 교인을 존중하고 사랑하게 된다.

당신의 자아가 부풀어 올랐는가? 당신은 다른 사람들을 무시하는가? 그들을 내려다보며 미소를 짓는가? 그들이 당신의 눈에 보잘것없는 존재로 보이는가? 만일 그렇다면 당신 안에는 선한 것이 없는 것이다. 당신 자신을 우상화하지 말라. 당신이 누구인지, 당신의 학위가 몇 개인지, 당신이 무슨 말을 하는지 나는 상관하지 않는다. 당신 자신에 대한 스스로의 평가가 정당하다 할지라도 나는 상관하지 않는다. 다만 내가 말하고 싶은 것은 하나님에게서 온 체험이나 교리가 당신의 육신을 낮추고 당신을 하나님 앞에서 겸손하게 만든다는 것이다. 하나님이 주신 것은 무엇이든지 그분을 높이고 당신을 낮춘다.

5. 다른 그리스도인을 향한 태도에 어떤 영향을 미치는가?

새로운 체험, 새로운 교리 또는 새로운 사상이 출현하면 우리는 "이것이 다른 그리스도인들과 나의 관계에 어떤 영향을 줄 것인가?"라고 물어야 한다. 어떤 체험이나 교리나 사상 때문에 다른 그리스도인들이 우리에게 더욱 소중한 존재로 다가오는가, 아니면 하찮은 존재로 보이는가? 다른 그리스도인들에게 더욱 가까이 가게 되는가, 아니면 더욱 멀어지게 되는가? 어떤 것 때문에 우리가 다른 하나님의 자녀들과 정신적으로 단절된다면, 그것은 하나님에게서 온 것이 아니다.

그런데 혹시 당신은 "다른 사람들과 단절하는 것은 언제나 나쁘다"라고 말할지 모르겠다. 하지만 나는 "잘못된 것이 있다면 단절해야 한다"라고 말하고 싶다. 예를 들어보자. 만일 당신의 목회자가 "성경은 하나님의 말씀이 아니며, 그리스도는 하나님의 아들이 아니며, 성경은 믿을 만한 것이 못 되며, 단지 부분적으로만 맞습니다. 중생이라는 것은 과거의 신학사상일 뿐입니다. 그리스도의 피가 우리를 깨끗케 하는 것이 아닙니다"라고 가르친다면, 나는 당신에게 그와 단절하라고 권할 것이다. 만일 어떤 게으른 설교자가 자유주의자들이 쓴 책을 읽고 그 책의 내용을 교회에서 설교하려고 한다면, 나는 그런 설교자에게 10센트도 헌금하지 않을 것이다. 아니, 링컨 대통령의 모습이 새겨진 1센트도 헌금하지 않을 것이다. 오래되어 빛이 바랜 1센트 동전도 내놓지 않을 것이다. 그러나 만일 어떤 설교자가 하나님을 사랑한다면 나는 그와 교제를 나눌 것이다.

만일 어떤 기독교 운동이 그리스도의 보혈과 하나님의 진리를 전하지 않고, 건전한 도덕성을 보이지 않고, 건전한 교리를 따르지 않는다면, 하나님께서는 그런 운동을 멈추게 하실 것이고 결국에는 불 속에 던져버리실 것이다. 어떤 교단에 속한 사람들이 기도하고 자신들의 마음을 살피고 메시지를 제대로 전하고 하나님과 동행할 때, 그 교단은 살아날 것이다. 그러므로 그들이 우리와 다른 교단에 속했기 때문에 우리보다 열등하다고 생각하지 말라. 꿈에도 그런 생각을 하지 말라.

나는 다른 그리스도인들을 귀하게 여긴다. 나는 가톨릭 그리스도인이다. 나의 이 말이 무슨 뜻으로 하는 말인지 당신은 알 것이다. 여기서 '가톨릭'이라는 말은 "보편적"이라는 뜻이므로 나는 보편적 그리스도인이라는 말이다. 보편적 그리스도인은 그리스도의 교회가 하나라고 믿는다. 내가 바로 그런 사람이다. 나는 로마가톨릭 신자(a Roman Catholic)가 아니라 그냥 가톨릭 신자(a catholic)이다. 하나님의 모든 자녀는 나의 형제요, 자매이다. 아버지를 사랑하는 사람은 그분의 자녀들도 사랑한다.

하나님 아버지를 사랑하는 아들 그리스도는 그분의 자녀들을 사랑하신다. 하늘의 아버지를 사랑하는 사람은 그분의 모든 자녀를 사랑한다. 나 역시 하나님의 모든 자녀를 사랑한다.

나는 작은 검은 모자를 쓴 어린 아가씨들을 사랑하고, 턱수염이 긴 남자들을 사랑하고, 유니폼을 입어서 우편배달부처럼 보이는 사람들을 사랑하고, 구세군 사람들을 사랑하고, 주님의 모든 사람을 사랑한다. 누구든지 주께 속한 사람이라면 나는 그 사람을 사랑한다.

그러나 나는 자유주의자들, 현대주의자들, 하나님을 부정하는 사람들 그리고 그리스도를 부정하는 사람들과 어울릴 수는 없다.

이런 사람들이 자신을 가리켜 그리스도인이라고 말한다 할지라도 나는 그들과 어울릴 수 없다.

그러므로 어떤 새로운 체험이 찾아오면 당신 자신에게 "이것 때문에 내가 하나님의 사람들을 사랑하는가?"라고 물어보라. 당신이 "그렇다"라고 대답할 수 있다면, 당신의 체험은 하나님에게서 왔을 가능성이 매우 높다. 만일 당신의 체험 때문에 당신이 다른 사람들에 대해 우월감을 느끼거나 당신과 그들 사이가 자꾸 멀어진다면, 당신의 체험은 하나님에게서 왔을 가능성이 거의 없다.

6. 세상에 대한 태도에 어떤 영향을 미치는가?

당신이 새로운 체험을 하게 되었는가? 당신이 성경의 어떤 구절의 의미를 새롭게 깨달았다고 생각하는가? 그렇다면 자신에게 "이것이 세상에 대한 나의 태도에 어떤 영향을 미치는가?"라고 물어야 한다. 그것이 세상을 향하는 마음을 정당화하는가? 그것 때문에 당신은 "세속성에 대한 견해는 어차피 사람들마다 서로 다른 것이므로 어떤 것이 절대적이라고 말할 수 없다"라고 말하게 되었는가? 만일 그렇다면 그것은 하나님에게서 온 것이 아니다. 진리는 우리를 세상과 세상의 방법과 세상의 가치관에서 단절시키는 경향이 있다.

오늘날 수많은 젊은 여자들이 영화배우로서 스타가 되는 것을 행복과 소원 성취의 정점에 오르는 것이라고 믿고 있는데, 나는 이런 현실이 지극히 슬프고 개탄스럽다. 왜 그들은 반쯤 벌거벗은 채 카메라 앞에서 밤낮으로 사진을 찍는가? 그것은 인간의 육적이고 사악한 정욕을 만족시키기 위함이 아닌가? 어찌하여 우리의 사랑스럽고 아름다운 어린 소녀들이 그들의 사인을 받기 위해, 그들의 손을 한 번이라도 잡기 위해 그토록 난리를 치는가?

언젠가 나는 기차를 타고 가는 중에 어떤 여배우를 보게 되었다. 나는 그녀의 이름을 밝히지 않겠다. 그녀는 내 맞은편에서 무엇을 먹고 있었는데, 누군가 그녀를 가리키며 그녀가 아무개라고 말했다. 그녀는 다른 사람들과 다를 바 없어 보였다. 나의 자매들도 그녀만큼 아름다워 보인다. 그녀는 평범하게 보였다. 약간의 차이라면 그녀가 마른 편이었다는 것이다.

무엇인가를 먹고 있는 그 여배우를 본 다음, 나는 내 침대칸으로 돌아왔다. 신문을 읽으려고 폈는데 거기에는 방금 본 그 여배우가 나온 광고가 실려 있었다. 그것은 우리가 가고 있던 그 도시에서 그녀가 등장하는 화려한 쇼가 있을 것이라는 광고였다. 그런데 광고에 나온 그녀의 모습은 내가 조금 전에 본 모습과 매우 달랐다. 마치 천사 가브리엘이 그녀의 머리에 파마를 해주고 그녀에게 자신의 화려한 옷을 빌려준 것 같았다. 그녀는 하늘에서 방금 내려온 것 같았고, 그녀의 날개에서 아직 먼지도 떨어지지 않은 것 같았다. 조금 전에 식당 칸에 앉아 있던 그녀는 다른 여자들처럼 수수하게 보이는 왜소한 여자였지만, 온갖 치장을 한 채 광고에 등장한 그녀는 내가 본 사람과 전혀 다른 사람이었다.

안타깝게도 우리의 젊은이들은 이 여배우처럼 가면을 쓰기 원한다. 누구를 닮기 원하는가? 수잔나 웨슬리를 닮도록 노력하라. 그녀는 17명의 아이들을 낳았는데, 막내가 존 웨슬리였다. 당신이 남은 생애 동안 무릎을 꿇고 존 웨슬리가 이 땅에 태어난 것에 대해 하나님께 감사한다 해도 지나치지 않을 것이다. 그만큼 존 웨슬리는 위대한 신앙인이었다. 어거스틴의 어머니 모니카에 대해서도 감사하라. 믿음의 여인들에 대해 감사하라. 선교사들, 목회자의 아내들 그리고 교회의 훌륭한 신앙인들에 대해 감사하라. 은혜가 충만하고 소박하고 멋진 신앙인들에 대해 감사하라. 이런 사람들을 닮도록 노력하라. 그러면 당신은 모델을 제대로 고른 것에 대해 하나님께 영원히 감사할 것이다. 잘못된 모델을 고르지 말라.

세상을 당신의 친구로 만들어주는 교리는 당신의 친구가 아니다. 어떤 교리 때문에 당신이 세상과 세상의 방법과 세상의 가치관을 받아들이고 세상이 하는 대로 행한다면, 그 교리는 하나님에게서 온 것이 아니다.

7. 죄에 대한 태도에 어떤 영향을 미치는가?

새로운 성경해석, 새로운 체험 그리고 새로운 교리가 당신의 마음 문을 두드리면 스스로에게 "이것 때문에 죄에 대한 나의 태도가 어떻게 변하는가?"라고 물어보라.

하나님께 가까이 가면 갈수록 우리는 그만큼 죄를 멀리하게 된다. 그런데 나는 신령한 체험을 했다는 사람들이 "죄는 이제 더 이상 나에게 죄가 아니다. 하나님께서 나를 내면적으로 거룩하게 하셨다. 나는 죄를 지을 수 없다. 다른 사람들이 그것을 행하면 죄가 되지만, 내가 행하면 죄가 아니므로 나는 그것을 행할 수 있다"라고 말하는 것을 들은 적이 있다.

내가 볼 때, 이렇게 말하는 사람들이 이런 황당한 말을 하기 전에 사탄이 그들의 마음속으로 들어간 것이 분명하다. 죄는 죄이다. 누가 행하든 간에 죄는 죄이다. 하나님께서 죄 때문에 사람들을 지옥에 보내시는 것이므로 하나님의 자녀는 죄를 지어서는 안된다. 우리는 죄에서 구원받아야 한다.

물론 나는 어떤 사람들이 '그리스도인의 완전함'이라고 부르는 것을 믿지 않는다. 하지만 나는 죄에서 깨끗케 되고, 성령 안에서 행하고, 육신의 정욕을 따르지 않는 삶이 가능하다고 믿는다. 하나님께 나아가 "하나님, 저를 거룩하게 해주시고 죄로부터 지켜주소서"라고 기도할 수 있는 권리가 모든 그리스도인에게 있다고 나는 믿는다. 물론 그리스도인도 넘어질 수 있다. 그러나 그리스도인이 넘어지면 그가 즉시 의지할 수 있는 해결책이 있다. 물론 하나님의 일차적인 뜻은 "나의 자녀들아 내가 이것을 너희에게 씀은 너희로 죄를 범하지 않게 하려 함이라 …"(요일 2:1)라는 말씀에서 알 수 있듯이 우리가 죄를 짓지 않는 것이다. 그러나 죄를 지었을 때 우리가 즉시 의지할 수 있는 것은 "… 만일 누가 죄를 범하여도 아버지 앞에서 우리에게 대언자가 있으니 곧 의로우신 예수 그리스도시라"(요일 2:1)라는 말씀이다. 주님은 넘어진 그분의 자녀들이 죽게 내버려두지 않으신다. 그들을 일으켜 세우고 먼지를 털어주고 그들의 상처를 싸매주고 그들이 완전히 새 출발할 수 있도록 도와주신다.

우리가 죄를 짓는다 해도 해결책이 있지만, 그렇다고 해서 항상 죄 지을 준비를 하고 있어서는 안 된다. 내일 죄 지을 준비를 하고 있다면, 우리는 내일 죄를 지을 것이다. 그러나 우리가 무릎 꿇고 주께 "제 안에는 선한 것이 없습니다. 하지만 주님이 저를 보호하고 거룩하게 하고 죄로부터 저를 지켜주시리라 믿습니다"라고 말씀드리면, 주께서 우리를 죄로부터 지켜주실 것이다.

지고의 복을 소망하라!

이제까지 우리는 어떤 체험이나 교리나 기적이 하나님에게서 온 것인지 아닌지를 판단할 수 있는 일곱 가지 기준에 대해 살펴보았다. 나는 당신에게 열심을 내고, 또 모든 것을 시험해보라고 권하는 바이다. 만일 하나님께서 당신을 위해 무엇인가를 이루어주셨다면 진심으로 감사하라. 그리고 하나님 우편에 앉아 계신 그리스도께 저 하늘로부터 내려오는 풍성한 복을 구하라. 하늘의 것들은 이 땅의 그 무엇보다 더 값지고 귀하다.

장차 우리는 하나님의 얼굴을 우러러보며 그분이 계신 그대로 그분을 보는 지고(至高)의 복을 누리게 될 것인데, 이 복에 비하면 이 땅의 그 어떤 복도 하찮은 것에 지나지 않는다.

여기 이 땅에서 하나님과 대화를 나누는 것이 복일진대 장차 베일이 걷힌 채 하나님과 대화를 나누는 것은 얼마나 더 큰 복이 겠는가!

세상에 무릎 꿇지 말라

초판 1쇄 발행	2010년 6월 7일
초판 11쇄 발행	2022년 10월 24일

지은이	A. W. 토저
옮긴이	이용복

펴낸이	여진구		
편집	이영주 정선경 최현수 안수경 김도연 김아진 정아혜		
디자인	마영애 노지현 조은혜 이하은		
홍보 · 외서	진효지		
마케팅	김상순 강성민 허병용	마케팅지원	최영배 정나영
제작	조영석 정도봉	경영지원	김혜경 김경희 이지수

303비전성경암송학교 유니게과정 박정숙 최경식
이슬비전도학교 / 303비전성경암송학교 / 303비전꿈나무장학회

펴낸곳	규장

주소 06770 서울시 서초구 매헌로 16길 20(양재2동) 규장선교센터
전화 02)578-0003   팩스 02)578-7332
이메일 kyujang0691@gmail.com   홈페이지 www.kyujang.com
페이스북 facebook.com/kyujangbook   인스타그램 instagram.com/kyujang_com
카카오스토리 story.kakao.com/kyujangbook
등록일 1978.8.14. 제1-22

책값 뒤표지에 있습니다.
ISBN 978-89-6097-164-6 03230

규 | 장 | 수 | 칙

1. 기도로 기획하고 기도로 제작한다.
2. 오직 그리스도의 성품을 사모하는 독자가 원하고 필요로 하는 책만을 출판한다.
3. 한 활자 한 문장에 온 정성을 쏟는다.
4. 성실과 정확을 생명으로 삼고 일한다.
5. 긍정적이며 적극적인 신앙과 신행일치에의 안내자의 사명을 다한다.
6. 충고와 조언을 항상 감사로 경청한다.
7. 지상목표는 문서선교에 있다.

하나님을 사랑하는 자 곧 그의 뜻대로 부르심을 입은 자들에게는 모든 것이 合力하여 善을 이루느니라(롬 8:28)